OSHO

Liebe, Freiheit, Alleinsein

W0278300

GOLDMANN
Lesen erleben

Buch

Die Hälfte aller Ehen endet mit Scheidung. Dies ist für den spirituellen Meister Osho kein Anlass zur Klage, sondern zum Neubeginn. In unserer Zeit, in der alle alten Moralvorstellungen obsolet geworden sind, sieht er die Chance, die Bestimmung des Menschen neu zu definieren. In seinem provokativen Buch entwirft er eine Vision der Liebe. Von Mann und Frau fordert er, sich aus ihrer gegenseitigen Sklaverei zu lösen und einander die Freiheit zu schenken. Freiheit und Liebe fügen sich in Oshos Vision untrennbar zusammen. Doch auch das Alleinsein gehört dazu. Für Osho steht das Alleinsein nicht im Gegensatz zum Geliebtwerden, sondern ist dessen Ergänzung. Liebe, Freiheit, Alleinsein – das ist die Triade der Erfüllung des Individuums in der modernen Gesellschaft.

Autor

Osho wurde 1931 in Indien geboren. Im Alter von 21 Jahren erlebte er eine Erleuchtung. Bevor er als spiritueller Lehrer hervortrat, unterrichtete er Philosophie an der Universität von Jabalpur, Indien. Seit den 1960er-Jahren lehrte er spezielle Meditationstechniken. Er erhielt vor allem von westlichen Suchern großen Zulauf und gründete 1974 einen Ashram in Pune (Poona). Ab 1981 lebte und lehrte er in Oregon, USA. 1987 kehrte er nach Indien zurück. Osho starb 1990 in Pune.

Bei Goldmann sind von Osho bereits erschienen:

Das blaue Meditationsbuch, mit CD (22066)
Emotionen (21560)
Was kann ich tun? (21561)
Sex – das missverstandene Geschenk (21713)
Angst (21815)

OSHO

Liebe, Freiheit, Alleinsein

Aus dem Englischen
von Rajmani Müller

GOLDMANN

Zusammengefasst aus Textausschnitten verschiedener Werke
von Osho
Veröffentlicht mit Genehmigung der Osho International Foundation
Bahnhofstraße 52, 8001 Zürich, Schweiz

Sollte diese Publikation Links auf Webseiten Dritter enthalten,
so übernehmen wir für deren Inhalte keine Haftung,
da wir uns diese nicht zu eigen machen, sondern lediglich
auf deren Stand zum Zeitpunkt der Erstveröffentlichung verweisen.

MIX
Papier aus verantwortungsvollen Quellen
FSC® C014496

Verlagsgruppe Random House FSC® N001967

15. Auflage
Deutsche Erstausgabe April 2002

Umschlaggestaltung: Design Team München
Umschlagabbildung: Premium/Panorama
Porträt von Osho auf der Rückseite:
Osho International Foundation
Redaktion: Gerhard Juckoff
WL · Herstellung: WM
Satz/DTP: Martin Strohkendl, München
Druck und Bindung: GGP Media GmbH, Pössneck
Printed in Germany
ISBN 978-3-442-21599-7

www.goldmann-verlag.de

Besuchen Sie den Goldmann Verlag im Netz

Inhalt

Vorwort

In Platons *Symposion* sagt Sokrates:
Wer sich in den Mysterien der Liebe übt,
der wird nicht nur ein Abbild berühren, sondern die
Wahrheit selbst. Um diesen Segen der menschlichen
Natur zu erfahren, findet sich kein besserer Helfer
*als die Liebe.**

Mein ganzes Leben lang habe ich auf tausenderlei Art die Liebe kommentiert, aber immer mit der gleichen Botschaft. Doch etwas Grundlegendes ist zu beachten: Liebe ist nicht das, wofür ihr sie haltet. Ebenso wie Sokrates rede ich von einer anderen Liebe.

Die Liebe, die ihr kennt, ist nichts als ein biologischer Drang; sie hängt von eurer Chemie und euren Hormonen ab und ist sehr leicht zu beeinflussen. Eine kleine Veränderung in eurer Chemie – und die ganze Liebe, die ihr für die »höchste Wahrheit« gehalten habt, ist verschwunden. Was ihr »Liebe« nennt, ist nichts als sexuelle Begierde. Diesen Unterschied muss man sich merken.

Sokrates sagt: *»Wer sich in den Mysterien der Liebe übt ...«* Die Begierde kennt keine Mysterien, sie ist ein einfaches biologisches Spiel. Jedes Tier, jeder Vogel, jeder Baum kennt es. Diese Liebe, in der es Mysterien gibt, muss mit Sicherheit etwas völlig anderes sein als die Liebe, mit der ihr normalerweise vertraut seid.

Wer sich in den Mysterien der Liebe übt,
der wird nicht nur ein Abbild berühren, sondern
die Wahrheit selbst.

* Von Osho im mündlichen Vortrag aus der Erinnerung zitiert und mit eigenen Worten wiedergegeben (das Gleiche gilt für andere Zitate).

Diese Liebe, die euch mit der Wahrheit selbst in Berührung zu bringen vermag, entsteht nur aus dem Bewusstsein – nicht aus dem Körper, sondern aus dem innersten Sein. Begierde entsteht in eurem Körper, Liebe entsteht in eurem Bewusstsein. Weil aber die Menschen ihr Bewusstsein nicht kennen, setzt sich dieses Missverständnis immer weiter fort. Deswegen halten sie die Begierde ihres Körpers für Liebe.

Nur ganz wenige Menschen auf dieser Welt haben die Liebe erfahren. Es sind jene, die ganz still, ganz friedlich geworden sind ... In dieser Stille, in diesem Frieden kommen sie mit ihrem innersten Sein, mit ihrer Seele in Berührung. Und sobald ihr mit eurer Seele in Berührung kommt, ist Liebe nicht mehr eine Beziehung, sondern etwas, das euch wie ein Schatten begleitet. Dann seid ihr, wo ihr auch hingeht und mit wem ihr auch zusammen seid, immer erfüllt von Liebe.

Dagegen ist das, was ihr jetzt Liebe nennt, auf eine bestimmte Person gerichtet und auf diese beschränkt. Die Liebe ist aber kein Phänomen, das sich beschränken ließe. Man kann sie in der offenen Hand halten, aber nicht in der Faust. Sobald ihr die Hände schließt, sind sie leer. Sobald ihr sie öffnet, steht euch die ganze Existenz offen.

Sokrates hat Recht: Wer die Liebe kennt, kennt auch die Wahrheit, denn das sind nur zwei verschiedene Namen für ein und dieselbe Erfahrung. Solange ihr die Wahrheit nicht erkannt habt, solltet ihr nicht meinen, die Liebe zu kennen.

»Um diesen Segen der menschlichen Natur
zu erfahren, findet sich kein besserer Helfer
als die Liebe«.

Teil I

Liebe

Es wird dich überraschen zu hören, dass die Worte *love* und »Liebe« von dem Sanskritwort *lobha* abstammen, und *lobha* bedeutet »Gier«. Es könnte Zufall sein, dass die Worte aus einem Sanskritwort entstanden sind, das »Gier« bedeutet, aber ich denke, dass es doch kein Zufall ist. Dahinter muss es ein Geheimnis geben, irgendeinen alchemistischen Grund. In der Tat, wenn Gier verarbeitet und gut verdaut wird, entsteht daraus Liebe. Aus eben dieser Gier, *lobha,* wird, richtig verarbeitet, Liebe.

Liebe ist ein Teilen und Geben, Gier ist Horten. Gier will nur haben und gibt nie. Liebe kennt nur Geben und will nie etwas dafür zurück haben; sie ist bedingungsloses Teilen. Es könnte also diesen alchemistischen Grund geben, weshalb aus *lobha* das Wort »Liebe« wurde. Im Hinblick auf die innere Alchemie trifft es zu – aus Gier, *lobha,* wird Liebe.

1

Wahre Liebe

Liebe bedeutet nicht das, was man gemeinhin darunter versteht. Gewöhnliche Liebe ist nur eine Verkleidung, hinter der sich die wahre Liebe verbirgt. Wahre Liebe ist etwas völlig anderes. Gewöhnliche Liebe ist ein Fordern, wirkliche Liebe ist reines Geben. Sie kennt kein Fordern, nur die Freude des Gebens.

Gewöhnliche Liebe täuscht viel vor. Wahre Liebe täuscht überhaupt nichts vor – sie *ist* einfach. Gewöhnliche Liebe hat etwas an sich, dass einem beinahe schlecht werden könnte, etwas Klebriges, Triefendes, Sirupartiges – so ein Schatzi-Schmatzi-Schmus. Es macht dich krank. Wirkliche Liebe ist Nahrung; sie stärkt die Seele. Gewöhnliche Liebe ist bloß Futter für das Ego – nicht für das wirkliche Selbst, sondern für das unwirkliche Selbst. Das Unwirkliche nährt immer nur Unwirkliches, wohlgemerkt, und das Wirkliche nährt Wirkliches.

Werde zu einem Diener der wirklichen Liebe. Dies bedeutet, zu einem Diener der Liebe in ihrer höchsten und reinsten Form zu werden. Gib und teile alles, was du bist. Verschenke es, und habe Freude am Schenken. Tue es nicht, als wäre es eine Pflicht, denn sonst geht die ganze Freude verloren. Und habe nie das Gefühl, der andere sei dir zu irgendetwas verpflichtet – niemals, nicht einen Augenblick. Liebe erwartet niemals Dank. Im Gegenteil, wenn der andere deine Liebe annimmt, bist du es, der sich zu Dank verpflichtet fühlt. Liebe ist immer dankbar, dass sie angenommen wird.

Liebe erwartet keinen Lohn, nicht einmal ein Dankeschön. Wenn von der anderen Seite Dankbarkeit kommt, ist der Liebende immer überrascht. Es ist eine angenehme Überraschung, weil keine Erwartung da war.

Wirkliche Liebe kann nicht frustriert werden, weil von vornherein keine Erwartung da ist. Und unwirkliche Liebe kann nie erfüllt werden, weil sie so stark auf Erwartungen aufgebaut ist, dass alles, was man tut, immer dahinter zurückbleibt. Die Erwartungen sind so groß, dass kein Mensch sie je erfüllen kann. Darum führt die unwirkliche Liebe immer zu Frustration, und wirkliche Liebe bringt immer Erfüllung.

Wenn ich sage: »Werde zu einem Diener der Liebe«, dann soll das nicht heißen, dass du zum Diener eines anderen Menschen werden sollst – nein, ganz und gar nicht. Ich sage nicht, dass man zum Diener der geliebten Person werden soll. Was ich sage, ist, dass ihr zu einem Diener der *Liebe* werden sollt. Ihr solltet euch der reinen Idee der Liebe verschreiben. Dein Geliebter, deine Geliebte ist nur eine Erscheinungsform dieser reinen Idee, und die ganze Existenz besteht im Grunde aus Millionen von Erscheinungsformen dieser reinen Idee. Eine Blume ist eine solche Form, der Mond eine andere, dein Liebster eine weitere. Dein Kind, deine Mutter, dein Vater – sie alle sind verschiedene Formen, Wellen auf dem Ozean der Liebe. Aber werde nie zum Diener eines geliebten Menschen. Halte dir immer vor Augen, dass deine Geliebte, dein Geliebter nur eine winzige Ausdrucksform des Ganzen ist.

Diene also der Liebe durch den geliebten Menschen, dann wirst du dich nicht an ihm festhalten. Und wenn man nicht an dem Menschen, den man liebt, festhält, kann die Liebe ihren höchsten Gipfel erreichen. Sobald man sich festhält, stürzt man ab. Festhalten ist wie die Schwerkraft, Nichtfesthalten ist Gnade, ein Losgelöstsein. Unwirkliche Liebe ist nur ein anderer Name für Festhalten, Gebundenheit; wirkliche Liebe ist frei und ungebunden.

Unwirkliche Liebe kümmert sich ständig um den anderen, sie ist viel zu besorgt. Wirkliche Liebe ist umsichtig, aber nicht besorgt. Wenn du einen Menschen wirklich liebst, nimmst du Anteil an seinen wahren Bedürfnissen, aber du kümmerst dich nicht unnötig um seine törichten, unsinnigen Fantasien. Du wendest dich aufmerksam seinen Bedürfnissen zu, aber du bist nicht dazu da, ihm seine unrealistischen Wünsche zu erfüllen. Du wirst nichts erfüllen, was ihm tatsächlich schaden könnte. Du wirst zum Beispiel nicht sein Ego befriedigen, auch wenn das Ego jede Menge Forderungen stellt. Jemand, der sich zu sehr um den anderen kümmert und sich an ihn klammert, wird ihm seine Egoforderungen erfüllen – und das wäre Gift für den Menschen, den er liebt. Umsichtig zu sein bedeutet, dass du zwischen einem wirklichen und einem Egobedürfnis unterscheiden kannst und es ihm nicht erfüllst.

Liebe kennt Anteilnahme, aber keine Bemutterung. Manchmal ist sie auch hart, weil es manchmal nötig ist, hart zu sein. Manchmal ist sie sehr distanziert. Wenn es hilft, distanziert zu sein, ist sie distanziert. Manchmal ist sie sehr kühl. Wenn es nötig ist, kühl zu sein, ist sie kühl. Was immer auch nötig ist – Liebe ist umsichtig, aber nie bemutternd. Sie wird kein unwirkliches Bedürfnis erfüllen und sie wird keine vergiftend wirkende Idee im anderen unterstützen.

Strebe nach dieser Liebe, meditiere darüber, experimentiere damit! Liebe ist das größte Experiment im Leben, und wer sein Leben lebt, ohne mit der Liebesenergie zu experimentieren, wird niemals erfahren, was das Leben eigentlich ist. Er bewegt sich nur an der Oberfläche und geht nie in die Tiefe.

Was ich lehre, orientiert sich an der Liebe. Ich könnte ganz leicht auf das Wort »Gott« verzichten, kein Problem. Aber auf das Wort »Liebe« kann ich nicht verzichten. Wenn ich zwischen den Wörtern »Liebe« oder »Gott« wählen müsste, würde ich die Liebe wählen. Gott kann ich vergessen, denn jeder, der die Erfahrung der Liebe macht, macht automatisch auch die Erfahrung Gottes, aber nicht umgekehrt. Wer über Gott nur nachsinnt und über ihn philosophiert, wird vielleicht nie zur Erfahrung der Liebe gelangen – und damit auch nicht zur Erfahrung Gottes.

2

Selbstliebe – der erste Schritt

Einer der tiefsinnigsten Lehrsätze
des Gautama Buddha lautet:
Liebe dich selbst und beobachte –
heute, morgen, immer.

Genau das Gegenteil ist euch beigebracht worden, von sämtlichen Traditionen der Welt – von jeder Kultur, jeder Gesellschaft, jeder Kirche. Sie alle sagen: »Liebe die anderen, liebe nicht dich selbst.« Und hinter diesen Lehren steckt eine gewisse raffinierte Strategie.

Liebe ist Nahrung für die Seele. So wie Essen den Körper nährt, ist Liebe Nahrung für die Seele. Ohne Essen wird der Körper schwach, ohne Liebe wird die Seele schwach. Und kein Staat, keine Kirche, kein Establishment hat je gewollt, dass die Menschen eine starke Seele haben, denn ein Mensch mit spiritueller Energie wird immer rebellisch sein.

Liebe macht euch rebellisch, revolutionär. Liebe gibt euch Flügel, damit ihr euch hoch emporschwingen könnt. Liebe gibt euch Einsicht in die Dinge, und dann kann euch niemand mehr täuschen, ausbeuten, unterdrücken. Doch die Priester und die Politiker leben von eurem Blut; sie können durch Ausbeutung überleben.

Alle Priester und Politiker sind Parasiten. Sie haben eine sichere Methode gefunden, um euch mit hundertprozentiger Garantie spirituell schwach zu machen: Sie bringen den Menschen bei, sich selbst nicht zu lieben. Wer sich selbst nicht lieben kann, kann auch niemand anders lieben. Es ist eine sehr hinterlistige Methode. Sie sagen: »Liebet euren Nächsten«, denn sie wissen, wenn ihr euch selbst nicht liebt, dann könnt ihr überhaupt nicht lieben. Und sie wiederholen ständig: »Liebet euren Nächsten! Liebt die Menschheit, liebt Gott, liebt die Natur, liebt eure Ehefrau, euren Ehemann, eure Kinder, eure Eltern.« – Nur nicht euch selbst! Denn wer sich selbst liebt, sei selbstsüchtig, so sagen sie. Sie verdammen nichts so sehr wie die Selbstliebe.

Und sie haben dafür gesorgt, dass ihre Lehre total logisch aussieht. Sie sagen: »Wer sich selbst liebt, wird zu einem Egoisten. Wer sich selbst liebt, wird narzisstisch.« Aber das ist nicht wahr.

Wer sich selbst liebt, entdeckt, dass er egolos ist. Erst durch den Versuch, andere zu lieben, ohne sich selbst zu lieben, erst durch die Bemühung, andere zu lieben, entsteht das Ego. All diese Missionare und Sozialreformer, die Diener der Menschheit – sie haben die größten Egos auf der Welt. Das ist natürlich, weil sie sich für etwas Besseres halten. *Sie* sind keine gewöhnlichen Menschen – nur gewöhnliche Menschen lieben sich selbst! Sie hingegen lieben ihre Mitmenschen, sie lieben die großen Ideale, sie lieben Gott.

Und ihre ganze Liebe ist falsch, weil ihre ganze Liebe überhaupt keine Wurzeln hat.

Wer sich selbst liebt, macht damit den ersten Schritt zur wirklichen Liebe. Es ist so, als wenn man einen Kieselstein in einen ruhigen See wirft: Die ersten Wellenkreise entstehen um den Kiesel herum, ganz nahe am Stein. Das ist natürlich, wo sollten sie sonst entstehen? Von da aus breiten sie sich immer weiter aus, bis zu den fernsten Ufern. Verhindert man diese Wellen nahe an dem Stein, dann gibt es keine weiteren Wellen. Dann braucht man nicht zu hoffen, dass irgendwelche Wellen bis ans fernste Ufer gelangen könnten, unmöglich.

Die Priester und die Politiker wurden sich dieses Phänomens bewusst: Wenn man die Menschen daran hindert, sich selbst zu lieben, zerstört man ihre ganze Liebesfähigkeit. Dann wird alles, was sie für Liebe halten, nur eine Pseudoliebe sein. Es mag Pflichtgefühl sein, aber nicht Liebe. Und Pflicht ist ein so hässliches Wort. Die Eltern erfüllen ihre Pflicht an ihren Kindern, damit die Kinder dann ihrerseits ihre Pflicht an den Eltern erfüllen. Die Frau erfüllt ihre ehelichen Pflichten gegenüber dem Ehemann, der Mann erfüllt seine ehelichen Pflichten gegenüber der Ehefrau. Aber wo bleibt die Liebe?

Liebe weiß nichts von Pflicht. Pflicht ist eine Bürde, eine Formalität. Liebe ist eine Freude, ein Schenken. Liebe ist ohne Formalitäten. Ein Liebender hat nie das Gefühl, er hätte genug getan. Ein Liebender hat immer das Gefühl, es wäre noch mehr möglich gewesen. Ein Liebender hat nie das Gefühl, der andere sei ihm zu Dank verpflichtet. Im Gegenteil, er fühlt: »Ich bin es, der zu danken hat, weil meine Liebe angenommen wurde. Ich bin dem anderen zu Dank verpflichtet, dass er mein Geschenk angenommen hat; er hätte es auch ablehnen können.«

Jemand, der aus Pflichtgefühl handelt, denkt: »Ich bin etwas Besseres, ich bin spirituell, ich bin außergewöhnlich. Seht nur, wie ich den Menschen diene!« Solche Diener der Menschheit sind die scheinheiligsten Leute auf der Welt und die heimtückischsten. Wenn wir diese Diener der Menschheit loswerden könnten, wären die Menschen von einer schweren Last befreit. Sie würden sich sehr erleichtert fühlen und könnten wieder tanzen und singen.

Aber man hat euch jahrhundertelang die Wurzeln gestutzt und euch vergiftet. Man hat euch davor Angst gemacht, euch selbst zu lieben. Das ist aber der erste Schritt in der Liebe, die allererste Erfahrung. Wer sich selbst liebt, respektiert sich selbst. Und wer sich selbst liebt und respektiert, der respektiert auch andere, weil er weiß: »Die anderen sind genau wie ich. So wie ich mich über Liebe, Respekt und Würde freue, genauso freuen sich auch die anderen.« Und er wird sich bewusst, dass wir an der Basis überhaupt nicht verschieden sind; wir sind eins. Wir unterliegen alle demselben Gesetz. Buddha sagt: »Wir leben unter demselben ewigen Gesetz – *Aes dhammo sanantano.«* In den Details mögen wir uns ein wenig unterscheiden – das bringt eine schöne Abwechslung –, aber an der Basis sind wir alle Teil dieser einen Natur.

Wer sich selbst liebt, genießt die Liebe so sehr und sie macht ihn so glücklich, dass die Liebe anfängt überzufließen und auch andere zu erreichen. Es kann gar nicht anders sein! Wer in der Liebe lebt, muss sie mit anderen teilen. Man kann nicht immer nur sich selbst lieben, denn eines wird absolut klar: Wenn es so schön und ungeheuer ekstatisch ist, *einen* Menschen, sich selbst, zu lieben – wie viel mehr Ekstase hat man noch zu erwarten, wenn man erst anfängt, seine Liebe mit vielen, vielen Menschen zu teilen!

Langsam werden die Wellen immer größere Kreise ziehen. Zuerst liebst du andere Menschen, dann fängst du auch an, die Tiere, die Vögel, die Bäume, die Felsen zu lieben. Du kannst das ganze Universum mit deiner Liebe erfüllen. Ein einziger Mensch reicht aus, um das ganze Universum mit Liebe zu füllen – so wie ein einziger Stein den ganzen See mit Wellen zu füllen vermag. Ein kleines Steinchen!

Nur ein Buddha kann sagen: *»Liebe dich selbst.«* Kein Priester und kein Politiker kann damit einverstanden sein, denn das würde ihr ganzes Gebäude zum Einsturz bringen, den ganzen Apparat ihrer Ausbeutung. Wenn man es den Menschen verwehrt, sich selbst zu lieben, wird ihre spirituelle Kraft, ihre

Seele von Tag zu Tag schwächer. Der Körper mag wachsen, aber es gibt kein inneres Wachstum, weil die innere Nahrung fehlt. Der Mensch bleibt auf den Körper beschränkt, er lebt praktisch ohne Seele – oder nur mit dem Potenzial, mit der Möglichkeit einer Seele. Seine Seele bleibt ein Same und muss ein Same bleiben, wenn sie nicht den richtigen Boden der Liebe findet. Und den kann sie nicht finden, wenn man diese dumme Vorstellung befolgt: »Du sollst dich nicht selbst lieben.«

Auch ich lehre, dass ihr euch zuerst selbst lieben müsst. Das hat nichts mit dem Ego zu tun. Im Gegenteil, die Liebe ist ein solches Licht, dass darin kein Platz ist für die Dunkelheit des Ego. Wenn du zuerst andere liebst und deine Liebe auf andere konzentrierst, lebst du im Dunkel. Richte dein Licht zuerst auf dich selbst, werde dir selbst ein Licht. Lass dieses Licht deine innere Dunkelheit, deine innere Schwäche vertreiben. Lass die Liebe zu einer ungeheuren Kraft, einer spirituellen Kraft in dir werden.

Und wenn deine Seele ihre volle Kraft erlangt hat, dann weißt du, dass du nicht stirbst, dass du unsterblich bist, dass du ewig bist. Die Liebe gibt dir den ersten Blick in die Ewigkeit. Die Liebe ist die einzige Erfahrung, die alles Zeitliche transzendiert – darum haben Liebende keine Angst vor dem Tod. Die Liebe kennt keinen Tod. Ein einziger Augenblick der Liebe ist mehr als eine ganze Ewigkeit.

Doch die Liebe muss beim Anfang anfangen. Die Liebe muss mit diesem ersten Schritt beginnen:

Liebe dich selbst.

Verurteile dich nicht. Man hat dich so sehr verurteilt und all diese Urteile hast du dir zu Herzen genommen. Und jetzt fügst du selbst dir weiter Schaden zu. Du denkst, du hättest keinen besonderen Wert, du wärst keine wunderbare Schöpfung Gottes, du würdest hier gar nicht gebraucht. Aber das sind alles nur vergiftende Gedanken, mit denen man euch vergiftet hat. Schon mit der Muttermilch hat man euch vergiftet. Und so war die ganze Vergangenheit, die ganze Menschheit hat unter einer dunklen, finsteren Wolke von Selbstverdammnis gelebt. Wie könnt ihr wachsen, wenn ihr euch selbst verurteilt? Wie könnt ihr jemals reif werden? Und wenn ihr euch selbst verachtet, wie könnt ihr da die Göttlichkeit der Existenz wertschätzen? Wenn ihr das Göttliche in eurem Innern nicht wertschätzen und verehren könnt, werdet ihr niemals im Stande sein, das Göttliche auch in anderen zu verehren. Das ist unmöglich.

Du kannst dich nur als Teil des Ganzen erfahren, wenn du große Achtung vor dem Göttlichen besitzt, das in dir wohnt. Du bist der Gastgeber, Gott ist dein Gast. Wenn du dich selbst liebst, erkennst du: Gott hat dich zu seinem Instrument erwählt. Indem er dich zu seinem Instrument erwählt hat, zeigt er dir bereits seine Achtung und Liebe. Indem er dich erschaffen hat, beweist er seine Liebe für dich. Er hat dich nicht zufällig gemacht. Er hat dich mit einer Bestimmung gemacht, einem bestimmten Potenzial, einer bestimmten Fülle, die du verwirklichen sollst. Ja, Gott hat den Menschen nach seinem Ebenbild erschaffen. Der Mensch muss zu einem Gott werden. Solange der Mensch nicht selbst zu einem Gott wird, kann es keine Erfüllung, keinen Frieden für ihn geben.

Aber wie kannst du zu einem Gott werden? Die Priester sagen, du seist ein Sünder. Eure Priester sagen, dass ihr verdammt seid, dass ihr in die Hölle kommen werdet. Und sie machen euch große Angst davor, euch selbst zu lieben. Das ist ihr Trick, um die Liebe direkt an der Wurzel abzuschneiden. Das sind sehr gerissene Leute. Der Beruf des Priesters ist der gerissenste auf der Welt. Sie sagen: »Liebe deinen Nächsten.« Aber diese Liebe wird künstlich und unecht sein, Heuchelei, reine Show.

Sie sagen: »Liebe die Menschheit, liebe dein Land, dein Vaterland, liebe das Leben, die Existenz, Gott.« Alles große Worte, aber völlig ohne Bedeutung. Ist dir die Menschheit je begegnet? Es begegnen dir immer nur einzelne Menschen. Aber schon den ersten Menschen, der dir begegnete, hast du verurteilt – und das bist *du*.

Du hast dich selbst nie geachtet, nie geliebt. Nun verschwendest du dein ganzes Leben damit, andere zu verurteilen. Darum sind die Leute so gut im Kritisieren. Sie entdecken Mängel bei sich selbst, und wie könnten sie es vermeiden, dieselben Mängel auch bei anderen zu finden? Ja, sie finden sogar jede Menge Fehler und übertreiben diese noch und lassen sie möglichst groß erscheinen. Das ist wohl der einzige Ausweg. Um ihr Gesicht zu wahren, scheint ihnen gar nichts anderes übrig zu bleiben. Darum gibt es so viel Kritik und einen solchen Mangel an Liebe.

Ich halte dies für eine der tiefgründigsten Aussagen Buddhas, und nur ein Erwachter kann euch eine solche Erkenntnis geben.

Er sagt: *»Liebe dich selbst ...«* Das kann zum Ausgangspunkt einer radikalen Transformation werden. Habe keine Scheu, dich selbst zu lieben. Liebe dich ganz und gar, und du wirst dich wundern: Der Tag, an dem du alle Selbstverurteilung und Selbstverachtung los bist, der Tag, an dem du die Vorstellung der Erbsünde los bist, der Tag, an dem du dich als wertvoll und von der Existenz geliebt erfährst, wird ein unendlich segensreicher Tag sein! Von diesem Tag an wirst du anfangen, die Menschen in ihrem wahren Licht zu sehen, und du wirst Mitgefühl haben. Doch es wird kein antrainiertes Mitgefühl sein, sondern ein natürliches, spontanes Überfließen.

Wer sich selbst liebt, findet auch leicht zur Meditation, denn Meditation bedeutet, mit sich allein zu sein. Wenn ihr euch selbst hasst – und das tut ihr, denn das hat man euch so beigebracht, und ihr habt es mit religiösem Eifer befolgt ... Wenn ihr euch selbst hasst, wie könnt ihr es mit euch allein aushalten? Meditation bedeutet nichts anderes, als dein wunderbares Alleinsein zu genießen. Dich selbst zu feiern – darum geht es in der Meditation.

Meditation ist keine Beziehung. Der andere wird überhaupt nicht gebraucht, man ist sich selbst genug. Man ist gebadet im eigenen Licht, im eigenen Glanz. Man erfreut sich einfach daran, dass man lebt, dass man *ist*.

Das größte Wunder auf der Welt ist, dass du bist, dass ich bin. Zu *sein* ist das größte Wunder. Und Meditation öffnet die Türen zu diesem großen Wunder. Doch nur wer sich selbst liebt, kann meditieren; sonst wird er sich meiden und immer vor sich selbst davonlaufen. Wer möchte schon ein hässliches Gesicht ansehen? Wer möchte schon ein hässliches Wesen näher ergründen? Wer möchte schon tief in den eigenen Schlamm hinabtauchen, in die eigene Dunkelheit? Wer möchte sich schon in die Hölle begeben, die er in sich findet? Lieber möchte er das Ganze hinter schönen Blumen verstecken. Lieber läuft er ständig vor sich selbst davon.

Darum suchen die Menschen ständig die Gesellschaft von anderen; sie können nicht mit sich allein sein. Darum wollen sie immer mit anderen zusammen sein, und dazu ist ihnen jede Art von Gesellschaft recht, wenn sie nur die eigene Gesellschaft vermeiden können. Dazu ist ihnen alles recht. Sie sitzen stundenlang im Kino, um sich irgendeinen dummen Film anzuschauen. Sie lesen stundenlang Krimis und vertun ihre Zeit damit. Sie lesen immer wieder die gleiche Zeitung, nur um eine Beschäftigung zu haben. Sie spielen Karten, spielen Schach, nur um die Zeit totzuschlagen. Als hätten sie zu viel Zeit!

Wir haben nicht zu viel Zeit. Wir haben nicht *genug* Zeit, um zu wachsen und uns unseres Daseins zu erfreuen!

Das ist eines der Grundprobleme, und es kommt von der falschen Erziehung: Man vermeidet sich selbst. Die Leute sitzen wie festgeklebt auf ihrem Sessel vor dem Fernseher, vier, fünf, ja sogar sechs Stunden lang. Der Durchschnittsamerikaner sitzt täglich fünf Stunden vor dem Fernseher, und diese Krankheit verbreitet sich nun auf der ganzen Welt. Was gibt es denn da zu sehen? Und was habt ihr davon? Damit macht ihr euch höchstens die Augen kaputt.

Aber es war schon immer so, auch bevor es das Fernsehen gab. Es gibt ja genug andere Dinge. Und das Problem ist immer das Gleiche: Wie vermeidet man sich selbst? Denn man fühlt sich so hässlich.

Aber wer hat euch denn so hässlich gemacht? Eure so genannten religiösen Leute, eure Päpste und Priester. Sie tragen die Schuld, dass eure Gesichter so verzerrt sind. Sie haben es geschafft, alle Menschen hässlich zu machen.

Von Geburt ist jedes Kind schön, aber dann machen wir uns daran, ihm seine Schönheit zu rauben. Wir verkrüppeln und lähmen es in vielfacher Hinsicht, verbiegen seine Gestalt, stören sein Gleichgewicht. Früher oder später ist dieser Mensch dann so von sich angewidert, dass er bereit ist, sich mit jeder Gesellschaft zufrieden zu geben. Möglicherweise geht er dann sogar zu Prostituierten, nur um sich selbst zu vermeiden.

»Liebe dich selbst«, sagt Buddha. Dieser Satz kann die ganze Welt verwandeln. Er kann unsere ganze hässliche Vergangenheit beiseite räumen und ein neues Zeitalter einleiten. Dies kann der Anfang einer neuen Menschheit werden.

Das ist der Grund, warum ich so sehr für die Liebe eintrete. Aber die Liebe beginnt bei dir selbst. Nur von da kann sie sich weiter ausbreiten, und das tut sie von ganz allein – du brauchst nichts zu tun, damit sie sich ausbreitet.

»Liebe dich selbst«, sagt Buddha und er fügt sogleich hinzu: *»... und beobachte.«* Das ist Meditation, dies ist Buddhas Ausdruck für Meditation. Doch die erste Voraussetzung ist, dich selbst zu lieben – und *dann* zu beobachten. Wenn du dich nicht liebst und trotzdem anfängst, dich zu beobachten, könntest du auf den Gedanken kommen, Selbstmord zu begehen. Viele Buddhisten haben Selbstmordgedanken, weil sie dem ersten Teil dieses Lehrsatzes keine Beachtung schenken. Sie springen sofort zum zweiten Teil: »Beobachte dich selbst.« Tatsächlich habe ich keinen einzigen Kommentar zum *Dhammapada* – wie die Reden Buddhas genannt werden – gefunden, der diesem ersten Teil des Satzes Beachtung geschenkt hätte: *»Liebe dich selbst.«*

Sokrates sagt: »Erkenne dich selbst« – Buddha sagt: *»Liebe dich selbst.«* Doch was Buddha sagt, ist viel wahrhaftiger, denn solange man sich selbst nicht liebt, kann man sich unmöglich selbst erkennen. Die Erkenntnis kommt erst später, wenn der Boden dafür von der Liebe bereitet wurde. Die Liebe schafft erst die Möglichkeit zur Selbsterkenntnis. Liebe ist der rechte Weg, um sich selbst zu erkennen.

Einmal weilte ich bei einem buddhistischen Mönch, Jagdish Kashyap, der inzwischen gestorben ist. Er war ein guter Mensch. Wir sprachen über das *Dhammapada* und kamen auf diese Stelle zu sprechen. Und er fing gleich an, über das Beobachten zu reden, als hätte er den ersten Satz überhaupt nicht gelesen. Kein traditioneller Buddhist wird diesem ersten Teil des Satzes je Beachtung schenken; man lässt ihn einfach links liegen.

Ich sagte zu Bhikshu Jagdish Kashyap: »Moment mal! Du übersiehst etwas ganz Wesentliches. Das Beobachten ist erst der zweite Schritt, und du machst ihn zum ersten. Es kann aber nicht der erste Schritt sein!«

Er las die Stelle noch einmal und sagte dann mit umwölktem Blick: »Mein ganzes Leben lang lese ich das *Dhammapada,* und dieses Sutra muss ich millionenfach gelesen haben. Das *Dhammapada* ist mein tägliches Morgengebet, ich kann es in- und auswendig. Aber mir ist noch nie aufgefallen, dass dieses ›*Liebe dich selbst*‹ den ersten Teil der Meditation darstellt und das Beobachten den zweiten Teil.«

Dasselbe trifft für Millionen von Buddhisten auf der ganzen Welt zu – und auch für die Neo-Buddhisten im Westen. Die Zeit für Buddha im Westen ist gekommen; der Westen ist jetzt bereit, Buddha zu verstehen. Aber auch dort wird der gleiche Fehler gemacht. Man übersieht völlig, dass Selbstliebe die Voraussetzung für Selbsterkenntnis und Selbstbeobachtung ist. Denn solange du dich selbst nicht liebst, kannst du nicht wirklich nach innen schauen. Du wirst es vermeiden. Dann kann dein »Beobachten« sogar zu einer Methode werden, dich selbst zu vermeiden.

Zuerst heißt es: *Liebe dich selbst,* dann erst folgt: *Beobachte – heute, morgen, immer.*

Schaffe dir ein liebevolles Umfeld. Liebe deinen Körper, liebe deinen Verstand. Liebe all deine Funktionen, deinen ganzen Organismus. Mit »Liebe« ist gemeint, alles zu akzeptieren, wie es ist. Versuche nichts zu unterdrücken. Wir unterdrücken nur, was wir hassen. Wir unterdrücken nur etwas, das wir nicht wahrhaben wollen. Unterdrücke nichts, denn wie willst du es beobachten, wenn du es unterdrückst? Wir können unserem Feind nicht ins Auge sehen, nur unserem Liebsten. Nur wenn du ein Liebhaber deiner selbst bist, kannst du dir in die Augen schauen, ins eigene Gesicht, in die eigene Wirklichkeit.

Beobachten bedeutet Meditation, es ist Buddhas Bezeichnung für Meditation. *»Beobachte!«* – Das ist Buddhas Weckruf. Er meint damit: Sei aufmerksam, sei bewusst, sei nicht unbewusst! Verhalte dich nicht wie im Schlaf. Benimm dich nicht ständig wie eine Maschine, wie ein Roboter. Aber so sind die Menschen.

> Michael war gerade in seine neue Wohnung eingezogen und beschloss, sich mit den Nachbarn von gegenüber bekannt zu machen. Als er klingelte und die Tür aufging, war er hocherfreut, eine schöne, junge Blondine mit üppigen Kurven in einem durchsichtigen Negligé zu erblicken.
>
> Michael warf ihr einen coolen Blick zu und sagte dann ganz spontan: »Hallo! Ich bin der neue Zucker von gegenüber. Hätten Sie mal 'ne Tasse Nachbar für mich?«

Die Menschen leben total unbewusst. Sie haben keine Ahnung, wie sie reden und was sie tun. Sie sind unaufmerksam und beobachten sich nicht. Sie schauen nicht richtig hin und gehen immer von irgendwelchen Annahmen aus. Sie haben keinen Durchblick, können ihn gar nicht haben. Durchblick bekommt man erst, wenn man sehr bewusst ist. Dann kann man sogar mit geschlossenen Augen sehen. Aber so wie ihr jetzt seid, könnt ihr nicht mal mit offenen Augen sehen. Ihr ratet und vermutet, interpretiert und projiziert.

> Susi liegt beim Psychiater auf der Couch. »Machen Sie einfach mal die Augen zu und entspannen Sie sich«, sagt der Doktor. »Wir machen jetzt ein Experiment.«

Er zieht ein ledernes Schlüsseletui aus der Hosentasche, öffnet dessen Reißverschluss und schüttelt die Schlüssel. »Woran erinnert Sie dieses Geräusch?«, fragt er Susi.

»Sex«, flüstert sie.

Dann schließt er das Etui wieder und berührt damit ihre Handfläche. Susi erstarrt.

»Und das?«, fragt der Psychiater.

»Sex«, murmelt Susi nervös.

»Öffnen Sie wieder die Augen«, sagt der Psychiater, »und jetzt sagen Sie mir bitte: Warum hat das, was ich eben gemacht habe, Sie an Sex erinnert?«

Zaghaft öffnen sich Susis zitternde Augenlider. Ihr Blick fällt auf das Schlüsseletui in der Hand des Psychiaters. Sie wird knallrot und stottert: »Ja, also, ehm ... Ich dachte, das erste Geräusch war der Reißverschluss Ihrer Hose.«

Der Verstand projiziert ständig; er projiziert sich selbst. Der Verstand kollidiert ständig mit der Wirklichkeit und gibt allem seine eigene Färbung, Form und Gestalt. Der Verstand erlaubt dir nie, das zu sehen, was ist. Er erlaubt dir nur, das zu sehen, was er sehen will.

Früher dachten die Wissenschaftler, unsere Augen, Ohren, die Nase und alle anderen Sinne, einschließlich des Verstandes, seien nichts anderes als Pforten zur Wirklichkeit, eine Brücke zur Realität. Doch heute sieht man das anders. Heute sagt man, unsere Sinne und der Verstand seien keine Pforten zur Wirklichkeit, sondern eher ein Schutz davor. Nur zwei Prozent der Wirklichkeit dringen durch diesen Schutzfilter bis zu dir durch, 98 Prozent werden draußen gehalten. Und diese zwei Prozent sind, wenn sie bis zu dir durchkommen und dein Wesen erreichen, nicht mehr dasselbe. Sie müssen so viele Barrieren überwinden und mit so vielen Dingen in deinem Denken übereinstimmen, dass es nicht mehr dieselbe Wirklichkeit ist, wenn es dich erreicht.

Meditation bedeutet, deinen Verstand beiseite zu legen, damit er nicht mehr mit der Wirklichkeit kollidiert, sondern dich die Dinge so sehen lässt, wie sie wirklich sind.

Weshalb mischt sich dein Verstand überhaupt ein? Weil dein Verstand, dein Denken von der Gesellschaft erzeugt wurde. Er ist der Vertreter der Gesellschaft in dir; er steht nicht zu deinen Diensten, vergiss das nicht. Es ist zwar *dein* Verstand, aber er steht nicht zu deinen Diensten. Er ist Teil einer Verschwörung gegen dich. Die Gesellschaft hat ihn konditioniert, sie hat dir viele Dinge in den Kopf gesetzt. Es ist zwar dein Verstand, aber er ist nicht mehr dein Diener, sondern fungiert als Diener der Gesellschaft. Wenn du Christ bist, dann fungiert dein Verstand als Vertreter der christlichen Kirche. Bist du Hindu, dann ist dein Verstand Hindu, bist du Buddhist, dann ist er Buddhist. Die Wirklichkeit ist aber weder christlich noch hinduistisch, noch buddhistisch. Die Wirklichkeit ist einfach, wie sie ist.

Ihr müsst all diese Denkweisen beiseite schieben: das kommunistische Denken, das faschistische Denken, das katholische Denken, das protestantische Denken ... Es gibt dreitausend Religionen auf dieser Welt – die großen Religionen und kleinere Religionen und ganz kleine Sekten und Sekten innerhalb von Sekten – alles in allem etwa dreitausend. Demnach gibt es dreitausend verschiedene Denkweisen, dreitausend Geistesarten – aber nur eine Wirklichkeit, eine Existenz, eine Wahrheit!

Meditation bedeutet, den Verstand beiseite zu tun und zu beobachten. Der erste Schritt – *»Liebe dich selbst«* – wird eine enorme Hilfe sein. Wenn du dich liebst, machst du vieles rückgängig, was die Gesellschaft dir eingepflanzt hat. Dann bist du schon ein ganzes Stück freier von den gesellschaftlichen Konditionierungen.

Und der zweite Schritt: *»Beobachte.«* Einfach Beobachten. Buddha sagt nicht, *was* man beobachten soll. Alles! Wenn du gehst, beobachte, dass du gehst. Wenn du isst, beobachte, dass du isst. Wenn du unter der Dusche stehst, beobachte, wie das Wasser, das kühle Wasser auf dich herabfällt, wie seine Kühle dich berührt und ein Zittern über deinen Rücken läuft ... Beobachte alles – *heute, morgen, immer.*

Und irgendwann kommt der Augenblick, wo du sogar im Schlaf beobachten kannst. Das ist der Gipfelpunkt des Beobachtens. Der Körper schläft, aber der Beobachter ist wach und beobachtet still den schlafenden Körper. Das ist die höchste Form der Beobachtung. Bisher ist genau das Gegenteil der Fall: Dein Körper ist wach, aber du schläfst. Dann wirst *du* wach sein und dein Körper wird schlafen.

Der Körper braucht Ruhe, aber das Bewusstsein braucht keinen Schlaf. Das Bewusstsein ist bewusstes Sein. Wachheit ist seine wahre Natur. Der Körper ermüdet, denn der Körper unterliegt dem Gesetz der Schwerkraft. Es ist die Schwerkraft, die dich müde werden lässt. Darum ermüdest du bald, wenn du schnell läufst oder Treppen steigst, denn die Schwerkraft zieht dich nach unten. Ja sogar Stehen macht müde, Sitzen macht müde. Nur wenn du flach liegst, in der Horizontalen, kann sich der Körper ein bisschen ausruhen, weil er dann mit dem Gesetz der Schwerkraft harmoniert. Im Stehen, in der Vertikalen, arbeitest du dagegen, denn das Blut strömt zum Kopf, gegen das Gesetz, und das Herz muss schwer pumpen.

Das Bewusstsein unterliegt aber nicht dem Gesetz der Schwerkraft, und darum wird es nie müde. Die Schwerkraft (oder Gravitation) hat keine Macht über das Bewusstsein; es ist nicht wie ein Fels, es hat kein Gewicht. Es unterliegt einem völlig anderen Gesetz – dem Gesetz der Gnade, oder wie der Osten es nennt, dem Gesetz der Levitation. Die Gravitation bezieht sich auf das, was nach unten zieht, und die Levitation auf das, was nach oben zieht.

Unser Körper wird ständig nach unten gezogen; darum landet er letzten Endes im Grab. Dann erst kommt er wirklich zur Ruhe – Staub zu Staub, er kehrt zu seinem Ursprung zurück. Dann hat die ganze Aufregung ein Ende, alle Konflikte hören auf. Die Atome des Körpers kommen erst im Grab zur wahren Ruhe.

Doch die Seele schwingt sich höher und höher empor: In dem Maße, in dem du achtsamer wirst, wachsen dir Flügel – dann gehört dir der ganze Himmel.

Der Mensch ist die Verbindung von Erde und Himmel, Körper und Seele.

3

Warum Selbstsucht eine Tugend ist

Wer nicht selbstsüchtig ist, kann auch nicht altruistisch sein, vergiss das nicht. Merke dir: Wer nicht selbstsüchtig ist, kann auch nicht selbstlos sein. Nur wer durch und durch selbstsüchtig ist, kann auch selbstlos sein. Das muss man verstehen, denn es erscheint paradox.

Was heißt es, selbstsüchtig zu sein? Die erste grundlegende Bedingung ist, dass du in deiner Mitte bist. Die zweite grundlegende Bedingung ist, dass du immer danach strebst, glücklich zu sein. Wenn du in deiner Mitte bist, wirst du bei allem, was du tust, von dir selbst ausgehen. Dann vermagst du auch anderen zu dienen – aber nur, weil es dir Freude macht. Dann tust du es nur, weil du es wirklich gerne machst, weil es dich beglückt und befriedigt. Du tust es, weil du dich dabei spürst. Du tust es nicht aus Pflicht, nicht etwa, um der Menschheit zu dienen. Du fühlst dich nicht als großer Märtyrer, der sich aufopfert. Das ist alles Unsinn. Es macht dich einfach auf deine Art glücklich, es fühlt sich für dich gut an. Dann gehst du vielleicht in ein Krankenhaus und dienst den Kranken, oder du gehst zu den Armen und dienst ihnen – aber nur, weil du es *liebst*. Auf diese Weise wächst du. Tief innerlich fühlst du dich still und glücklich und zufrieden mit dir selbst.

Ein in sich ruhender Mensch ist immer auf sein eigenes Glück bedacht. Und das Schöne ist: Je mehr du auf dein eigenes Glück bedacht bist, umso mehr wirst du auch anderen helfen wollen, glücklich zu sein. Denn nur so kann man in dieser Welt glücklich sein. Wenn um dich herum alle unglücklich sind, kannst du nicht glücklich sein. Der Mensch ist keine Insel, er ist Teil eines riesigen Kontinents. Wenn du also glücklich sein willst, musst du auch den anderen um dich herum helfen, glücklich zu sein. Dann, und nur dann, kannst du glücklich sein.

Du musst eine Atmosphäre der Freude um dich kreieren. Wenn alle unglücklich sind, wie kannst du da glücklich sein? Es beeinflusst auch dich. Du bist ja nicht aus Stein, du bist ein sehr zart fühlendes, empfindsames Wesen. Wenn alle um dich herum unglücklich sind, wird ihr Unglück dich beeinflussen. Unglücklichsein ist so ansteckend wie eine Krankheit. Und Glücklichsein ist ebenfalls ansteckend wie eine Krankheit. Wenn du anderen hilfst, glücklich zu sein, hilfst du letztendlich dir selbst, glücklich zu sein. Wer zutiefst an seinem eigenen Glück interessiert ist, wird immer auch am Glück der anderen interessiert sein – aber nicht um ihretwillen. Insgeheim handelt er aus eigenem Interesse, und darum hilft er ihnen. Wenn man jedem Menschen auf dieser Welt beibringen würde, total selbstsüchtig zu sein, könnte die ganze Welt glücklich sein. Dann hätte das Leiden keine Chance.

Man sollte alle Menschen lehren, selbstsüchtig zu sein, denn daraus erwächst die wahre Selbstlosigkeit. Wahre Selbstlosigkeit ist letzten Endes nichts anderes als Selbstsucht. Nach außen mag es so aussehen, als wäre man nicht selbstsüchtig, aber letztlich findet man selbst dadurch Erfüllung. Dann kann sich das Glücklichsein multiplizieren. Je mehr Menschen um dich herum glücklich sind, umso mehr Glück fällt auf dich zurück. So kannst du grenzenlos glücklich sein.

Ein glücklicher Mensch ist so glücklich, dass er in Ruhe gelassen werden will, denn er möchte sein Glück genießen. Er möchte seine Privatsphäre behalten, er möchte sein Leben mit Blumen, Poesie und Musik erfüllen. Was hätte er für ein Interesse, in den Krieg zu ziehen und sich töten zu lassen oder andere zu töten? Weshalb sollte er jemanden ermorden oder sich selbst das Leben nehmen? Das können nur Menschen, die nicht selbstsüchtig genug sind, die Glückseligkeit zu erleben, die ihnen möglich wäre. Sie haben nie die Erfahrung gemacht, was es heißt zu *sein*, was es heißt zu feiern. Sie haben nie getanzt, haben das Leben nie in vollen Zügen genossen. Sie haben noch nie einen Funken des Göttlichen erhascht. Solche lichten Augenblicke geschehen in tiefer Glückseligkeit, in tiefer Zufriedenheit und Erfüllung.

Wer nicht selbstsüchtig ist, hat keine Wurzeln, kein Zentrum. Er lebt in einer tiefen Neurose. Er geht gegen die Natur, und so kann er unmöglich heil und ganz werden. Er kämpft gegen den Strom des Lebens, gegen das Sein, gegen die Existenz, indem er sich bemüht, selbstlos zu sein. Aber es ist unmöglich, *nicht* selbstsüchtig zu sein, denn nur ein selbstsüchtiger Mensch ist selbstlos.

Nur wenn du glücklich bist, kannst du dein Glück mit anderen teilen. Wenn du kein Glück in dir fühlst, wie kannst du es weitergeben? Um es weiterzugeben, musst du es zuerst haben. Der Selbstlose ist immer ernst und krank, in tiefer seelischer Not. Er verpasst sein eigenes Leben. Und vergiss nicht, wer sein eigenes Leben verpasst, kann zum Mörder, zum Selbstmörder werden. Wer mit seinem Leben nicht glücklich ist, wird destruktiv.

Unglücklichsein ist destruktiv, Glücklichsein ist kreativ. Kreativität kommt immer aus dem Glücklichsein, aus der Fröhlichkeit, aus der Freude. Wenn du voller Freude bist, willst du etwas erschaffen – ein Spielzeug für die Kinder, ein Gedicht, ein Bild, irgendetwas. Wenn in deinem Leben viel Freude ist, willst du sie ausdrücken – und wie? Du erschaffst etwas – egal, was. Bist du aber unglücklich, dann möchtest du am liebsten etwas kaputt machen und zerstören. Dann wirst du vielleicht Politiker oder Soldat. Dann suchst du dir eine Situation, die es dir erlaubt, destruktiv zu sein.

Darum bricht auch immer wieder irgendwo auf der Erde ein Krieg aus. Es ist eine weit verbreitete Krankheit. Dabei reden sämtliche Politiker ständig vom Frieden. Sie rüsten für den Krieg und reden vom Frieden. Tatsächlich sagen sie: »Wir müssen uns für den Krieg rüsten, damit wir den Frieden bewahren können.« Wie irrational! Wie kann man den Frieden bewahren, wenn man sich auf den Krieg vorbereitet? Um den Frieden zu bewahren, sollte man sich auf den Frieden vorbereiten.

Deshalb ist die jüngere Generation auf der ganzen Welt eine große Gefahr für das Establishment. Sie hat nur Interesse am Glücklichsein. Sie hat Interesse an der Liebe, an der Meditation, an Musik und Tanz ... Die Politiker auf der ganzen Welt sind sich dessen sehr wohl bewusst. Die jüngere Generation interessiert sich nicht mehr für Politik – weder rechts noch links. Nein, es interessiert sie überhaupt nicht, auch nicht der Kommunismus. Sie wollen überhaupt keinem »Ismus« mehr angehören.

Ein glücklicher Mensch gehört sich selbst. Warum sollte er irgendeiner Organisation angehören? Um sich einer Organisation, einer Gruppe anzuschließen, muss man ein unglücklicher Mensch sein. Wer nicht in sich selbst verwurzelt ist und nirgendwo hingehört, fühlt in sich die tiefe Angst: Ich muss irgendwo dazugehören! Dann schafft man sich eine ersatzweise Zugehörigkeit. Man wird Mitglied einer politischen Partei, eines revolutionären Kreises, irgendeiner Gruppe, einer Glaubensgemeinschaft. Dann hat man das Gefühl, dass man dazugehört. Man hat eine Gemeinschaft, eine Gruppe, in der man sich verankert fühlen kann.

Jeder Mensch sollte in sich selbst verankert sein, denn nur von dort führt ein Weg in die Tiefe der Existenz. Wer sich fest an eine Gruppe anschließt, bleibt stehen. Jedes weitere Wachstum wird dadurch unmöglich. Man ist auf dem Holzweg, in einer Sackgasse.

Ich lehre also keine Selbstlosigkeit, weil ich weiß: Wer wirklich selbstsüchtig ist, wird ganz automatisch und von allein selbstlos. Wer nicht selbstsüchtig ist, lebt an sich selbst vorbei. Er ist unfähig, mit anderen in Kontakt zu treten, weil ihm der grundlegende Kontakt zu sich selbst fehlt. Er hat den ersten Schritt übersprungen.

Vergiss die ganze Welt und die Gesellschaft und sämtliche Utopien und auch Karl Marx. Vergiss das alles! Du bist nur für wenige Jahre hier. Genieße sie, freue dich und sei glücklich, tanze und liebe! Aus deiner Liebe und aus deinem Tanzen, aus deiner tiefen Selbstsucht kann ein Überfluss an Energie entstehen. Und den kannst du mit anderen teilen.

Die Liebe, sage ich, ist eine äußerst selbstsüchtige Angelegenheit.

4

Wahre Liebe ist an nichts gebunden

Liebe allein bedeutet Freiheit von Gebundenheit.
Wenn ihr alles liebt, seid ihr an nichts gebunden ...
Der durch die Liebe zu einer Frau gefangene Mann
und die durch die Liebe zu einem Mann gefangene
Frau sind gleichermaßen ungeeignet für die
kostbare Krone der Freiheit. Aber der Mann und die
Frau, die durch die Liebe ein Wesen geworden sind,
unzertrennlich, nicht zu unterscheiden, sind
wahrlich zu diesem Lohn berechtigt.
Mikhail Naimy: *Das Buch des Mirdad*

Das Buch des Mirdad ist mein liebstes Buch. Mirdad ist eine erdichtete Gestalt, aber jede von Mirdads Aussagen und Handlungen ist äußerst bedeutsam. Dieses Buch darf man nicht wie einen Roman lesen, man muss es wie eine heilige Schrift lesen – vielleicht die einzige heilige Schrift.

Diese Sätze geben euch einen kleinen Schimmer von Mirdads Erkenntnis, seiner Bewusstheit, seiner Weisheit. Er sagt: *»Liebe allein bedeutet Freiheit von Gebundenheit ...«*, ihr habt aber immer sagen hören: »Liebe bedeutet Gebundenheit.« In diesem Punkt sind sich alle Religionen einig: »Liebe bedeutet Gebundenheit.«

Ich stimme mit Mirdad überein:

Liebe allein bedeutet Freiheit von Gebundenheit.
Wenn ihr alles liebt, seid ihr an nichts gebunden.

Dazu muss man dieses ganze Phänomen des Gebundenseins verstehen. Warum klammert man sich an etwas? Weil man Angst hat, es zu verlieren. Es könnte von jemandem gestohlen werden. Die Angst besteht darin, dass einem das, was man heute hat, morgen nicht mehr zur Verfügung stehen könnte.

Wer weiß denn, was morgen geschieht? die Frau, die du liebst, der Mann, den du liebst ... Beide Entwicklungen sind möglich: dass ihr euch näher kommt oder dass ihr euch weiter voneinander entfernt. Vielleicht werdet ihr wieder zu Fremden – oder so eins miteinander, dass man gar nicht mehr von zwei sprechen kann. Natürlich sind es zwei Körper, aber im Herzen seid ihr eins. Das Lied im Herzen ist eins, und euch beide umgibt eine Wolke der Ekstase. In dieser Ekstase löst ihr euch auf: Du bist nicht mehr du, ich bin nicht mehr ich. Die Liebe wird so umfassend, sie ist so total und überwältigend, dass ihr nicht ihr selbst bleiben könnt. Ihr müsst euch darin auflösen und verschwinden.

In diesem Verschwinden – wer könnte da noch gebunden sein, und an wen? Alles *ist* einfach. Wenn die Liebe in ihrer Totalität erblüht, dann *ist* einfach alles nur. Die Angst vor dem Morgen taucht nicht mehr auf; darum stellt sich auch nicht die Frage von Gebundensein, von Festhalten und Ehe, von irgendwelchen Verträgen oder einem »Bund fürs Leben«.

Was sind denn eure Ehen anderes als Geschäftsverträge? »Wir geloben einander vor dem Gesetz ...« – damit beleidigt ihr die Liebe! Ihr tut damit dem Gesetz Genüge, aber das ist die unterste Ebene im Leben, und die hässlichste. Wenn ihr die Liebe amtlich macht, begeht ihr ein unverzeihliches Verbrechen. Ihr versprecht euch vor dem Standesbeamten, die Ehe miteinander einzugehen und euch die Treue zu halten. »Wir geloben vor dem Gesetz, dass wir uns niemals trennen und uns nie untreu werden wollen.« Haltet ihr das nicht für eine große Beleidigung der Liebe? Stellt ihr damit nicht das Gesetz höher als die Liebe?

Das Gesetz ist für jene, die nicht wissen, wie man liebt. Das Gesetz ist für die Blinden, nicht für jene, die Augen haben. Das Gesetz ist für jene, die die Sprache des Herzens vergessen haben und nur noch die Sprache des Verstandes beherrschen. Mirdads Aussage ist von so hohem Wert, dass ihr sie in ihrer ganzen Tiefe verstehen müsst – nicht bloß intellektuell, nicht bloß emotional, sondern mit allem, was ihr seid. Ihr müsst sie mit eurem ganzen Wesen trinken:

»Liebe allein bedeutet Freiheit von Gebundenheit …«, denn wenn ihr liebt, steht euch der Sinn nach nichts anderem. *»Wenn ihr alles liebt, seid ihr an nichts gebunden.«* Jeder Moment kommt mit neuem Glanz, mit neuem Strahlen, mit neuen Liedern. In jedem Moment gilt es neue Tänze zu tanzen. Mag sein, dass die Partner wechseln, aber die Liebe bleibt.

Gebundenheit ist der Wunsch, der Partner möge nie wechseln. Dazu müsst ihr euch verpflichten – vor dem Gesetz, vor der Gesellschaft. Alles dumme Formalitäten! Und wenn ihr gegen diese Formalitäten verstoßt, verliert ihr in den Augen der Menschen, unter denen ihr leben müsst, alle Achtung und Ehre.

Liebe kennt keine Gebundenheit, weil es in der Liebe gar nicht möglich ist, seine Ehre zu verlieren. Liebe ist die Ehre selbst, die Ehrbarkeit selbst. Dagegen seid ihr machtlos. Ich sage nicht, dass nicht die Partner wechseln können, denn das spielt keine Rolle. Wenn die Partner wechseln, aber wenn die Liebe bestehen bleibt wie ein ständig fließender Strom, wird es viel mehr Liebe auf dieser Welt geben, als das heute der Fall ist. Heute ist die Liebe wie ein Wasserhahn – tropf, tropf, tropf! Damit kann keiner seinen Durst stillen. Liebe muss wie ein Ozean sein, nicht wie das Tröpfeln eines Wasserhahnes.

Liebe ist universell. Liebe lädt nicht bloß einige wenige zum Feiern ein, Liebe lädt die Sterne und die Sonnen und die Blumen und die Vögel ein. Die ganze Existenz ist willkommen bei diesem Fest.

Liebe braucht sonst nichts. Eine Nacht voller Sterne – was wollt ihr noch mehr? Dazu ein paar Freunde ... und das ganze Universum ist unser Freund. Ich habe noch nie einen Baum gesehen, der gegen mich war. Ich habe viele Berge gesehen, aber noch nie einen Berg, der feindselig war. Die ganze Existenz ist uns sehr freundlich gesinnt.

Sobald euer wahres Verständnis der Liebe aufblüht, ist Gebundenheit überhaupt kein Thema mehr. Dann mögt ihr immer wieder den Partner wechseln, aber es bedeutet nicht, dass ihr jemanden im Stich lasst. Dann mögt ihr auch wieder zum selben Partner zurückkommen. Da gibt es keinerlei Vorurteile.

Der Mensch sollte sich wie ein Kind sehen, das am Meeresstrand spielt, Muscheln und bunte Steine sammelt und davon so begeistert ist, als hätte es einen großen Schatz gefunden. Wenn der Einzelne die kleinen Dinge des Lebens genießen kann, wenn er in Freiheit leben und auch andere in Freiheit leben lassen kann, wird sich diese Welt verändern. Dann wird sie eine neue Schönheit und Anmut haben, ein großes Strahlen wird entstehen, jedes Herz wird in Flammen stehen. Und wenn ihr dieses Feuer erst einmal kennen gelernt habt, werden sich die Flammen immer weiter ausbreiten. Die Flammen der Liebe wachsen wie die Bäume, die Flammen der Liebe tragen Blüten und Früchte wie die Bäume.

Was ihr jedoch für Liebe haltet, ist keine Liebe. Darum passieren so seltsame Dinge ... Jemand sagt zu dir: »Wie schön du bist! Ich liebe dich so sehr! Im ganzen Universum gibt es keine Frau, die dir gleicht!«, aber du widersprichst nicht und sagst nie: »Mit welchem Recht sagst du so etwas? Du kennst doch nicht alle Frauen im Universum!« Wenn jemand so wunderbare Dinge sagt, vergisst man völlig, wie irrational das ist.

Solche Dinge lernen die Leute aus Filmen und Romanen – all diese Dialoge, die überhaupt nichts bedeuten. Sie bedeuten höchstens: »Komm jetzt ins Bett!« Aber weil wir zivilisierte Menschen sind, kann man nicht ohne ein paar erklärende Worte, ohne eine kleine Einleitung direkt zur Sache kommen und sagen: »Ab ins Bett!« Die Frau würde zur Polizei rennen und Anzeige erstatten: »Dieser Mann hat mich auf unverschämte Weise angeredet!« Geht man es aber auf zivilisiertere Weise an, dann wird man zuerst ein Eis spendieren, um das Herz zu erfrischen. Oder man wird ein bisschen Süßholz raspeln und Rosen bringen. Dann wissen beide, wie es ausgehen wird: mit einem morgendlichen Kater, Kopfweh und Migräne. Am nächsten Tag werden sich die beiden etwas peinlich berührt ansehen: »Was haben wir da im Bett gemacht?« Einer versteckt sich hinter der Zeitung und tut so, als würde er lesen, und der andere macht den Tee oder den Kaffee, nur um irgendwie zu vergessen, was gestern geschah.

Und weiter sagt Mirdad:

Der durch die Liebe zu einer Frau gefangene Mann
und die durch die Liebe zu einem Mann gefangene
Frau sind gleichermaßen ungeeignet für die
kostbare Krone der Freiheit.

Sobald Liebe zu Gebundenheit wird, wird daraus eine Beziehung. Sobald Liebe fordernd wird, wird sie zu einem Gefängnis. Das macht eure Freiheit zunichte. Ihr könnt nicht mehr frei am Himmel fliegen, ihr seid in einem Käfig eingesperrt. Und man fragt sich – vor allem ich frage mich ... Die Leute fragen sich, was ich wohl den ganzen Tag allein in meinem

Zimmer mache. Aber ich frage mich: Was machen diese zwei Leute bloß die ganze Zeit miteinander? Allein habe ich wenigstens meinen Frieden! Sobald ein Zweiter dazukommt, gibt es Probleme; dann passiert immer etwas. Sobald ein anderer da ist, ist es aus mit der Stille. Der andere fragt etwas, sagt etwas, tut etwas – oder er bringt dich dazu, etwas zu tun. Und speziell, wenn es Tag für Tag immer dieselbe Person ist.

Der Mann, der das Doppelbett erfand, war einer der größten Feinde der Menschheit. Nicht mal im Bett hat man seine Freiheit! Man kann sich kaum bewegen; der andere rückt einem immer auf den Pelz. Und meistens braucht er den ganzen Platz. Wenn du ein kleines Eckchen für dich ergattern kannst, hast du Glück gehabt. Und vergiss eines nicht: Der andere wird immer größer! Was für eine seltsame Welt, in der die Frauen immer größer werden und die Männer immer mehr schrumpfen! Und die ganze Schuld liegt beim Mann. Er ist dafür verantwortlich, dass die Frau immer dicker wird; er macht sie schwanger. Dann gibt es noch mehr Probleme. Sobald man zwei Leute zusammentut, ein Männlein und ein Weiblein, taucht schon bald ein Dritter auf. Und wenn er nicht auftaucht, werden die Nachbarn nervös: »Was ist los? Wo bleibt das Kind?«

Ich habe mit vielen Menschen an vielen Orten gelebt, und ich habe mich immer gewundert: Warum sind die Leute so versessen darauf, anderen Leuten Probleme zu machen? Wenn jemand unverheiratet ist, machen sie sich Sorgen: »Warum heiratest du nicht?« Als ob die Ehe ein universelles Gesetz wäre, an das man sich halten muss! Wenn man ständig von allen gedrängt wird, denkt man schließlich: Vielleicht wäre es doch besser zu heiraten – wenigstens geben die Leute dann endlich Ruhe! Aber weit gefehlt! Ist man erst mal verheiratet, dann fangen sie an, dich zu löchern: »Wann kommt denn das Kind?«

Ja, das ist ein sehr schwieriges Problem. Man hat es nicht in der Hand. Das Kind kann kommen oder auch nicht; es kommt, wenn es kommt. Aber die Leute lassen dir keine Ruhe: »Ohne Kind ist ein Zuhause kein Zuhause.« Das ist wahr. Ohne Kind ist das Zuhause ein stiller Tempel. Mit Kind ist das Zuhause das reinste Irrenhaus! Und mit jedem Kind, das hinzukommt, vervielfachen sich die Probleme.

Ich sitze still in meinem Zimmer, schon mein ganzes Leben lang. Ich störe niemanden. Noch nie habe ich jemanden gefragt: »Warum bist du nicht verheiratet? Warum hast du kein Kind produziert?« Ich finde es unzivilisiert, solche Fragen zu stellen und jemanden so in die Mangel zu nehmen. Das ist ein Eingriff in anderer Leute Freiheit.

Aber so leben die Leute mit Frau und Kindern - und weil mit jedem Familienmitglied, das hinzukommt, die Dinge noch komplizierter werden, wird man automatisch immer weniger sensibel. Man hört weniger, man sieht weniger, man riecht weniger, man schmeckt weniger.

Man benutzt nicht mehr alle seine Sinne in ihrer ganzen Intensität. Darum kann man auch sehen, wenn sich jemand frisch verliebt hat: Sein Gesicht beginnt zu glühen. Man kann sehen, wie beschwingt sein Gang wird, wie er tänzelt. Man kann sehen, dass die Krawatte richtig gebunden und der Anzug gebügelt ist. Irgendetwas ist passiert! Aber das hält nicht lange an. Innerhalb von ein bis zwei Wochen kehrt die alte Langeweile zurück. Dann kann man sehen, wie sich der Staub von neuem setzt. Das Glühen vergeht, und man schleppt sich wieder dahin, statt zu tanzen. Die Blumen blühen zwar weiter, aber man nimmt ihre Schönheit nicht mehr wahr. Die Sterne winken immer noch, aber man schaut nicht mehr zum Himmel.

Millionen von Menschen haben noch nie nach oben geschaut. Ihre Augen kleben an der Erde, als hätten sie Angst, dass ihnen die Sterne auf den Kopf fallen. Es gibt nur wenige, die es lieben, unter dem freien Himmel mit allen Sternen zu schlafen – die anderen haben Angst vor der Unendlichkeit, vor der Einsamkeit, vor der Dunkelheit.

Und so machen Millionen von Menschen immer weiter und fühlen insgeheim: »Wäre ich nur allein geblieben! Hätte ich mich bloß nie auf Liebe und Ehe eingelassen!« Doch nun lässt sich nichts mehr daran ändern. Man kann es nicht ungeschehen machen, kann nicht mehr zurück ins Single-Dasein. Vielleicht hat man sich sogar so sehr an sein Gefängnis gewöhnt, dass man es gar nicht mehr verlassen kann. Es bietet eine gewisse Sicherheit, wie viel man auch leiden mag; es ist behaglich. Die Bettdecke ist verschlissen, aber das Doppelbett ... zumindest ist man nicht allein im Unglück, man kann es mit jemand teilen. Aber im Grunde erzeugt der andere das Unglück erst für dich, und du erzeugst es für ihn oder für sie.

Die Liebe sollte so sein, dass sie euch Freiheit gibt und nicht in neue Ketten legt – dass sie euch Flügel verleiht und euch hilft, so hoch wie möglich zu fliegen.

Aber der Mann und die Frau, die durch die Liebe
ein Wesen geworden sind, unzertrennlich,
nicht zu unterscheiden, sind wahrlich zu diesem
Lohn berechtigt.

Das Buch des Mirdad ist eines jener Bücher, die ewig leben werden, solange noch ein einziger Mensch auf dieser Erde überlebt. Der Mann aber, der dieses Buch geschrieben hat, ist völlig in Vergessenheit geraten. Mirdad ist eine fiktive Figur. Mirdad heißt der Held des Buches. Der Mann, der es schrieb, hieß Mikhail Naimy, doch sein Name tut nichts zur Sache. Sein Buch ist großartig, viel großartiger als er selbst. Sein Leben lang bemühte er sich, noch einmal etwas Ähnliches zu schaffen, aber er scheiterte. Er schrieb viele andere Bücher, aber *Das Buch des Mirdad* ist der Gipfel, der Everest. Dagegen sind die anderen Bücher nur kleine Hügel, nicht der Rede wert.

Wenn ihr die Liebe als Begegnung zweier Seelen versteht und nicht bloß als das sexuelle biologische Aufeinandertreffen männlicher und weiblicher Hormone, dann kann sie euch großartige Flügel verleihen, dann kann sie euch tiefe Erkenntnisse vom Leben geben. Dann können Liebende zum ersten Mal Freunde werden, sonst waren sie bisher immer heimliche Gegner.

Die ganze Idee von der Liebe als Grundlage der Spiritualität ist von den Religionen und den so genannten Heiligen und Weltflüchtigen, die sich aus Feigheit dem Leben nicht stellen und sich nicht mit ihm befassen wollen, vergiftet worden. Sie haben die Sexualität verurteilt, und mit ihrer Verurteilung der Sexualität haben sie auch die Liebe verurteilt, denn diese Leute halten Liebe für gleichbedeutend mit Sex. Das ist sie aber nicht. Sex ist ein ganz kleiner Teil eurer biologischen Energie. Liebe ist euer ganzes Sein, Liebe ist eure Seele. Ihr müsst begreifen, dass Sex einfach eine kulturelle, gesellschaftliche Notwendigkeit ist, um den Bestand der Rasse zu sichern. Ihr könnt daran teilnehmen, wenn ihr wollt. Aber die Liebe könnt ihr nicht umgehen. Sobald ihr die Liebe umgeht, stirbt eure ganze Kreativität ab und alle eure Sinne werden stumpf. Dann setzt ihr viel Staub an. Ihr werdet zu lebendigen Toten.

Gewiss, ihr atmet noch, ihr esst und redet und geht jeden Tag ins Büro, bis der Tod kommt und euch von der Langeweile erlöst, mit der ihr euer ganzes Leben zugebracht habt.

Wenn Sex alles ist, was ihr habt, dann habt ihr gar nichts. Dann seid ihr nur ein Werkzeug der Biologie, ein kosmisches Werkzeug der Fortpflanzung. Dann seid ihr nur wie eine Maschine, eine Fabrik. Wenn ihr aber die Liebe als euer wahres Sein begreift, und die Liebe zu einem anderen Menschen als tiefe Freundschaft, als gemeinsamen Tanz zweier Herzen mit einer solchen Synchronizität, dass sie beinahe eins werden, dann braucht ihr sonst nichts, um spirituell zu sein. Ihr habt alles gefunden.

Liebe führt zur höchsten Erfahrung – nennt es Gott, nennt es das Absolute, nennt es die Wahrheit. Das sind alles nur Namen. Tatsächlich hat das Höchste keinen Namen, es ist namenlos. Doch die Liebe führt dorthin.

Wenn ihr immer nur an Sex denkt und euch der Liebe nie bewusst werdet, dann werdet ihr Schiffbruch erleiden. Ihr werdet zwar Kinder produzieren, aber glücklich werdet ihr dabei nicht sein. Ihr werdet Karten spielen und ins Kino gehen und euch Fußballspiele ansehen und viele Erfahrungen machen mit grenzenloser Sinnlosigkeit und Langeweile, mit Krieg und ständigen unterschwelligen Existenzängsten. Aber die wahre Schönheit dieser Existenz, die wahre Stille und den Frieden dieses Kosmos werdet ihr nie erfahren.

Die Liebe macht das möglich.

Aber vergesst nicht: Liebe kennt keine Grenzen. Liebe kann nicht eifersüchtig sein, denn Liebe kann nicht Besitz ergreifen. Es ist ein hässlicher Gedanke, jemanden zu besitzen, nur weil man ihn liebt ... Wenn man jemanden in Besitz nimmt, bedeutet das, man hat ihn getötet und zu einem Gebrauchsgegenstand gemacht. Besitzen kann man nur Dinge.

Liebe gibt Freiheit. Liebe *ist* Freiheit.

FRAGEN

- *Bitte sprich über den Unterschied zwischen gesunder Selbstliebe und egoistischem Stolz.*

Es ist ein großer Unterschied zwischen diesen beiden, obwohl sie ziemlich gleich aussehen. Eine gesunde Selbstliebe ist von großem spirituellem Wert. Wer sich selbst nicht liebt, kann auch niemand anderen lieben, niemals! Die erste Regung der Liebe muss im eigenen Herzen entstehen. Und wenn sich keine Liebe für dich selbst regt, kann sich auch keine Liebe für andere regen, denn keiner ist dir so nahe wie du selbst.

Man muss den eigenen Körper lieben, man muss die eigene Seele lieben, man muss sich selbst in seiner Ganzheit lieben. Das ist natürlich, denn sonst könnte man gar nicht überleben. Und es ist schön, es macht dich schön. Ein Mensch, der sich selbst liebt, wird elegant und anmutig. Wer sich selbst liebt, kann gar nicht anders, als ruhiger, meditativer, hingebungsvoller zu werden als jene, die sich nicht lieben.

Wer sein Haus nicht liebt, wird es nicht sauber halten. Wer sein Haus nicht liebt, wird es sich darin nicht schön machen, er wird keinen schönen Garten um das Haus herum anlegen, mit einem Lotosteich. Wenn du dich selbst liebst, umgibst du dich mit einem schönen Garten. Dann trachtest du danach, dein Potenzial zu verwirklichen, du bemühst dich, alles aus dir herauszuholen, was nach Ausdruck drängt. Wenn du dich selbst liebst, beschenkst du dich mit allem, was dir gut tut, und achtest darauf, dass dir nie etwas fehlt.

Wenn du dich selbst liebst, wirst du dich wundern, denn man wird dich lieben! Wer sich selbst nicht liebt, wird auch nicht geliebt. Wenn du dich nicht einmal selbst lieben kannst, wer sonst sollte sich dann die Mühe machen?

Wer sich selbst nicht liebt, kann aber nicht neutral bleiben. Merke dir, im Leben gibt es keine Neutralität. Wer sich selbst nicht liebt, wird sich hassen. Er *muss* sich hassen, weil das Leben keine Neutralität kennt. Das Leben stellt dich immer vor die Entscheidung. Wenn du nicht liebst, kannst du nicht einfach im Zustand der Nichtliebe sein. Nein, du wirst dich hassen. Und wer sich selbst hasst, wird destruktiv. Wer sich selbst hasst, wird auch alle anderen hassen. Er wird voller Wut und Gewalttätigkeit und ständig aufgebracht sein. Wie kann ein Mensch, der sich selbst hasst, dann hoffen, von anderen geliebt zu werden? Er zerstört sein ganzes Leben. Selbstliebe hat einen hohen spirituellen Wert.

Ich lehre die Selbstliebe. Aber vergiss nicht: Selbstliebe ist etwas anderes als egoistischer Stolz, etwas völlig anderes. Sie ist das genaue Gegenteil. Wer sich selbst liebt, entdeckt, dass er gar kein Selbst hat. Liebe bringt immer das Selbst zum Schmelzen. Das ist ein alchemistisches Geheimnis, das man lernen, verstehen und an sich selbst erfahren muss. Liebe löst immer das Selbst auf. Sobald du liebst, verschwindet das Selbst. Wenn du eine Frau liebst - zumindest in jenen kostbaren Augenblicken, in denen du wirklich Liebe für die Frau empfindest –, bist du ohne Selbst, ohne Ego.

Ego und Liebe können nicht gemeinsam existieren. Sie sind wie Dunkelheit und Licht. Sobald das Licht kommt, verschwindet die Dunkelheit. Wenn du dich selbst liebst, wirst du dich wundern: Selbstliebe bedeutet das Verschwinden des Selbst. In der Selbstliebe ist kein Selbst mehr zu finden. So paradox es klingt: Selbstliebe ist absolut selbstlos und gar nicht selbstsüchtig. Denn sobald Licht da ist, gibt es keine Dunkelheit, und sobald Liebe da ist, gibt es kein Selbst.

Liebe bringt das erstarrte Selbst zum Schmelzen. Das Selbst ist wie ein Eisblock, und die Liebe ist wie die Morgensonne.

Die Wärme der Liebe bringt das Selbst zum Schmelzen. Je mehr du dich selbst liebst, desto weniger kannst du in dir ein Selbst finden. Dann wird aus dem Selbst eine wunderbare Meditation, ein großer Sprung in die Göttlichkeit.

Und du weißt das schon! Vielleicht nicht in Bezug auf die Selbstliebe, weil du dich bisher noch nicht selbst geliebt hast. Aber du hast andere geliebt, und das hat dir bestimmt einen Vorgeschmack gegeben. Sicher hast du schon einen jener seltenen Augenblicke erlebt, in denen du plötzlich nicht mehr da bist und nur noch Liebe ist – reine, strömende Liebesenergie ohne Zentrum, ein Fließen von nirgendwo nach nirgendwo. Wenn zwei Liebende beisammen sitzen, sitzen zwei Nichtse, zwei Nullen beisammen. Und das ist die Schönheit der Liebe: dass sie dich völlig leer macht vom Selbst.

Darum vergiss nicht: Egoistischer Stolz ist niemals Selbstliebe. Egoistischer Stolz ist das genaue Gegenteil. Ein Mensch, der sich selbst noch nicht lieben gelernt hat, wird egoistisch. Egoistischer Stolz ist das, was die Psychoanalytiker als narzisstische Persönlichkeitsstruktur bezeichnen, als Narzissmus.

Sicherlich kennst du das Gleichnis von Narziss, der in sich selbst verliebt war. Als er in einen stillen Teich blickte, verliebte er sich in sein eigenes Spiegelbild.

Doch sieh den Unterschied: Wer sich selbst liebt, liebt nicht sein Spiegelbild, sondern einfach sich selbst. Er braucht dazu keinen Spiegel, er kennt sich von innen. Kennst du dich nicht selbst? Weißt du nicht, dass es dich gibt? Brauchst du noch einen Beweis, dass es dich gibt? Brauchst du einen Spiegel, um dir zu beweisen, dass du existierst? Und wenn kein Spiegel da wäre, würdest du dein Dasein bezweifeln?

Narziss verliebte sich in sein Spiegelbild, nicht in sich selbst. Es ist nicht wirklich Selbstliebe. Er verliebte sich in das Spiegelbild – und das Spiegelbild ist der andere. Aus ihm waren zwei geworden; er hatte sich geteilt. Narziss war gespalten; er lebte in einer Art Schizophrenie. Aus ihm waren zwei geworden: der Liebende und der Geliebte. Er wurde zu seinem eigenen Liebesobjekt. Und genau das passiert vielen, die meinen, dass sie lieben.

Wenn du dich in eine Frau verliebst, beobachte dich sehr aufmerksam: Vielleicht ist es reiner Narzissmus. Vielleicht ist das Gesicht dieser Frau, sind ihre Augen, ihre Worte nur der stille Teich, in dem du dein Spiegelbild erblickst. Nach meiner Beobachtung sind 99 von hundert Liebesbeziehungen reiner Narzissmus. Die Leute lieben gar nicht die Frau, mit der sie zusammen sind. Sie lieben die Bestätigung, die sie von dieser Frau bekommen, die Aufmerksamkeit, die sie von der Frau bekommen, die Schmeicheleien, mit denen die Frau den Mann überschüttet. Die Frau schmeichelt dem Mann, der Mann schmeichelt der Frau – man schmeichelt sich gegenseitig. Die Frau sagt: »Keiner ist so schön wie du! Du bist ein Wunder! Das Schönste, was Gott je geschaffen hat. Du stellst sogar Alexander den Großen in den Schatten!« Und du blähst dich auf, dein Brustkorb schwillt auf den doppelten Umfang an, und auch dein Kopf schwillt an – obwohl nichts als Stroh drin ist, aber das beginnt zu quellen. Und du sagst zu der Frau: »Du bist das wunderbarste Geschöpf Gottes! Selbst Kleopatra verblasst neben dir! Ich kann mir nicht vorstellen, dass Gott etwas noch Schöneres erschaffen könnte als dich! Keine wird je wieder so schön sein wie du!«

Und das nennt man dann Liebe! Das ist Narzissmus. Der Mann wird zum stillen Teich, der die Frau widerspiegelt, und die Frau wird zum stillen Teich, der den Mann widerspiegelt. Und der Teich spiegelt die Wahrheit nicht bloß wider, sondern schmückt sie auf tausendfache Art und Weise aus, damit sie noch schöner aussieht. Das nennen die Leute Liebe. Das ist keine Liebe, das ist gegenseitige Egobefriedigung.

Wahre Liebe kennt kein Ego. Wahre Liebe beginnt zuerst bei der Selbstliebe.

Du hast von der Natur diesen Körper, dieses Wesen bekommen; darin bist du verwurzelt. Genieße es, freue dich darüber, feiere es! Und das ist keine Sache von Stolz oder Ego, weil du dich nicht mit anderen vergleichst. Das Ego kommt erst durch Vergleichen ins Spiel. Selbstliebe kennt kein Vergleichen. Du bist, was du bist, das ist alles. Du hältst dich nicht für besser als andere, du vergleichst dich überhaupt nicht. Sobald du Vergleiche anstellst, musst du wissen, dass es keine Liebe ist, sondern irgendein Trick, eine subtile Strategie deines Ego.

Das Ego lebt aus dem Vergleich. Wenn du zu einer Frau sagst: »Ich liebe dich«, dann ist das *eine* Sache. Wenn du aber zu ihr sagst: »Neben dir verblasst Kleopatra!«, dann ist das eine andere Sache – etwas völlig anderes, genau das Gegenteil. Wozu Kleopatra ins Spiel bringen? Kannst du diese Frau nicht lieben, ohne Kleopatra zu erwähnen? Kleopatra muss nur herhalten, um das Ego aufzuplustern. Oder dieser Mann – liebe ihn einfach! Wozu ihn mit Alexander dem Großen vergleichen?

Liebe kennt kein Vergleichen. Liebe liebt einfach, ohne zu vergleichen.

Sobald ein Vergleich da ist, weißt du: Es ist egoistischer Stolz, es ist Narzissmus. Und wenn kein Vergleich da ist, weißt du: Es ist Liebe – zu dir selbst oder zum anderen.

Wahre Liebe unterscheidet nicht. Die Liebenden verschmelzen miteinander. In der egoistischen Liebe gibt es eine große Unterscheidung – den Unterschied zwischen dem Liebenden und der Geliebten. Wahre Liebe ist keine Beziehung. Lasst mich wiederholen: Wahre Liebe ist keine Beziehung – denn da sind nicht mehr zwei Personen, die eine Beziehung miteinander haben. In der wahren Liebe ist nur noch die Liebe da – ein Erblühen, ein Duft, ein Verschmelzen, ein Einswerden. Nur in der egoistischen Liebe gibt es zwei – die Liebende und den Geliebten. Aber in dem Augenblick, wo es einen Liebenden und eine Geliebte gibt, verschwindet die Liebe. Wenn es Liebe ist, verschwinden beide, Liebende und Geliebter, in dieser Liebe.

Liebe ist ein so großartiges Phänomen. Darin könnt ihr als Individuen gar nicht überleben.

Wahre Liebe ist immer in der Gegenwart. Egoistische Liebe ist immer entweder in der Vergangenheit oder in der Zukunft. Wahre Liebe ist leidenschaftlich kühl. Das klingt paradox, aber alle wesentlichen Wahrheiten im Leben sind paradox – deshalb nenne ich Liebe »leidenschaftlich kühl«. Sie besitzt Wärme, aber keine Hitze. Sie besitzt zweifellos Wärme, aber auch etwas Kühles. Sie ist ein sehr gelassener, ruhiger, kühler Zustand. Liebe macht euch weniger fieberhaft. Wenn es aber keine wirkliche, sondern eine egoistische Liebe ist, wird sie sehr hitzig sein, voll fiebriger Leidenschaft und alles andere als kühl.

Wenn du auf das Gesagte achtest, hast du ein Kriterium zur Beurteilung. Du musst aber bei dir selbst anfangen, anders geht es nicht. Du musst dort anfangen, wo du jetzt bist.

Liebe dich selbst. Liebe dich so sehr, dass dein ganzer Stolz, dein Ego und dieser ganze Unsinn in deiner Liebe verschwinden. Und wenn dein Ego verschwunden ist, wird deine Liebe auch andere erreichen. Dann ist es keine Beziehung mehr, sondern ein Teilen. Dann ist es keine Subjekt-Objekt-Beziehung mehr, sondern ein Verschmelzen, ein Miteinandersein. Dann ist es nicht mehr fieberhaft erregt, sondern leidenschaftlich kühl - warm und kühl zugleich. Es gibt dir den ersten Vorgeschmack vom paradoxen Wesen des Lebens.

- *Warum tut Liebe so weh?*

Liebe tut weh, weil sie den Weg bereitet für die Glückseligkeit. Liebe tut weh, weil sie transformiert. Liebe ist eine Mutation. Jede Transformation tut weh, weil man das Alte für das Neue loslassen muss. Das Alte war sicher, gewohnt und vertraut, das Neue ist absolut unbekannt. Du begibst dich auf ein nicht kartografiertes Meer. Für das Neue kannst du deinen Verstand nicht benutzen, denn nur beim Alten fühlt der Verstand sich kompetent. Der Verstand funktioniert nur mit dem Alten, aber für das Neue ist er völlig unbrauchbar.

Darum kommt Angst auf, und wenn du die alte, bequeme, sichere Welt hinter dir lässt, die Welt des Wohlbehagens, dann kommt Schmerz auf. Es ist der gleiche Schmerz, den das Kind spürt, wenn es aus dem Mutterbauch kommt, der gleiche Schmerz, den der Vogel spürt, wenn er aus dem Ei kommt, der gleiche Schmerz, den der Vogel spüren wird, wenn er zum ersten Mal zu fliegen versucht. Die Angst vor dem Unbekannten im Gegensatz zur Sicherheit des Bekannten; die Unsicherheit, die Unvorhersehbarkeit des Unbekannten - das macht große Angst.

Und weil es eine Transformation vom Selbst in den Zustand des Nichtselbst ist, fühlt man tiefe Agonie. Ekstase ist aber nicht möglich, wenn man nicht vorher durch Agonie hindurchgegangen ist. Wenn das Gold geläutert werden soll, muss es durchs Feuer.

Liebe ist ein Feuer.

Weil Liebe so wehtut, leben Millionen von Menschen ein liebloses Leben. Auch sie leiden, aber ihr Leiden ist sinnlos.

Durch die Liebe zu leiden bedeutet, nicht umsonst zu leiden. Durch die Liebe zu leiden ist kreativ; es führt in höhere Bewusstseinssphären. Ohne Liebe zu leiden ist reine Vergeudung; es führt nirgends hin, es hält dich bloß in einem Teufelskreis gefangen.

Ohne Liebe ist der Mensch narzisstisch. Er ist verschlossen, kennt nur sich selbst. Doch wie kann er sich selbst wirklich kennen, wenn er den anderen nie kennen gelernt hat? Nur der andere kann ihm als Spiegel dienen. Ohne den anderen zu kennen, kann man sich nicht selbst erkennen. Liebe ist also sehr grundlegend, auch für die Selbsterkenntnis. Wer einen anderen Menschen nicht in tiefer Liebe erfahren hat, in intensiver Leidenschaft und höchster Ekstase, der kann sich selbst nicht erkennen, denn es fehlt ihm der Spiegel, in dem er sein eigenes Spiegelbild erkennen kann.

Beziehung ist ein Spiegel, und je reiner, je höher die Liebe, umso besser, umso klarer der Spiegel. Die höhere Liebe verlangt aber, dass du offen bist, die höhere Liebe verlangt, dass du verletzlich bist. Du musst deine Rüstung ablegen – und das tut weh. Du darfst nicht ständig auf der Hut sein, musst deinen kalkulierenden Verstand aufgeben. Du musst etwas riskieren, musst gefährlich leben. Der andere kann dich verletzen – darin besteht die Angst, sich wehrlos zu zeigen. Der andere kann dich zurückweisen – darin besteht die Angst vor der Liebe.

Das Spiegelbild, das der andere dir widerspiegelt, kann auch hässlich sein – das ist die Befürchtung. Vermeide lieber den Spiegel! Aber du wirst nicht schöner dadurch, dass du den Spiegel vermeidest. Wenn du die Situation vermeidest, wirst du auch nicht wachsen. Man muss diese Herausforderung annehmen.

Man sollte sich auf die Liebe einlassen. Das ist der erste

Schritt in Richtung Gott, er kann nicht übersprungen werden. Wer versucht, den Schritt der Liebe zu überspringen, kann nie zum Göttlichen gelangen. Es ist ein absolut notwendiger Schritt, denn du kannst dir deiner Ganzheit nur bewusst werden, wenn die Gegenwart eines anderen dich provoziert, wenn die Gegenwart eines anderen deine Gegenwart intensiviert und du aus deiner geschlossenen, narzisstischen Welt herausgeholt wirst unter den freien Himmel.

Liebe ist ein freier Himmel. In Liebe zu sein bedeutet zu fliegen. Und dieser grenzenlose Himmel macht natürlich Angst.

Das Ego abzulegen ist sehr schmerzhaft, denn man hat dir beigebracht, das Ego zu kultivieren. Wir halten das Ego für unseren einzigen Schatz. Wir haben ihn gehütet, haben ihn dekoriert, haben ihn ständig aufpoliert. Und wenn dann die Liebe an unsere Tür klopft, verlangt sie von uns, dass wir unser Ego ablegen. Natürlich tut das weh. Es ist ja dein ganzes Lebenswerk! Es ist deine Schöpfung – dieses hässliche Ego, diese Vorstellung: »Ich existiere getrennt vom Ganzen.«

Diese Vorstellung ist deshalb hässlich, weil sie nicht der Wahrheit entspricht. Diese Vorstellung ist eine Illusion. Doch unsere Gesellschaft existiert und beruht auf dieser Vorstellung, dass jeder eine Person sei, kein Teil der Allgegenwart.

In Wahrheit gibt es aber auf dieser Welt keine einzige Person – es gibt nur die Allgegenwart. Du existierst nicht – nicht als Ego, getrennt vom Ganzen. Du bist ein Teil des Ganzen. Das Ganze durchdringt dich, es atmet in dir, es pulsiert in dir. Das Ganze ist dein Leben.

Liebe macht dir zum ersten Mal die Erfahrung möglich, dass du in Harmonie sein kannst mit etwas, das nicht dein Ego ist. Liebe gibt dir die erste Lektion, dass du mit einem Menschen in Harmonie kommen kannst, der nie zu deinem Ego gehört hat. Und wenn du mit einer Frau in Harmonie sein kannst, wenn du mit einem Freund, mit einem Mann in Harmonie sein kannst, wenn du mit deinem Kind, mit deiner Mutter in Harmonie sein kannst – warum solltest du nicht mit allen Menschen in Harmonie sein können? Wenn die Harmonie mit einem einzigen Menschen eine solche Freude in sich birgt, wie wäre es dann erst, wenn du mit allen in Harmonie sein könntest? Und wenn du mit allen Menschen in Harmonie sein kannst, warum nicht auch mit den Tieren, den Vögeln, den Bäumen? So führt ein Schritt zum nächsten.

Liebe ist eine Leiter. Sie beginnt mit *einem* Menschen und endet mit dem Ganzen. Liebe ist der Anfang und Gott das Ende. Wer vor der Liebe Angst hat, vor den Wachstumsschmerzen der Liebe, lebt wie ein Gefangener in einer dunklen Zelle. Die Menschen von heute leben in einer dunklen Zelle; sie sind narzisstisch. Der Narzissmus ist die größte Neurose der heutigen Psyche. Und dann treten sinnlose Probleme auf. Es gibt Probleme, die kreativ sind, weil sie dich zu einem höheren Bewusstsein führen. Aber es gibt auch Probleme, die dich nirgendwo hinführen; sie halten dich nur in Fesseln, sie halten dich nur in deinem alten Schlamassel gefangen.

Liebe erzeugt Probleme. Diesen Problemen kannst du aus dem Weg gehen, indem du der Liebe aus dem Weg gehst – aber es sind sehr wesentliche Probleme! Man muss sich ihnen stellen, muss sich mit ihnen befassen. Man muss sie leben, muss durch sie hindurch- und über sie hinausgehen. Und der Weg, um über sie hinauszugehen, führt mitten hindurch. Die Liebe ist das Einzige, was sich wirklich lohnt zu leben. Alles andere ist Nebensache. Alles, was der Liebe dient, ist gut. Alles andere ist nur Mittel zum Zweck, doch die Liebe ist das Ziel. Darum lass dich auf die Liebe ein, so weh es auch tut!

Wenn du dich nicht auf die Liebe einlässt – wie es viele vorziehen –, gerätst du in eine Sackgasse. Dann hört dein Leben auf, eine Pilgerreise zu sein. Dann ist dein Leben nicht mehr ein Fluss, der in Richtung Meer fließt. Dann ist dein Leben wie ein stagnierendes Gewässer, ein trüber, schmutziger Tümpel voller Schlamm. Um rein zu sein, muss man im Fluss bleiben. Ein Fluss bleibt sauber, weil er immer weiter fließt. Fließen ist der Prozess, durch den man jungfräulich rein bleibt.

Ein Liebender bleibt immer rein und unberührt. Alle Liebenden sind rein. Menschen, die nicht lieben, können nicht rein bleiben. Sie schlafen ein, sie stagnieren. Und früher oder später – eher früher als später – beginnen sie zu stinken, weil sie sich nicht weiter bewegen. Ihr Leben stirbt ab.

Genau in dieser Situation befindet sich der heutige Mensch, und darum sind die verschiedensten Neurosen, die verschiedensten Geisteskrankheiten heute so verbreitet. Psychische Störungen haben geradezu epidemische Ausmaße angenommen. Es ist nicht mehr so, dass nur einige wenige Menschen psychisch krank sind. Die Realität ist, dass die ganze Welt zu einem Irrenhaus geworden ist.

Die ganze Menschheit leidet an einer Art Neurose, und diese Neurose kommt von eurer narzisstischen Stagnation. Jeder ist in seiner eigenen Illusion gefangen, ein getrenntes Selbst zu sein. Auf diese Weise werden die Menschen verrückt. Es ist aber eine sinnlose, unproduktive, unkreative Verrücktheit Oder die Menschen begehen Selbstmord, und auch ihr Selbstmord ist unproduktiv und unkreativ.

Man kann Selbstmord begehen, indem man Gift nimmt, von einer Klippe springt oder sich erschießt. Man kann aber auch einen ganz langsamen Selbstmord begehen, wie es heute geschieht. Nur wenige begehen einen plötzlichen Selbstmord. Die anderen entscheiden sich für den langsamen Selbstmord: Sie sterben ganz allmählich, nach und nach. Es herrscht jedoch heute eine nahezu universale Neigung zum Selbstmord.

Das ist keine Art zu leben. Und die Ursache, die grundlegende Ursache ist darin zu sehen, dass wir die Sprache der Liebe verlernt haben. Wir haben nicht mehr den Mut, uns auf das Abenteuer namens Liebe einzulassen.

Darum sind die Leute so am Sex interessiert, denn beim Sex geht man kein Risiko ein. Er ist etwas Momentanes, man braucht sich nicht näher aufeinander einzulassen. Liebe bedeutet aber, sich einzulassen, sich zu engagieren; sie ist nichts Momentanes. Wenn sie erst einmal Wurzeln gefasst hat, kann sie ewig bestehen. Sie kann zu einem lebenslangen Engagement werden. Liebe braucht Intimität, und nur wenn ihr euch intim begegnet, wird der andere zum Spiegel. Wenn du einer Frau oder einem Mann nur sexuell begegnest, findet gar keine Begegnung statt. Du benutzt nur seinen Körper und dann machst du dich wieder davon, und auch der andere benutzt deinen Körper und macht sich davon. Ihr werdet nie intim genug, um einander euer ursprüngliches Gesicht zu offenbaren.

Liebe ist das größte Zen-Koan.

Sie tut weh, aber du darfst sie nicht vermeiden. Wenn du sie vermeidest, lässt du dir die größte Chance zum Wachstum entgehen. Lass dich auf sie ein, erleide die Liebe, denn durch dieses Leiden wird große Ekstase möglich. Gewiss, sie bringt Agonie, aber nur aus der Agonie wird Ekstase geboren. Gewiss, du musst als Ego sterben, aber wenn du als Ego stirbst, wird das Göttliche in dir geboren, der Buddha.

Liebe gibt dir den ersten Vorgeschmack davon. Liebe gibt dir den ersten Beweis, dass Gott existiert und dass das Leben nicht sinnlos ist. Diejenigen, die sagen, das Leben sei sinnlos, kennen die Liebe nicht. Sie sagen damit im Grunde nur, dass sie in ihrem Leben die Liebe verpasst haben.

Lass den Schmerz da sein, lass das Leiden da sein. Wenn du die finstere Nacht durchstehst, wirst du einen wunderbaren

Sonnenaufgang erleben. Nur im Schoß der finsteren Nacht keimt die Sonne, nur aus der finsteren Nacht entfaltet sich der Morgen.

Mein Weg ist der Weg der Liebe. Ich lehre die Liebe und nur die Liebe und nichts als die Liebe. Gott könnt ihr vergessen – das ist nur ein leeres Wort. Beten könnt ihr vergessen, denn das ist nur ein Ritual, das euch von anderen aufgezwungen wurde. Liebe ist das natürliche Gebet, und es wird euch von niemandem aufgezwungen. Damit seid ihr zur Welt gekommen. Liebe ist der wahre Gott – aber nicht der Gott der Theologen, sondern der Gott eines Buddha, eines Jesus, eines Mohammed, der Gott der Sufis. Liebe ist eine Disziplin, eine Methode, die dich als getrenntes Individuum verschwinden lässt und dir hilft, mit dem Unendlichen eins zu werden. Verschwinde als Tautropfen und werde zum Ozean. Doch dafür musst du das Tor der Liebe durchschreiten.

Natürlich tut es weh, wenn man anfängt, sich als Tautropfen aufzulösen, nachdem man schon so lange ein Tautropfen gewesen ist. Du denkst: »Das bin ich und jetzt löse ich mich auf. Ich sterbe!« Aber du stirbst nicht; nur eine Illusion stirbt. Die Wahrheit ist, dass du dich mit dieser Illusion gleichgesetzt hattest, aber eine Illusion bleibt eine Illusion.

Erst wenn diese Illusion verschwunden ist, kannst du sehen, wer du in Wirklichkeit bist. Und diese Offenbarung ist der höchste Gipfel der Freude, der Glückseligkeit, des Jubels.

- *Wie kommt es, dass die Inschrift am Tempel von Delphi »Erkenne dich selbst« und nicht »Liebe dich selbst« lautet?*

Das griechische Denken ist besessen von Erkenntnis. Der griechische Verstand denkt in Begriffen von Erkenntnis: Wie kann ich erkennen? Deshalb haben die Griechen die größte

Tradition von Philosophen, Denkern und Logikern hervorgebracht – große rationale Denker, deren ganze Leidenschaft die Erkenntnis, das Wissen, war.

So wie ich die Welt sehe, gibt es nur zwei grundlegende Denkweisen: die griechische und die hinduistische. Die griechische Denkweise hat eine Leidenschaft für die Erkenntnis und die hinduistische Denkweise hat eine Leidenschaft für das Sein. Das hinduistische Denken ist nicht besonders interessiert am Erkennen, aber am Sein. Seine ganze Suche gilt dem Sein, *sat:* Wer bin ich? Nicht, um es auf logische Weise zu erkennen, sondern um so sehr im eigenen Dasein aufzugehen, dass man es schmecken kann, dass man es *sein* kann. Denn tatsächlich führt kein anderer Weg zum Erkennen. Fragt man den Hindu, dann wird er sagen, es gäbe keinen anderen Weg zum Erkennen, als zu *sein.*

Wie kannst du die Liebe erkennen? Die einzige Möglichkeit ist, ein Liebender zu werden. Sei ein Liebender, dann weißt du es! Und wenn du versuchst, dich aus der Erfahrung herauszuhalten und nur Beobachter zu sein, dann wirst du zwar eine Menge *über* die Liebe wissen, aber du wirst sie nie selbst kennen lernen.

Aus der griechischen Denkweise ist unsere gesamte wissenschaftliche Entwicklung hervorgegangen. Die moderne Wissenschaft ist ein Ergebnis des griechischen Denkens. Die moderne Wissenschaft beruht auf einer leidenschaftslosen, distanzierten, beobachtenden, vorurteilslosen Vorgehensweise. Man muss objektiv sein, unpersönlich – das ist die Grundvoraussetzung für einen Wissenschaftler. Man muss unpersönlich sein und darf seine Gefühle nicht ins Spiel bringen. Man muss leidenschaftslos sein, unvoreingenommen gegenüber jeglichen Hypothesen. Man beobachtet einfach die Tatsachen, ohne sich darin zu verwickeln; man steht außerhalb. Man darf nicht zum Teilnehmer werden. Das ist die Leidenschaft der Griechen: ein leidenschaftsloses Streben nach Erkenntnis.

Das hat viel gebracht, aber nur in einer Richtung: in Hinblick auf die Materie. Es ist der Weg, um Erkenntnisse über die Materie zu erlangen. Auf diese Weise kann man nie etwas über den Geist erfahren, nur über die Materie. Auf diese Weise kann man nie etwas über das Bewusstsein erfahren. Man kann etwas über das Äußere erfahren, aber das Innere kann man auf diese Weise niemals erkennen – weil man in das Innere selbst mit einbezogen ist. Es gibt keine Möglichkeit, sich außerhalb dessen zu stellen, weil man bereits darin enthalten ist. Das Innere, das bist du – wie könntest du dich davon trennen? Ich kann einen Stein, einen Felsen, einen Fluss leidenschaftslos betrachten, weil ich von ihm getrennt bin. Aber wie könnte ich mich selbst leidenschaftslos betrachten? ich bin darin einbezogen, ich kann nicht außerhalb meiner selbst stehen. Ich kann mich nicht selbst zum Objekt reduzieren. Ich bin und bleibe das Subjekt, egal was ich auch mache. Ich bin der Erkennende und nicht Objekt der Erkenntnis, das Erkannte.

So verlegte sich das griechische Denken mehr und mehr auf die Materie. Dieses Motto, die Inschrift am Tempel von Delphi: *»Erkenne dich selbst«*, wurde zum Ausgangspunkt des ganzen wissenschaftlichen Fortschritts. Aber mit der Zeit hat gerade diese Vorstellung von einer leidenschaftslosen Erkenntnis das westliche Denken immer weiter weggeführt vom eigenen Sein.

Das hinduistische Denken, die andere grundlegende Denkweise auf dieser Welt, hat eine andere Ausrichtung. Sie geht in Richtung Sein. In den Upanischaden sagt der große Meister Uddalaka zu Swetaketu, seinem Sohn und Schüler: »Das bist du – *tat twam asi,* Swetaketu.« Das bist du – da gibt es keine Trennung zwischen »das« und »du«. *Das* ist deine Wirklichkeit. *Du* bist die Wirklichkeit. Da ist keine Trennung. Es gibt keine Möglichkeit, es so zu kennen, wie du einen Stein kennst. Es gibt keine Möglichkeit, es so zu wissen, wie du andere Dinge weißt. Du kannst es nur *sein.*

Am Tempel von Delphi musste natürlich stehen: »Erkenne dich selbst.« Darin drückt sich die griechische Denkungsart aus. Weil der Tempel in Griechenland steht, ist es eine griechische Inschrift. An einem indischen Tempel würde die Inschrift lauten: »Sei du selbst« – denn *das* bist *du.* Das hinduistische Denken hat sich immer mehr dem eigenen Sein genähert und deshalb wurde es unwissenschaftlich. Es wurde religiös, aber unwissenschaftlich. Es wurde introvertiert, doch damit verlor es jede Verankerung in der äußeren Welt. Die hinduistische Denkweise wurde innerlich sehr reich, aber äußerlich sehr arm.

Eine große Synthese ist notwendig, eine große Synthese zwischen der hinduistischen und der griechischen Denkweise. Das könnte zum größten Segen für die Welt werden. Bisher war es nicht möglich, aber jetzt sind die Grundvoraussetzungen dafür gegeben, eine Synthese ist möglich geworden. Ost und West vermischen sich auf ganz subtile Weise. Die Menschen des Ostens gehen in den Westen, um die Wissenschaft zu lernen, um Wissenschaftler zu werden, und die westlichen Sucher reisen in den Osten, um zu lernen, was Religion ist. Ein großes Vermischen und Verschmelzen ist im Gange.

In Zukunft wird der Osten nicht mehr Osten und der Westen nicht mehr Westen sein. Die Erde wird zum globalen Dorf – ein kleiner Ort, an dem alle Unterschiede verschwinden. Dann wird es zum ersten Mal zur großen Synthese kommen, zur größten, die es je gab: Dann wird man nicht mehr in Gegensätzen denken, wird nicht mehr denken, dass man, wenn man als Sucher von Wissen und Erkenntnis nach außen geht, seine Wurzeln im Sein verliert. Oder dass man, wenn man nach seinem inneren Sein forscht, seine Wurzeln in der Welt, im Bereich der Wissenschaft, verliert. Beides zusammen ist möglich, und sobald der Mensch beides miteinander verbindet, hat er beide Flügel und kann in den höchsten Himmel fliegen. Ansonsten hat er immer nur einen Flügel.

In meinen Augen ist die hinduistische Denkweise genauso einseitig wie die griechische. Beide sehen nur die halbe Wirklichkeit. Religion ist halb, Wissenschaft ist halb. Es muss etwas geschehen, um Religion und Wissenschaft zu einem größeren Ganzen zusammenzubringen – wo die Wissenschaft nicht die Religion leugnet und die Religion nicht die Wissenschaft verurteilt.

»Wie kommt es, dass die Inschrift am griechischen Tempel von Delphi »Erkenne dich selbst« und nicht »Liebe dich selbst« lautet? – Dich selbst zu lieben wird erst möglich, wenn du zu dir selbst wirst, wenn du du selbst *bist,* sonst ist es unmöglich. Sonst kannst du nur immer weiter versuchen zu erkennen, wer du bist, aber nur von außen; von außen zu beobachten, wer du bist, aber nur auf objektive Weise, nicht auf eine intuitive Weise.

Die griechische Denkungsart entwickelte eine enorme Fähigkeit zum logischen Denken. Aristoteles wurde zum Vater aller Logik und Philosophie. Das östliche Denken erscheint unlogisch – es *ist* unlogisch. Allein schon seine Betonung auf Meditation ist unlogisch, denn Meditation besagt ja, dass du erst dann erkennen kannst, wenn du den Verstand aufgibst, wenn du das Denken aufgibst, wenn du so total im eigenen Sein aufgehst, dass nicht ein einziger ablenkender Gedanke mehr da ist. Erst dann kannst du erkennen.

Das griechische Denken sagt, dass du nur erkennen kannst,

wenn das Denken klar, logisch, rational, systematisch ist. Das hinduistische Denken sagt: Nur wenn das Denken vollkommen aufgehört hat, ist es möglich zu erkennen. Das ist völlig konträr, das geht in die absolut entgegengesetzte Richtung. Es ist jedoch möglich, diese beiden Denkweisen in einer Synthese zu vereinigen.

Man kann sein Denken, seinen Verstand, gebrauchen, wenn man mit der Materie zu tun hat; dafür ist die Logik ein großartiges Werkzeug. Und dieselbe Person kann Denken und Verstand beiseite lassen, wenn sie ihren Meditationsraum betritt, um sich ins Nichtdenken zu begeben. Denn ich bin nicht das Denken – es ist nur ein Werkzeug, genau wie meine Hand, meine Beine. Wenn ich gehen will, gebrauche ich dazu meine Beine, aber wenn ich nicht gehen will, gebrauche ich sie nicht. Genauso, auf die gleiche Weise, kannst du deinen Verstand logisch gebrauchen, wenn du etwas im materiellen Bereich wissen willst. Dort ist er völlig richtig, dort gehört er hin. Doch wenn du nach innen gehst, lass ihn beiseite. Dann werden die Beine nicht gebraucht, wird das Denken nicht gebraucht. Was du jetzt brauchst, ist ein tiefer, stiller Zustand des Nichtdenkens.

Beides kann in ein und derselben Person geschehen – und wenn ich das sage, spreche ich aus eigener Erfahrung. Ich praktiziere beides. Wenn es nötig ist, kann ich so logisch sein wie ein Grieche, und wenn Denken unnötig ist, kann ich so absurd und unlogisch sein wie ein Hindu. Ich weiß also, wovon ich spreche – es ist keine Hypothese. Ich erlebe es so.

Man kann das Denken benutzen, aber man kann es auch beiseite legen. Es ist ein Werkzeug, ein wunderbares Instrument. Man braucht nicht so besessen davon zu sein. Man braucht nicht so darauf festgelegt zu sein, nicht so fixiert, denn sonst wird es zur Krankheit. Stell dir vor, jemand will sich hinsetzen, kann aber nicht sitzen, weil er sagt: »Ich habe doch schließlich Beine – wozu soll ich mich hinsetzen?« Oder stell dir jemand vor, der ganz ruhig und still sein will, aber es nicht sein kann, weil er sagt: »Ich habe doch schließlich einen Verstand.« Das ist genau das Gleiche.

Man sollte im Stande sein, auch den Verstand – dieses Werkzeug, das uns so nah ist – beiseite zu legen und abzuschalten. Das lässt sich machen. Es ist schon gemacht worden, nur noch nicht im großen Stil. Aber es wird mehr und mehr gemacht werden – und genau das versuche ich hier mit euch. Ich rede mit euch, ich erörtere Probleme mit euch – dazu brauche ich die Logik und dazu gebrauche ich meinen Verstand. Und dann sage ich zu euch: »Jetzt lasst den Verstand los und geht in tiefe Meditation. Und wenn ihr tanzt, dann tanzt so total, dass sich in euch kein einziger Gedanke mehr regt und eure ganze Energie zum Tanz wird. Oder wenn ihr singt, dann singt einfach nur. Oder wenn ihr sitzt, dann sitzt einfach nur, sitzt in Zazen und macht nichts anderes. Lasst keinen einzigen Gedanken an euch vorbeigehen. Seid einfach still, absolut still.« Diese Dinge erscheinen widersprüchlich.

Jeden Morgen kommt ihr, um zu meditieren, und jeden Morgen kommt ihr, um mir zuzuhören. Jeden Morgen hört ihr mir zu, und dann geht ihr wieder meditieren. Das ist ein Widerspruch. Wäre ich nur wie ein Grieche, dann würde ich mit euch reden, ich würde logisch mit euch kommunizieren, aber ich würde nicht sagen, dass ihr meditieren sollt. Es wäre töricht. Wäre ich nur wie ein Hindu, dann bestünde keine Notwendigkeit, mit euch zu reden. Ich könnte sagen: »Geht einfach meditieren; was hat das Reden schon für einen Sinn? Ihr müsst still werden.« Ich bin aber beides. Und meine Hoffnung ist, dass auch ihr beides werdet. Denn dann wird das Leben immens bereichert, es wird ungeheuer reich. Dann geht euch nichts verloren, dann ist alles einbezogen und ihr seid wie ein großes Orchester. Dann können sich alle Gegensätze in euch vereinigen.

Für die Griechen wäre der bloße Gedanke »Liebe dich selbst« absurd gewesen, denn sie würden sagen, dass Liebe nur zwischen zwei Personen möglich ist, und die Logik würde ihnen Recht geben. Du kannst jemand anderen lieben, du kannst sogar deinen Feind lieben, aber wie kannst du dich selbst lieben? Nur du bist da, allein. Liebe kann nur innerhalb der Dualität, in einem polaren Gegensatz existieren. Wie kannst du dich selbst lieben? Für das griechische Denken ist der bloße Gedanke, sich selbst zu lieben, absurd. Um zu lieben ist der andere nötig.

Für die Hindus ist es so, wie die Upanischaden sagen: Du liebst deine Frau nicht um ihretwegen, du liebst deine Frau um deinetwegen. Indem du sie liebst, liebst du dich selbst. Sie schenkt dir Freude und Lust und darum liebst du sie, aber im Grunde liebst du die eigene Lust. Du liebst deinen Sohn, liebst deinen Freund – nicht ihretwegen, sondern deinetwegen. Im Grunde macht dich dein Sohn glücklich und dein Freund gibt dir Trost und das ist es, wonach du dich sehnst. Deshalb heißt es in den Upanischaden, dass du in Wirklichkeit dich selbst liebst. Sogar wenn du sagst, dass du andere liebst, ist es nur ein Mittel zum Zweck, ein längerer, indirekter Weg, um dich selbst zu lieben.

Die Hindus sagen, es gäbe keine andere Möglichkeit: Du kannst immer nur dich selbst lieben. Und die Griechen sagen, es gäbe keine Möglichkeit, sich selbst zu lieben, weil dafür mindestens zwei nötig seien.

Wenn ihr mich fragt: Ich bin beides, sowohl Hindu als auch Grieche, und ich sage, dass Liebe ein Paradox ist. Liebe ist ein sehr paradoxes Phänomen. Man sollte nicht versuchen, sie auf einen Pol zu reduzieren; beide Polaritäten sind dazu nötig. Der andere ist nötig, aber in tiefer Liebe verschwindet der andere. Wenn ihr zwei Liebende beobachtet, könnt ihr sehen: Sie sind zwei und zugleich eins. Das ist das Paradox der Liebe, und das ist auch ihre Schönheit. Sie sind zwei, gewiss, sie sind zwei; aber sie sind auch nicht zwei, sie sind eins. Solange dieses Einssein nicht eintritt, ist Liebe nicht möglich. Dann passiert etwas anderes, was sich nur Liebe nennt. Wenn sie nur zwei sind und nicht auch eins, dann ist die Liebe noch nicht eingetreten. Und wenn ihr ganz allein seid und es ist sonst niemand da, tritt auch keine Liebe ein.

Liebe ist ein paradoxes Phänomen. Am Anfang werden zwei dafür gebraucht, und am Ende müssen diese zwei eins werden. Sie ist das größte Rätsel, sie ist das größte Mysterium.

- *Wie kann ich besser lieben?*

Liebe ist an sich genug. Sie braucht keine Verbesserung. Sie ist vollkommen, so wie sie ist. Sie muss in keiner Weise vollkommener werden. Der Wunsch, sie zu verbessern, zeigt ein Missverständnis in Bezug auf das Wesen der Liebe. Kannst du einen Kreis vollkommen machen? Alle Kreise sind vollkommen, und wenn sie nicht vollkommen sind, dann sind es keine Kreise. Vollkommenheit ist eine Eigenschaft des Kreises, und das Gleiche gilt für die Liebe. Du kannst nicht weniger oder mehr lieben, weil Liebe keine Quantität ist. Sie ist eine Qualität, und als solche ist sie nicht messbar.

Deine Frage zeigt, dass du noch nie die Liebe geschmeckt hast und versuchst, deine Lieblosigkeit hinter dem Verlangen: »Wie kann ich besser lieben?« zu verstecken. Jemand, der die Liebe kennt, kann diese Frage nicht stellen.

Man darf biologische Vernarrtheit nicht für Liebe halten –

es ist Lust. Es gibt sie bei allen Tieren, daran ist nichts Besonderes; ja, sie existiert sogar bei den Bäumen. Das ist die Art und Weise, wie die Natur sich fortpflanzt. Es ist nichts Spirituelles und auch nicht speziell dem Menschen vorbehalten. Als Erstes musst du also ganz klar zwischen Liebe und Lust unterscheiden. Lust ist blinde Leidenschaft. Liebe ist die Ausstrahlung eines stillen, friedvollen, meditativen Herzens; sie hat nichts mit Biologie, Chemie und Hormonen zu tun.

Liebe ist der Flug deines Bewusstseins zu höheren Sphären, jenseits von Materie und Körper. Sobald du Liebe als etwas Transzendentes begreifst, ist Liebe nicht mehr die eigentliche Frage. Die eigentliche Frage ist: Wie kannst du den Körper transzendieren? Wie kannst du etwas in dir erfahren, was jenseits des Körpers ist – jenseits von allem Messbaren? Das ist die Bedeutung des Wortes »Materie«. Es kommt von der Sanskritwurzel *matra,* die »Maß« bedeutet; es bedeutet »das, was gemessen werden kann«. Das Wort »Meter« stammt aus derselben Wurzel. Die eigentliche Frage ist also: Wie kannst du vom Messbaren zum Nichtmessbaren gelangen? Mit anderen Worten: Wie kannst du über die Materie hinausgelangen und deine Augen für ein höheres Bewusstsein öffnen? Für das Bewusstsein gibt es keine Grenzen – je bewusster du wirst, umso mehr erkennst du, wie viel mehr noch möglich ist. Kaum hast du einen Gipfel erreicht, taucht ein neuer Gipfel vor dir auf. Es ist eine ewige Pilgerreise.

Liebe ist die Begleiterscheinung eines wachsenden Bewusstseins. Sie ist wie der Duft einer Blume. Suche sie nicht in den Wurzeln, denn dort ist sie nicht. Deine Biologie, das sind deine Wurzeln, und dein Bewusstsein, das ist deine Blüte.

Je mehr der Lotos des Bewusstseins sich in dir öffnet, umso mehr wirst du überrascht sein, wirst du verblüfft sein über eine ungeheure Erfahrung, die man nur Liebe nennen kann.

Dann bist du so voller Freude, voll Glückseligkeit, dass jede Faser deines Wesens vor Ekstase tanzt. Du bist wie eine Regenwolke, die sich ausregnen und ergießen will. Sobald du von Glückseligkeit überströmst, taucht ein starkes Bedürfnis in dir auf, sie zu teilen. Dieses Teilen ist Liebe.

Liebe kannst du nicht von jemandem bekommen, der diese Seligkeit noch nicht erlangt hat. Und darin besteht das Unglück der ganzen Welt: Alle wünschen sich, geliebt zu werden, und alle tun so, als würden sie lieben. Aber du kannst nicht lieben, solange du nicht weißt, was Bewusstheit ist. Du hast keine Ahnung von *satyam, shivam, sundram* – von der Wahrheit, der Erfahrung des Göttlichen und dem Duft der Schönheit.

Was hast du denn zu geben? Du bist so leer, so hohl. Nichts wächst in deinem Wesen, da ist kein Grün. Da sind keine Blumen in dir; dein Frühling ist noch nicht gekommen.

Liebe ist eine Nebenerscheinung. Der Frühling kommt und auf einmal fängst du zu blühen an, und deine Blüte öffnet sich und verströmt den Duft, der in dir geschlummert hat ... Diesen Duft mit anderen zu teilen, diese Grazie, diese Schönheit zu teilen – das ist Liebe.

Ich will dir ja nicht wehtun, aber ich kann nicht anders, ich muss dir die Wahrheit sagen: Du hast keine Ahnung, was Liebe ist. Du *kannst* es nicht wissen, weil du bisher noch nicht tief genug in dein Bewusstsein eingedrungen bist. Du hast dich selbst noch nicht erfahren. Du hast keine Ahnung, wer du bist.

In dieser Blindheit, in dieser Unwissenheit, in dieser Unbewusstheit kann keine Liebe wachsen. Du lebst in einer Wüste. In dieser Dunkelheit, in dieser Wüste gibt es keine Möglichkeit, dass Liebe zum Erblühen kommt.

Zuallererst musst du voller Licht sein und voller Freude – so voll, dass du überfließt. Diese überfließende Energie ist Liebe. Dann wirst du Liebe als die höchste Vollkommenheit im Leben erfahren. Sie ist nicht mehr und nicht weniger als das.

Aber unsere ganze Erziehung ist so neurotisch, so psychisch krank, dass sie alle Möglichkeiten für inneres Wachstum zunichte macht. Vom ersten Atemzug an wird dir beigebracht, ein Perfektionist zu sein, und so wendest du deine perfektionistischen Ideen natürlich auf alles an – sogar auf die Liebe.

Kürzlich las ich diesen Satz: »Ein Perfektionist ist jemand, der sich um alles kümmert und damit den Kummer für andere vergrößert.« Und das Ergebnis ist diese trübsinnige Welt, in der alle versuchen, perfekt zu sein.

Sobald jemand versucht, perfekt zu sein, erwartet er auch von allen anderen, dass sie perfekt sind. Dann fängt er an, andere zu verurteilen; er fängt an, andere herabzusetzen. So machen es seit jeher eure so genannten Heiligen, so machen es eure Religionen. Sie haben euer Dasein mit dieser Vorstellung von Perfektion vergiftet.

Doch weil du nicht perfekt sein kannst, fühlst du dich schuldig und verlierst deine Selbstachtung. Und jemand, der seine Selbstachtung verloren hat, verliert auch seine Menschenwürde. Sein Stolz ist gebrochen, seine Menschlichkeit durch schöne Worte wie Perfektion zerstört.

Kein Mensch kann perfekt sein. Gewiss, es gibt da Erfahrungen, die jeder Mensch machen kann und die das gewöhnliche Vorstellungsvermögen übersteigen. Aber erst wenn man die Erfahrung des Göttlichen gemacht hat, weiß man, was Vollkommenheit bedeutet.

Vollkommenheit ist keine Fertigkeit; sie ist nicht etwas, das du praktizieren kannst, sie ist nichts, was du üben oder proben kannst. Aber genau das wird allen Menschen beigebracht, und das Ergebnis ist eine Welt voller Scheinheiliger, die ganz genau wissen, wie hohl und leer sie innen sind, und trotzdem alle möglichen Qualitäten vortäuschen, die nichts als leere Worte sind.

Wenn du zu jemandem sagst: »Ich liebe dich« – hast du je darüber nachgedacht, was du damit meinst? Ist es nur eine biologische Vernarrtheit ins andere Geschlecht? Denn sobald du deine tierischen Gelüste befriedigt hast, verschwindet die ganze so genannte »Liebe«. Es war bloß ein Hunger, und wenn du ihn befriedigt hast, bist du satt. Die gleiche Frau, die dir als die schönste Frau der Welt erschien, der gleiche Mann, der dir wie Alexander der Große vorkam ... jetzt überlegst du, wie du den Kerl am besten wieder loswirst.

Vielleicht versteht ihr mich besser, wenn ich euch diesen Brief vorlese, den Paddy an seine Geliebte Maureen geschrieben hat:

> Meine liebste Maureen,
> für dich würde ich auf den höchsten Berg steigen und in der stürmischsten See schwimmen. Für einen Augenblick an deiner Seite würde ich jede Härte auf mich nehmen!
> Dein dich immer liebender Paddy.
>
> PS: Ich komme am Freitagabend vorbei, falls es nicht regnet.

Sobald du zu jemanden sagst: »Ich liebe dich«, weißt du gar nicht, was du da sagst. Du weißt nicht, dass es nur Lust ist, die sich hinter dem schönen Wort »Liebe« versteckt. Sie geht vorüber, sie ist sehr vergänglich.

Liebe ist etwas Ewiges. Sie ist die Erfahrung der Buddhas – nicht der unbewussten Menschen, von denen die ganze Welt voll ist. Nur sehr wenige Menschen haben erfahren, was Liebe ist, und es sind diejenigen, die das höchste Erwachen, die höchste Erleuchtung, den höchsten Gipfel des menschlichen Bewusstseins erlangt haben.

Wenn du wirklich wissen willst, was Liebe ist, vergiss die Liebe und besinne dich auf die Meditation. Wenn du Rosen in deinem Garten haben willst, vergiss die Rosen und kümmere dich um den Rosenstrauch. Du musst ihm Dünger geben, ihn begießen und dich darum kümmern, dass er die richtige Menge Sonne und Wasser bekommt. Wenn für alles gesorgt ist, werden die Rosen zur rechten Zeit erblühen. Du kannst sie nicht früher hervorholen, kannst sie nicht zwingen, sich eher zu öffnen, und du kannst von einer Rose nicht verlangen, vollkommener zu sein.

Hast du je eine Rose gesehen, die nicht vollkommen ist? Was willst du mehr? Jede Rosenblüte ist vollkommen in ihrer Einmaligkeit. Wie sie im Wind, im Regen, in der Sonne tanzt ... Kannst du ihre ungeheure Schönheit, ihre absolute Freude nicht sehen? Eine kleine gewöhnliche Rosenblüte strahlt die verborgene Herrlichkeit der Existenz aus.

Liebe ist eine Rosenblüte in deinem Sein. Doch du musst dein Sein darauf vorbereiten: Vertreibe die Dunkelheit und alles Unbewusste. Werde immer wachsamer und bewusster, dann wird die Liebe von selbst kommen, zu ihrer Zeit. Du brauchst dich nicht darum zu sorgen. Und wenn sie kommt, ist sie immer vollkommen.

Liebe ist eine spirituelle Erfahrung. Sie hat nichts mit dem Geschlecht zu tun, sie hat nichts mit dem Körper zu tun – nur mit deinem innersten Sein. Aber du hast deinen eigenen Tempel noch nicht einmal betreten. Du weißt überhaupt nicht, wer du bist, und du fragst mich, wie du besser lieben kannst. Zuerst sei du selbst; zuerst erkenne dich selbst, dann kommt die Liebe als Belohnung. Sie ist eine Belohnung aus dem Jenseits. Sie regnet auf dich mit Blüten herab und erfüllt dein Dasein; sie ergießt sich über dich ohne Ende ... Und mit ihr kommt eine ungeheure Sehnsucht zu teilen.

In der menschlichen Sprache kann dieses Teilen nur durch das Wort »Liebe« angedeutet werden. Es sagt nicht viel, weist aber in die richtige Richtung. Liebe ist der Schimmer der Achtsamkeit, der Bewusstheit.

Werde bewusster. Liebe stellt sich ein, wenn du bewusster wirst. Sie ist ein Gast, der kommt, der unausweichlich zu allen kommt, die bereit und Willens sind, ihn zu empfangen. Aber du bist noch nicht einmal so weit, die Liebe zu erkennen.

Wenn die Liebe vor deiner Tür steht, wirst du sie nicht erkennen. Wenn die Liebe an deiner Tür klopft, wirst du tausendundeine Entschuldigung finden. Du wirst denken, vielleicht ist es ein starker Wind, oder du wirst irgendeine andere Entschuldigung haben. Du wirst deine Tür nicht öffnen. Und selbst wenn du die Tür öffnest, wirst du die Liebe nicht erkennen, weil du sie nie zuvor gesehen hast. Wie kannst du sie erkennen?

Du kannst nur das wieder erkennen, was du schon kennst. Wenn die Liebe zum ersten Mal zu dir kommt und dein Dasein erfüllt, wirst du völlig ergriffen und überwältigt sein. Du wirst nicht wissen, wie dir geschieht. Du weißt nur, dass dein Herz tanzt; du weißt, dass himmlische Musik dich einhüllt, und du nimmst Düfte wahr, die du noch nie erlebt hast. Aber es braucht ein wenig Zeit, um all diese Erfahrungen zusammenzufügen und zu erkennen, dass das vielleicht die Liebe ist. Allmählich wird es in dein Wesen einsickern.

Nur die Mystiker kennen die Liebe. Die Mystiker sind die einzigen Menschen, die jemals die Liebe erfahren haben. Die Liebe ist das absolute Monopol der Mystiker. Wenn du die

Liebe kennen lernen willst, musst du dich in die Welt der Mystiker begeben.

Jesus sagt: »Gott ist Liebe.« Er war in einer Mysterienschule gewesen, bei den Essenern, einer uralten Mysterienschule. Aber vielleicht hat er nicht bis zur Abschlussprüfung durchgehalten, denn was er sagt, stimmt einfach nicht. Gott ist nicht Liebe – Liebe ist Gott! Und das sind nicht bloß vertauschte Wörter, das ist ein riesengroßer Unterschied. Wenn man sagt: »Gott ist Liebe«, sagt man damit, dass Liebe nur eine Eigenschaft von Gott ist. Er ist auch Weisheit, ist auch Mitgefühl, ist auch Vergebung. Außer Liebe kann er noch Millionen anderer Dinge sein. Liebe ist nur eine der Eigenschaften Gottes.

Aber es ist völlig irrational und unlogisch, Liebe nur zu einer Zieleigenschaft Gottes zu machen. Denn wenn Gott Liebe ist, dann kann er nicht »gerecht« sein. Wenn Gott Liebe ist, dann kann er nicht so unbarmherzig sein, Sünder in die ewige Hölle zu werfen. Wenn Gott Liebe ist, kann er nicht auch das Gesetz sein.

Ein großer Sufimystiker, Omar Khayyam, bewies ein viel besseres Verständnis als Jesus, indem er sagte: »Ich werde einfach weiter ich selbst sein. Ich werde nicht auf die Priester und die Prediger hören, weil ich darauf vertraue, dass Gottes Liebe groß genug ist. Ich kann gar keine Sünde begehen, die größer wäre als seine Liebe. Wozu sollen wir uns also Sorgen machen? Unsere Macht ist klein, unsere Sünden sind klein. Unsere Reichweite ist so gering – wie sollten wir Sünden begehen können, die Gottes Liebe nicht zu vergeben vermag? Wenn Gott Liebe ist, kann er unmöglich beim Jüngsten Gericht nur die Heiligen heraussuchen und die übrigen Millionen und Abermillionen für alle Ewigkeit in die Hölle werfen!«

Die Lehren der Essener waren genau das Gegenteil dessen,

was Jesus sagt. Er zitiert sie falsch. Vielleicht war er nicht so tief in ihre Lehre verwurzelt. Ihre Lehre besagte: »Liebe ist Gott.« Das ist ein ungeheurer Unterschied. Jetzt wird Gott zu einer Eigenschaft der Liebe, jetzt ist Gott bloß eine Qualität der unermesslichen Erfahrung der Liebe. Nun ist Gott keine Person mehr, sondern eine Erfahrung all jener, die die Liebe kennen gelernt haben. Jetzt kommt Gott erst nach der Liebe. Und ich sage euch: Die Essener hatten Recht. Die Liebe ist der absolute Wert, das höchste Erblühen. Es gibt nichts, was darüber hinausgeht. Darum kann man sie nicht verbessern.

Die Wahrheit ist: Bevor du sie erlangst, musst du aufhören zu sein. Wenn die Liebe da ist, kannst *du* nicht mehr da sein.

Ein anderer großer Mystiker des Ostens, Kabir, hat eine sehr bedeutsame Äußerung gemacht – eine Äußerung, wie sie nur von jemandem kommen kann, der die Erfahrung und Erkenntnis der Wirklichkeit erlangt hat, der in das innerste Heiligtum der höchsten Wirklichkeit eingetreten ist. Er sagt: »Ich habe nach der Wahrheit gesucht, aber so seltsam es klingen mag: Solange es den Sucher gab, war die Wahrheit nirgends zu finden. Als aber die Wahrheit gefunden wurde, schaute ich überall – und fand mich selbst nicht mehr. Als die Wahrheit gefunden wurde, war der Sucher verschwunden, und solange der Sucher da war, war nirgends die Wahrheit.«

Die Wahrheit und der Sucher können nicht zusammen existieren. Du und die Liebe, ihr könnt nicht zusammen existieren. Eine Koexistenz ist nicht möglich. Entweder du oder die Liebe – du kannst es dir aussuchen. Wenn du bereit bist zu verschwinden, dich aufzulösen und im reinen Bewusstsein aufzugehen, dann wird die Liebe erblühen. Du wirst sie nicht vervollkommnen können, weil du nicht vorhanden sein wirst. Und sie bedarf auch gar keiner Vollkommenheit; wenn sie kommt, ist sie immer vollkommen.

Liebe ist eines jener Wörter, die jeder zwar gebraucht, aber niemand versteht. Eltern sagen zu ihren Kindern: »Wir lieben dich!«, dabei sind sie es, die ihre Kinder kaputt machen. Sie sind es, die ihren Kindern jede Menge Vorurteile, jede Menge toten Aberglauben vermitteln. Sie sind es, die auf ihren Kindern den ganzen Berg von Müll abladen, den schon viele Generationen mit sich herumschleppen und den jede Generation an die nächste weitergibt. Dieser Wahnsinn hört nicht auf und wird zu einem ganzen Gebirge.

Trotzdem meinen alle Eltern, ihre Kinder zu lieben. Aber wenn sie ihre Kinder wirklich liebten, würden sie nicht wollen, dass diese so werden wie sie selbst, denn sie selbst sind bloß trübsinnig und sonst nichts. Was ist ihre Erfahrung vom Leben? Reines Elend, ein einziges Leiden! Das Leben war für sie kein Segen, sondern ein Kreuz. Und trotzdem wollen sie, dass ihre Kinder genau wie sie werden.

Einmal war ich bei einer Familie zu Gast und saß abends in deren Garten. Die Sonne ging gerade unter und es war ein wunderschöner, stiller Abend. Die Vögel kehrten heim zu ihren Bäumen, und das kleine Kind der Familie saß neben mir. Da fragte ich es: »Weißt du, wer du bist?« Kinder sind klarer und scharfblickender als Erwachsene, weil die Erwachsenen schon verdorben sind – infiziert und vergiftet von allen möglichen Ideologien und Religionen. Dieses kleine Kind schaute mich an und sagte: »Das ist aber eine schwere Frage!«

Ich fragte: »Was ist denn so schwer daran?«

Es erwiderte: »Das Problem ist, ich bin das einzige Kind meiner Eltern, und solange ich mich erinnern kann, sagt immer jemand von unseren Gästen, dass meine Augen aussehen wie die von meinem Vater, und jemand anders sagt, dass meine Nase aussieht wie die von meiner Mutter, oder es sagt jemand, dass mein Gesicht aussieht wie das von meinem Onkel. Darum weiß ich gar nicht, wer ich bin. Keiner sagt, das irgendetwas aussieht wie ich.«

Aber genauso macht man es mit allen Kindern. Man überlässt es ihnen nicht, sich selbst zu entdecken. Keiner lässt die Kinder so sein, wie sie sind. Jeder stülpt seinem Kind ständig die eigenen unerfüllten Ambitionen über. Alle Eltern wollen, dass ihr Kind zu ihrem Ebenbild wird. Das Kind hat aber seine eigene Bestimmung. Wenn dein Kind zu deinem Ebenbild wird, kann es niemals es selbst sein. Wenn du aber nicht zu dem wirst, was du bist, wirst du nie Zufriedenheit erlangen, wirst du dich in der Existenz niemals geborgen fühlen. Du wirst immer das Gefühl haben, dass dir etwas fehlt.

Deine Eltern lieben dich und verlangen, dass auch du sie liebst, weil sie dein Vater und deine Mutter sind. Es ist eigenartig, aber niemand scheint sich dessen bewusst zu sein: Nur weil man Mutter ist, bedeutet das noch nicht, dass das Kind einen lieben muss. Man sollte auch liebenswert sein. Mutter zu sein allein genügt nicht. Oder wenn man Vater ist, bedeutet das nicht, dass man dadurch automatisch liebenswert wird. Die bloße Tatsache, dass jemand Vater ist, erzeugt in seinem Kind noch kein überwältigendes Gefühl von Liebe. Genau das wird aber erwartet. Und das arme Kind weiß nicht, was es machen soll. Es beginnt zu heucheln, das ist der einzige Ausweg. Es fängt an zu lächeln, wenn gar kein Lächeln in seinem Herzen ist. Es fängt an, Liebe, Respekt und Dankbarkeit zu zeigen – und alles ist einfach unecht. Es wird von Anfang an zu einem Schauspieler, einem Heuchler, einem Politiker.

Wir alle leben in dieser Welt, in der die Eltern, die Lehrer, die Priester dich verdorben, aus dir selbst vertrieben, von dir selbst entfernt haben. Mein Bestreben ist es, euch euer Zentrum wieder zurückzugeben. Dieses Zentrieren nenne ich »Meditation«. Ich will, dass ihr einfach ihr selbst seid – mit großer Selbstachtung, Würde und dem Bewusstsein, dass die Existenz euch braucht. Dann könnt ihr anfangen, euch selbst zu suchen. Erst kommt in euer Zentrum und dann fangt an herauszufinden, wer ihr seid.

Sein ursprüngliches Gesicht zu kennen ist der Beginn eines Lebens voller Liebe. Es ist der Beginn eines Lebens, das zu einem Fest wird. Dann kannst du sehr viel Liebe geben, weil sie unerschöpflich ist. Sie ist unermesslich und versiegt nie. Und je mehr Liebe du gibst, umso mehr wirst du davon geben können.

Die großartigste Erfahrung im Leben ist bedingungsloses Geben ohne Erwartungen – nicht einmal von einem einfachen Dankeschön. Im Gegenteil, echte, authentische Liebe fühlt sich dem anderen, der die Liebe angenommen hat, zu Dank verpflichtet. Er hätte sie auch zurückweisen können.

Wenn du anfängst, Liebe zu geben mit einem tiefen Gefühl der Dankbarkeit all jenen gegenüber, die sie annehmen, wirst du überrascht feststellen: Du bist zum König geworden. Du bist kein Bettler mehr, der mit der Bettelschale in der Hand an jede Tür klopft und um Liebe bittet, während jene, bei denen du anklopfst, gar nicht in der Lage sind, dir Liebe zu geben, weil sie selbst Bettler sind – Bettler, die gegenseitig um Liebe betteln und die frustriert und verärgert sind, weil sie keine Liebe bekommen.

Die Liebe gehört zur Welt der Könige, nicht der Bettler. Und derjenige ist ein König, der so voller Liebe ist, dass er sie bedingungslos zu geben vermag.

Dann erwartet dich eine noch größere Überraschung: wenn du anfängst, deine Liebe jedem zu geben, sogar einem Fremden … Und es ist gleichgültig, wem du sie gibst, weil allein schon die Freude des Gebens so groß ist, dass es keine Rolle spielt, wer der Empfänger ist. Wenn du diesen Seinszustand erreichst, dann gibst du ständig allem und jedem - nicht nur den Menschen, sondern auch den Tieren, den Bäumen, den Sternen am Himmel. Denn Liebe ist etwas, das sich allein durch deinen liebenden Blick bis zu den entferntesten Sternen überträgt. Einfach durch deine Berührung überträgt sich die Liebe auf einen Baum. Sie kann ohne Worte, in absoluter Stille mitgeteilt werden. Sie braucht nicht ausgesprochen zu werden, sie äußert sich von selbst. Die Liebe hat ihre eigenen Wege, um die tiefsten Tiefen deines Seins zu erreichen.

Sei zuerst erfüllt mit Liebe, dann kommt das Geben von allein. Und dann wirst du die große Überraschung erleben: Indem du gibst, empfängst du - aus unbekannten Quellen, unbekannten Richtungen, von unbekannten Menschen, von Bäumen, Flüssen, Bergen. Aus allen Ecken und Enden der Existenz beginnt Liebe zu dir hinzuströmen. Und je mehr du gibst, desto mehr bekommst du. Das Leben wird zu einem einzigen Tanz der Liebe.

TEIL II

VON DER BEZIEHUNG ZUM SICHBEZIEHEN

Sobald du dich von niemandem mehr abhängig fühlst, entsteht eine tiefe Gelassenheit, eine tiefe Stille in dir, und du kannst ganz entspannt loslassen. Das heißt nicht, dass du zu lieben aufhörst. Im Gegenteil, zum ersten Mal lernst du eine neue Qualität, eine neue Dimension der Liebe kennen – eine Liebe, die nicht mehr biologisch ist, eine Liebe, die mehr einer Freundschaft gleicht als einer Beziehung.

5

Flitterwochen, die nie zu Ende gehen

Liebe ist keine Beziehung. Liebe ist ein gegenseitiges Sichbeziehen, aber keine Beziehung. Eine Beziehung ist immer etwas Abgeschlossenes. Eine Beziehung ist ein Substantiv, und dahinter steht ein Schlusspunkt: Die Flitterwochen sind vorüber. Die ganze Freude, die ganze Begeisterung ist vorüber; das alles ist jetzt vorbei. Ihr könnt weitermachen, nur um euer Versprechen zu halten. Ihr könnt weitermachen, weil es bequem ist, weil es praktisch und angenehm ist. Ihr könnt weitermachen, denn was soll man sonst tun? Ihr könnt weitermachen, denn es würde viel Ärger bringen aufzuhören ... Eine Beziehung ist etwas Fertiges, Vollendetes, Abgeschlossenes.

Liebe kann niemals eine Beziehung sein. Liebe ist ein gegenseitiges Sichbeziehen, immer im Fluss, ein endloses Fließen. Liebe kennt keinen Schlusspunkt. Die Flitterwochen haben angefangen, doch sie hören nie auf. Das ist nicht wie ein Roman mit einem eindeutigen Anfang und Ende, mehr wie ein ständig weiter gehendes Phänomen. Die Liebenden können wieder verschwinden, aber die Liebe bleibt bestehen. Sie ist kontinuierlich – ein Verb und kein Substantiv.

Warum reduzieren wir dann die ganze Schönheit des Sichbeziehens auf eine Beziehung? Warum haben wir solche Eile damit? Weil es unsicher ist, sich nur zu beziehen. Eine Beziehung bedeutet Sicherheit, eine Beziehung bringt Gewissheit. Sich aufeinander nur zu beziehen ist wie die Begegnung von zwei Fremden, die sich für eine Nacht zusammenfinden mögen und am Morgen wieder auseinander gehen. Wer weiß denn, was morgen geschieht?

Wir haben so große Angst, dass wir uns absichern wollen: Wir wollen es vorhersehbar machen. Wir wollen, dass morgen alles nach unseren Vorstellungen läuft. Wir können nicht zulassen, dass sich alles in Freiheit von selbst entwickelt. Deshalb machen wir immer gleich aus einem Verb ein Substantiv.

Ihr verliebt euch in eine Frau, einen Mann, und gleich denkt ihr ans Heiraten. Man muss dem Ganzen eine legale Form geben. Wozu denn? Was hat denn die Liebe mit dem Gesetz zu tun? Das Gesetz mischt sich in die Liebe nur ein, wenn keine Liebe da ist, wenn sie bloß ein Hirngespinst ist, und ihr wisst genau, wie schnell Hirngespinste sich wieder verflüchtigen. Aber ehe die Liebe sich wieder verflüchtigt, muss man sie festhalten. Ehe sie wieder verschwindet, muss man etwas unternehmen, um eine Trennung unmöglich zu machen.

In einer besseren Welt, in der es mehr Meditierende gibt, in der die Erleuchtung sich ein bisschen mehr über die ganze Erde ausgebreitet hat, werden die Menschen lieben, werden sie unendlich lieben, aber ihre Liebe wird keine Beziehung sein, sondern ein Sichbeziehen. Und damit sage ich nicht, dass ihre Liebe nur kurzlebig sein wird. Es ist sehr gut möglich, dass ihre Liebe viel tiefer gehen wird als eure, dass sie eine viel tiefere Qualität von Intimität, von Poesie und Göttlichkeit erreichen wird. Und es ist sehr gut möglich, dass ihr Liebe von längerer Dauer sein wird als eure so genannten »Beziehungen«. Aber eine gesetzliche Garantie von Amts wegen, mit polizeilicher Überwachung, wird es nicht geben. Eine Garantie wird es nur innerlich geben. Es wird ein inneres Versprechen vom Herzen her geben, eine stillschweigende Kommunion.

Wenn es euch Freude macht, mit jemandem zusammen zu sein, dann möchtet ihr es mehr und mehr genießen. Wenn ihr eure Intimität genießt, möchtet ihr diese Intimität immer tiefer kennen lernen. Es gibt einige Blüten der Liebe, die erst nach langer Zeit der Intimität zur Blüte kommen. Natürlich gibt es auch kurze Blüher – Saisonblumen, die für sechs Wochen die Sonne genießen, und nach sechs Wochen sind sie wieder fort, für immer. Und dann gibt es Blumen, die Jahre benötigen, bis sie zum Blühen kommen, und sogar Blumen, die *viele* Jahre benötigen, bis sie aufblühen. Und je länger es dauert, umso tiefer geht es. Es sollte ein Versprechen von Herz zu Herz sein. Es muss nicht einmal in Worte gefasst werden, weil Worte es banal aussehen lassen. Es muss ein stillschweigendes Versprechen sein: Auge in Auge, Herz zu Herz, Sein zu Sein. Es muss ein wortloses Einverständnis sein.

Vergesst alles, was ihr über Beziehungen wisst, und lernt euch aufeinander zu beziehen.

Wenn man erst einmal in einer Beziehung gelandet ist, nimmt man sich gegenseitig für selbstverständlich – auf diese Weise gehen alle Liebesbeziehungen kaputt. Die Frau meint, dass sie den Mann kennt, der Mann meint, dass er die Frau kennt. Und doch kennt keiner den anderen! Den anderen zu kennen ist unmöglich, der andere ist und bleibt ein Mysterium. Und einen anderen Menschen für selbstverständlich zu nehmen, ist respektlos und beleidigend.

Wenn du denkst, du kennst deine Frau, denn bist du sehr undankbar. Wie kannst du deine Frau kennen? Wie kannst du deinen Mann kennen? Jeder Mensch ist eine Entwicklung kein unveränderliches Ding. Die Frau, die du gestern kanntest, existiert heute nicht mehr. So viel Wasser ist inzwischen den Ganges hinuntergeflossen! Sie ist heute jemand anderer, ein völlig anderer Mensch. Findet euch immer wieder neu, beginnt immer wieder neu und setzt nichts voraus.

Der Mann, mit dem du die letzte Nacht verbracht hast – schau dir mal sein Gesicht am nächsten Morgen an! Er ist nicht mehr derselbe; es hat sich viel verändert. So viel hat sich verändert, unglaublich viel! Das macht den Unterschied zwischen einem Ding und einem Menschen aus. Die Möbel im Zimmer sind die gleichen, aber der Mann und die Frau – sie sind nicht mehr die gleichen. Erforscht euch immer wieder neu, beginnt immer wieder von vorne. Das meine ich mit Sichbeziehen.

Sichbeziehen bedeutet, dass man immer wieder neu anfängt, dass man immer wieder versucht, sich neu kennen zu lernen. Immer wieder aufs Neue macht man Bekanntschaft miteinander. Man versucht, die zahlreichen Facetten in der Persönlichkeit des anderen zu sehen. Man versucht, tiefer und tiefer in den Bereich seiner innersten Gefühle einzudringen, in die tiefen Nischen seines Wesens. Man versucht, ein Geheimnis zu lüften, das nicht zu lüften ist. Darin besteht die Freude der Liebe – in diesem Erforschen des Bewusstseins.

Wenn ihr euch aufeinander bezieht und das Ganze nicht zu einer Beziehung reduziert, wird der andere für euch zum Spiegel. Indem du den anderen erforschst, wirst du, ohne dass du es beabsichtigst, auch dich selbst erforschen. je tiefer du in den anderen eintauchst und seine Gefühle, Gedanken und tieferen Regungen kennen lernst, umso mehr wirst du auch deine eigenen tieferen Regungen kennen lernen. Liebende werden zum Spiegel füreinander – und auf diese Weise wird Liebe zur Meditation.

Eine Beziehung ist hässlich, aber dieses Sichbeziehen ist etwas Wunderbares.

In einer Beziehung werden beide Partner blind für einander. Überleg doch mal: Wie lange ist es her, seit du deiner Frau zum letzten Mal in die Augen geschaut hast? Wie lange ist es her, seit du deinen Ehemann angeschaut hast? Vielleicht Jahre. Wer sieht schon die eigene Frau genauer an? Du setzt voraus, dass du sie schon kennst. Was gibt es da noch zu sehen? Du interessierst dich mehr für fremde Leute als für die, die dir nahe stehen. Du kennst die ganze Topografie ihres Körpers, weißt, wie sie reagieren, weißt, dass sich alles immer wiederholt. Es ist ein ständiger Kreislauf.

Dabei stimmt das ganz und gar nicht. Es gibt nichts, was sich je wiederholt; alles ist jeden Tag neu. Nur eure Augen werden alt, eure vorgefassten Ideen werden alt. Euer Spiegel setzt Staub an, und dann seid ihr nicht mehr fähig, den anderen widerzuspiegeln.

Darum sage ich: Bezieht euch! Und wenn ich das sage, meine ich: Bleibt immer in den Flitterwochen! Sucht und findet euch ständig von neuem, findet neue Wege, euch zu lieben, findet neue Wege, zusammen zu sein. Und jeder Mensch ist solch ein unendliches Mysterium, so unerschöpflich und unergründlich, dass es unmöglich ist, je zu sagen: »Jetzt kenne ich sie« oder: »Jetzt kenne ich ihn.« Ihr könnt höchstens sagen: »Ich habe alles versucht, aber das Mysterium bleibt ein Mysterium.«

In Wahrheit ist es sogar so: Je mehr du den anderen kennst, umso geheimnisvoller wird er. So wird die Liebe zu einem fortwährenden Abenteuer.

6

Die drei Dimensionen der Liebe

Im normalen menschlichen Geisteszustand ist Liebe fast unmöglich. Liebe wird erst möglich, wenn man das Sein erlangt hat, vorher nicht. Vorher ist es immer irgendetwas anderes. Aus Gewohnheit nennen wir es Liebe, aber manchmal ist es geradezu dumm, es Liebe zu nennen.

Man verliebt sich in eine Frau, weil einem ihre Art zu gehen gefällt, ihre Stimme oder ihre Art, »Hallo« zu sagen, ihre Augen. Erst kürzlich las ich von einer Frau, die über einen Mann sagte: »Er hat die schönsten Augenbrauen der Welt!« Daran ist nichts falsch, Augenbrauen sind etwas Schönes. Wenn man sich aber in Augenbrauen verliebt, wird man früher oder später enttäuscht sein, weil die Augenbrauen ein sehr nebensächlicher Teil des Menschen sind.

Doch wegen solcher Nebensächlichkeiten verlieben sich die Leute! In die Figur, in die Augen ... solche unwesentlichen Dinge. Wenn du mit einem Menschen zusammenlebst, lebst du ja nicht mit Teilen seines Körpers, lebst du nicht mit seinen Augenbrauen oder mit der Farbe seiner Augen. Wenn du mit einem Menschen zusammenlebst, lebst du mit etwas, das großartig und unfassbar ist ... eigentlich nicht zu definieren, und alle Äußerlichkeiten verlieren früher oder später ihre Bedeutung. Aber dann ist man plötzlich erstaunt: Was macht man jetzt?

Liebe fängt immer mit Romantik an. Wenn dann die Flitterwochen vorbei sind, ist die ganze Sache vorbei, denn mit einer Romanze kann man nicht leben. Man muss mit der Wirklichkeit leben – und die Wirklichkeit ist ganz anders. Wenn du einen Menschen siehst, dann siehst du ihn nicht in seiner Ganzheit, du siehst nur seine Oberfläche. Es ist, als würdest du dich wegen der Farbe in ein Auto verlieben. Dabei hast du noch gar nicht unter die Motorhaube geschaut! Wer weiß, vielleicht ist gar kein Motor da oder etwas ist defekt. Die Farbe wird dir letztlich nichts nützen.

Wenn zwei Menschen zusammenkommen, trifft ihre innere Wirklichkeit aufeinander, und äußere Dinge werden belanglos. Was willst du mit den Augenbrauen, mit dem Haar, mit der Frisur? Du vergisst sie praktisch. Du findest sie nicht mehr anziehend, denn sie sind jetzt ständig da. Und je mehr du den anderen kennen lernst, desto mehr bekommst du Angst, weil du jetzt auch mit der Verrücktheit dieser Person in Kontakt kommst, und der andere kommt mit deiner Verrücktheit in Kontakt. Dann fühlen sich beide betrogen und werden ärgerlich. Beide fangen an, sich am anderen zu rächen, als ob er sie getäuscht und betrogen hätte. Niemand will den anderen betrügen, aber jeder fühlt sich betrogen.

Über eine grundlegende Sache muss man sich klar sein: Man liebt den anderen umso mehr, je weniger er da ist. Wenn er dann ständig bei dir ist, wie soll die Liebe das überstehen?

Du wolltest reich werden, weil du arm warst – dein ganzer Wunsch, reich zu werden, rührte von deiner Armut her. Wenn du erst einmal reich geworden bist, ist dir der Reichtum egal. Oder stelle es dir noch anders vor: Du bist hungrig, darum bist du ganz verrückt nach Essen. Wenn es dir aber gut geht und dein Magen gefüllt ist, was soll's? Wer denkt dann noch ans Essen?

Dasselbe passiert mit eurer so genannten »Liebe«. Du jagst hinter einer Frau her und die Frau weicht immer wieder aus und entzieht sich dir. Du wirst immer heißer auf sie und jagst erst recht hinter ihr her. Das gehört ja zum Spiel. Jede Frau weiß von Natur aus, dass sie weglaufen muss, damit das Jagen ein bisschen länger andauert. Natürlich darf sie nicht so weit weglaufen, dass du sie ganz aus den Augen verlierst. Sie muss in deinem Blickfeld bleiben - verlockend, faszinierend, einladend -, und dennoch muss sie sich entziehen.

Zuerst läuft also der Mann hinter der Frau her, und die Frau versucht wegzulaufen. Wenn es dem Mann gelingt, die Frau zu fangen, dann wendet sich sofort das ganze Blatt. Jetzt beginnt der Mann wegzulaufen, und die Frau versucht ihn zu fangen: »Wohin gehst du? Mit wem hast du da geredet? Warum kommst du so spät? Bei wem warst du?«

Und das Problem besteht darin, dass beide sich anziehend fanden, solange sie sich nicht kannten. Die Anziehung bestand im Unbekannten, Unvertrauten. Jetzt kennen sich beide sehr gut. Sie haben sich schon oft geliebt und nun ist es fast Routine geworden - höchstens eine entspannende Gewohnheit, aber die ganze Romantik ist weg. Sie langweilen sich. Der Mann wird zur Gewohnheit, die Frau wird zur Gewohnheit. Sie können ohne einander nicht leben, weil sie sich so daran gewöhnt haben, aber miteinander leben können sie auch nicht, weil die Romantik fehlt.

Das ist der eigentliche Punkt, an dem man erkennen kann, ob es Liebe war oder nicht. Und man sollte sich nichts vormachen, man sollte genau hinsehen. Wenn es Liebe war oder wenn auch nur ein Funken Liebe da war, dann werden diese Probleme vorübergehen. Man wird verstehen, dass sie ganz natürlich sind. Es ist kein Grund, darüber wütend zu werden. Man liebt diesen Menschen trotzdem noch. Obwohl du diese Person jetzt kennst, liebst du sie oder ihn immer noch.

Wenn Liebe da ist, liebst du diese Person sogar noch mehr,

denn jetzt kennst du sie. Wenn Liebe da ist, wird sie es überleben. Und wenn keine Liebe da ist, wird sie verschwinden. Beides ist in Ordnung.

Für den normalen Geisteszustand ist das, was ich Liebe nenne, unmöglich. Es kann erst geschehen, wenn man in seinem Wesen sehr integriert ist. Liebe ist das Produkt eines integrierten Wesens. Sie hat nichts mit Romantik und derlei törichten Dingen zu tun. Sie geht direkt auf den anderen zu und schaut ihm in die Seele. Demnach ist Liebe eine Art Verwandtschaft mit dem innersten Wesen des anderen, und das ist etwas völlig anderes. Dorthin könnte jede Liebesbeziehung sich entwickeln, sollte sie sich entwickeln, aber 99 von hundert Liebesbeziehungen entwickeln sich nie bis an diesen Punkt. Die Probleme und Konflikte sind so groß, dass sie alles zerstören können.

Ich sage aber nicht, dass ihr aneinander festhalten sollt. Ihr müsst aufmerksam und bewusst sein. Wenn eure Liebe nur aus törichten Dingen bestanden hat, wird sie verschwinden. Dann war sie es nichts wert, sich darum Gedanken zu machen. Wenn sie aber echt ist, wird sie alle Konflikte überleben. Schaut einfach genau hin ...

Liebe ist nicht die eigentliche Frage, Bewusstheit ist die Frage. Vielleicht seid ihr nur in einer Situation, in der eure Bewusstheit zunimmt und ihr mehr über euch selbst erfahren könnt. Vielleicht wird diese Liebesbeziehung verschwinden, aber die nächste Liebe wird besser sein. Dann werdet ihr eure Wahl mit einem höheren Bewusstsein treffen. Oder vielleicht wird diese Liebe durch euer wachsendes Bewusstsein ihre Qualität verändern. Bleibt offen für alles, was auch immer geschieht.

Liebe hat drei Dimensionen. Die erste Dimension ist tierisch, die reine Begierde, ein körperliches Phänomen. Die zweite Dimension ist menschlich, etwas höher als die Begierde, als Sexualität und Sinnlichkeit. Sie ist nicht bloß reine Ausbeutung des anderen als Mittel zum Zweck. Die erste Stufe ist reine Ausbeutung; der andere wird nur als Mittel zum Zweck benutzt. Bei der zweiten wird der andere nicht als Mittel benutzt, sondern er ist dir ebenbürtig. Der andere ist in sich wertvoll und die Liebe ist keine Ausbeutung mehr, sondern ein gegenseitiges Teilen eures Seins, eurer Freuden, eurer Musik, eurer Lebenspoesie. Sie wird zu einem Teilen, und zwar gegenseitig.

Die erste Liebe ist besitzergreifend, die zweite nicht. Die erste erzeugt Abhängigkeit, die zweite gibt Freiheit. Und die dritte Dimension der Liebe ist göttlich, gottähnlich: Dann hat die Liebe kein Objekt mehr, sie ist überhaupt keine Beziehung mehr, sie wird zum Seinszustand. Du bist einfach liebevoll – nicht verliebt in einen bestimmten Menschen, sondern immer in einer liebevollen Verfassung, und alles, was du tust, geschieht voller Liebe. Du begegnest allen Wesen voller Liebe. Sogar wenn du einen Stein berührst, ist es, als würdest du den Geliebten berühren. Selbst wenn du die Bäume betrachtest, sind deine Augen voller Liebe.

Die erste Liebe benutzt den anderen als Mittel zum Zweck, bei der zweiten ist der andere kein Mittel zum Zweck mehr, bei der dritten verschwindet der andere völlig. Die erste erzeugt Abhängigkeit, die zweit gibt Freiheit, die dritte geht über beides hinaus – sie ist das Transzendieren jeglicher Dualität. In ihr gibt es weder einen Liebenden noch einen Geliebten; es gibt nur noch Liebe.

Dies ist der höchste Zustand der Liebe, das Ziel des Lebens, das es zu erreichen gilt. Die meisten Menschen bleiben auf der ersten Stufe der Liebe stehen. Nur sehr selten erreicht jemand die zweite Stufe, und ganz selten ist das Phänomen, das ich als dritte Dimension der Liebe bezeichne. Nur ein Buddha, ein Jesus ... Hier und da gibt es einige wenige - ihr könnt sie an ein paar Fingern abzählen –, die zur dritten Dimension der Liebe aufsteigen.

Behalte diesen fernen Stern immer im Auge, dann kann er in den Bereich des Möglichen rücken. Und wenn diese Möglichkeit wahr wird, bist du erfüllt. Dann fehlt dir nichts mehr. In dieser Erfüllung wartet die Freude, ewige Freude, die nicht einmal der Tod zerstören kann.

7

LASST RAUM ZWISCHEN EUCH ...

In Khalil Gibrans Buch
Der Prophet sagt Almustafa:
Lasst Raum zwischen euch.
Und lasst die Winde des Himmels
zwischen euch tanzen.
Liebt einander, aber macht die Liebe
nicht zur Fessel: Lasst sie eher
ein wogendes Meer zwischen
den Ufern eurer Seelen sein.

Wenn euer Zusammensein nicht bloß auf Begierde beruht, wird eure Liebe sich mit jedem Tag vertiefen. Lust nimmt jeden Tag mehr ab, weil es der Biologie egal ist, ob ihr zusammenbleibt oder nicht. Sie ist nur an der Fortpflanzung interessiert, und dafür ist Liebe nicht notwendig. Man kann auch ohne Liebe ständig neue Kinder produzieren.

Ich habe die verschiedensten Tiere beobachtet. Ich habe in Wäldern, in den Bergen gelebt, und immer habe ich mich gewundert: Wenn Tiere sich paaren, schauen sie immer so traurig drein. Ich habe nie Tiere gesehen, die sich freudig geliebt hätten. Es ist, als würde eine unbekannte Gewalt sie zwingen, es zu tun. Es kommt nicht aus ihrer eigenen, freien Entscheidung; es ist nicht ihre Freiheit, sondern ihre Abhängigkeit. Das macht sie so traurig.

Das Gleiche habe ich auch bei Menschen beobachtet. Wenn man ein Paar auf der Straße gehen sieht, kann man nicht gleich wissen, ob sie Mann und Frau sind. Wenn aber beide traurig aussehen, kann man sicher sein, dass sie verheiratet sind.

Einmal reiste ich von Delhi nach Srinagar. In meinem klimatisierten Abteil gab es nur zwei Plätze, und davon war einer für mich reserviert. Ein Paar stieg ein, eine schöne Frau und ein schöner junger Mann. Sie konnten nicht beide in dem kleinen Coupé sitzen, also ließ der Mann die Frau zurück und ging in ein anderes Abteil. Aber er kam bei jeder Station und brachte ihr Süßigkeiten, Obst, Blumen.

Ich beobachtete die ganze Szene. Ich fragte die Frau: »Wie lange sind Sie verheiratet?«

Sie sagte: »Es müssen jetzt sieben Jahre sein.«

Ich sagte: »Schwindeln Sie mich nicht an. Sie können andere täuschen, aber mich nicht. Sie sind gar nicht verheiratet!«

Sie war schockiert. Ein Fremder, der kein Wort mit ihr gesprochen und sie nur beobachtet hatte ... Sie sagte: »Wie kommen Sie darauf?«

Ich sagte: »Das ist ganz einfach. Wäre er Ihr Ehemann, dann wäre er verschwunden und Sie hätten von Glück reden können, wenn er an der Station, an der Sie aussteigen müssen, wieder aufgetaucht wäre!«

Sie sagte: »Sie kennen mich nicht und ich kenne Sie auch nicht, aber was Sie sagen, stimmt. Er ist mein Geliebter, der Freund meines Mannes.«

Ich sagte: »Ja, das erklärt alles!«

Was läuft schief zwischen Ehemännern und Ehefrauen? Sie haben gar nicht aus Liebe geheiratet! Doch alle haben es akzeptiert, als wüssten sie, was Liebe ist. Es ist reine Begierde – und darum habt ihr bald genug voneinander. Die Biologie hat euch um der Fortpflanzung willen getäuscht, aber der Reiz des Neuen ist bald vorbei. Immer das gleiche Gesicht, die gleiche Geographie, die gleiche Topographie ... Wie oft habt ihr das alles schon erkundet! Die ganze Welt ist traurig – und schuld daran ist die Ehe. Und niemand ist sich über die Ursache im Klaren.

Die Liebe ist eines der geheimnisvollsten Phänomene. Von dieser Liebe spricht Almustafa. Mit dieser Liebe könnt ihr euch nicht langweilen, denn sie ist nicht gleich Lust.

Almustafa sagte: *»Lasst Raum zwischen euch«* in eurem Zusammensein. Seid zusammen, aber versucht den anderen nicht zu dominieren, versucht ihn nicht zu besitzen, zerstört nicht seine Individualität.

Wenn ihr zusammenlebt, *lasst Raum zwischen euch* ... Der Ehemann kommt spät nach Hause. Es ist nicht nötig, ja, es ist absolut unnötig, dass die Ehefrau ihn fragt, wo er gewesen ist und warum er so spät kommt. Er hat seinen Freiraum; er ist ein freier Mensch. Zwei freie Individuen leben zusammen, und keiner beschränkt den Freiraum des anderen. Wenn die Frau spät nach Hause kommt, ist es unnötig, sie zu fragen, wo sie gewesen ist. Wer seid ihr denn? Sie hat ihr Eigenleben, ihre eigene Freiheit.

Aber so geschieht es tagtäglich, in jedem Zuhause. Man streitet sich über Kleinigkeiten, aber im Grunde geht es immer darum, dass einer dem anderen nicht genug Raum lässt.

Die Geschmäcker sind verschieden. Vielleicht hat dein Mann eine Vorliebe für etwas, das du nicht magst. Das bedeutet aber nicht, dass ihr die gleichen Dinge mögen müsst. Und diese ständige Fragerei! Auf dem abendlichen Weg nach Hause ist jeder Mann in Gedanken damit beschäftigt, was seine Frau ihn wohl fragen wird und was er ihr zur Antwort geben soll. Und die Frau weiß genau, was sie ihn fragen wird und was er ihr antworten wird. Und alle diese Antworten sind falsch, frei erfunden. Er belügt sie.

Was ist das für eine Liebe, die ständig misstrauisch ist, die ständig Angst hat vor Eifersucht? Wenn deine Frau sieht, wie du dich lachend mit einer anderen unterhältst, genügt das schon, um euch den ganzen Abend zu vermiesen. Du wirst es bereuen! Der Preis ist zu hoch für ein bisschen Spaß. Und wenn der Mann seine Frau mit einem anderen sieht und sie erscheint ihm fröhlicher und glücklicher, dann reicht das schon, um ihr eine Szene zu machen.

Den Menschen ist gar nicht klar, dass sie keine Ahnung haben, was Liebe ist. Liebe ist nie misstrauisch, Liebe ist nie eifersüchtig. Liebe mischt sich nie in die Freiheit des anderen ein. Liebe drängt sich dem anderen nie auf. Liebe gibt Freiheit, und Freiheit ist nur möglich, wenn genug Raum zwischen euch ist.

Das ist das Schöne an Khalil Gibran – dieses immense Verstehen. Liebe bedeutet, dass du froh bist, deine Frau mit jemand anderem glücklich zu sehen, denn wenn du liebst, möchtest du deine Frau glücklich sehen. Wenn du liebst, möchtest du deinen Mann fröhlich sehen. Wenn er mit einer anderen Frau spricht und seinen Spaß hat, sollte seine Frau sich freuen. Es besteht kein Anlass zum Streiten. Sie sind zusammen, um sich gegenseitig glücklicher zu machen, aber es passiert ständig genau das Gegenteil. Es sieht so aus, als wären Ehefrauen und Ehemänner nur zusammen, um sich gegenseitig das Leben schwerer zu machen und sich zu verletzen. Und der Grund dafür ist, dass sie die Bedeutung der Liebe nicht verstehen.

Aber *lasst Raum zwischen euch,* wenn ihr zusammen seid. Das ist kein Widerspruch. Je mehr Raum ihr euch gegenseitig gebt, umso mehr seid ihr zusammen. Je mehr Freiheit ihr euch gegenseitig lasst, umso intimer werdet ihr sein. Nicht intime Feinde, sondern intime Freunde.

Und lasst die Winde des Himmels
zwischen euch tanzen.

Es ist ein existenzielles Grundgesetz: Wenn ihr zu viel zusammen seid und keinen Raum für Freiheit lasst, zerstört ihr die Blüte der Liebe. Ihr erdrückt sie und lasst ihr keinen Raum zum Wachsen.

Es ist noch gar nicht so lange her, dass die Wissenschaft das Revierverhalten der Tiere entdeckt hat. Ihr habt sicher schon mal beobachtet, wie Hunde mal hier, mal da an Pfosten pinkeln. Denkt ihr, das sei unwichtig? Keineswegs, sie markieren ihre Grenzen: »Dies ist mein Revier.« Der Geruch ihres Urins hindert andere Hunde daran, es zu betreten. Wenn ein anderer Hund sich der Grenze nur nähert, wird der Hund, dessen Revier es ist, noch nicht reagieren. Aber wehe, der andere geht einen Schritt weiter – dann gibt es Kampf!

So machen es alle Tiere in der Wildnis, sogar der Löwe. Wenn du seine Grenze nicht überschreitest, greift er dich nicht an, denn du verhältst dich wie ein Gentleman. Aber wehe, du dringst in sein Revier ein! Egal, wer du bist – er wird dich töten.

Das Revierverhalten des Menschen ist noch nicht genügend erforscht. Ihr habt bestimmt schon etwas davon wahrgenommen, aber es ist noch nicht wissenschaftlich belegt. Wenn man in einer Großstadt in einem total überfüllten Nahverkehrszug fährt – alle stehen, nur ganz wenige haben einen Sitzplatz – und die Stehenden beobachtet, sieht man, dass sie jede Berührung zu vermeiden trachten, obwohl sie ganz eng stehen. Je mehr die Übervölkerung der Erde zunimmt, umso mehr werden die Menschen verrückt werden, umso mehr Morde und Selbstmorde werden sie begehen – allein deshalb, weil sie nicht genug Raum für sich haben. Zumindest als Liebende solltet ihr dafür sensibel sein, dass die Frau ihren eigenen Freiraum braucht, genauso wie der Mann seinen Freiraum braucht.

Eines meiner Lieblingsbücher ist Rabindranath Tagores *Akhari Kavita*, »Das letzte Gedicht«. Es ist kein Gedichtband, sondern ein Roman, aber ein sehr seltsamer, sehr tiefsinniger Roman. Eine junge Frau und ein Mann verlieben sich ineinander, und wie es so geht, wollen sie gleich heiraten. Die Frau sagt: »Nur unter einer Bedingung ...« Sie ist sehr gebildet, sehr kultiviert und sehr reich. Der Mann sagt: »Ich akzeptiere jede Bedingung, aber ich kann nicht ohne dich leben!«

Sie sagte: »Höre dir zuerst die Bedingung an, und dann denke darüber nach. Es ist keine gewöhnliche Bedingung. Die Bedingung ist, dass wir nicht im selben Haus miteinander leben werden. Ich habe ein großes Stück Land an einem schönen See, mit schönen Bäumen, Gärten und Wiesen rundherum. Ich baue dir ein Haus auf der anderen Seite, genau gegenüber von dem Haus, in dem ich lebe.«
Er sagte: »Aber wozu sollten wir dann heiraten?«
Sie sagte: »Die Ehe ist nicht dazu da, sich gegenseitig zu verletzen. Ich gebe dir deinen Freiraum und ich habe meinen. Und gelegentlich werden wir uns vielleicht beim Spaziergang im Garten begegnen. Gelegentlich werden wir uns vielleicht beim Bootfahren auf dem See begegnen, ganz zufällig. Ich kann dich auch manchmal zum Tee zu mir einladen oder du kannst mich einladen.«
Der Mann sagte: »Dieser Plan ist einfach absurd!«
Die Frau sagte: »Dann vergiss die ganze Heirat. Dieser Plan ist das einzig Richtige. Nur so kann

unsere Liebe weiter wachsen, denn sie wird immer frisch und neu sein. So werden wir uns nie aneinander gewöhnen. Ich hätte immer das Recht, deine Einladung abzulehnen, so wie auch du das Recht hättest, meine Einladung abzulehnen. Unsere Freiheit würde in keiner Weise eingeschränkt. Zwischen diesen beiden Freiheiten kann das schöne Phänomen der Liebe wachsen.«

Natürlich konnte der Mann das nicht verstehen und verzichtete auf die Heirat. Doch Tagore hatte dieselbe Einsicht wie Khalil Gibran ... und beide schrieben es fast zur gleichen Zeit.

Wenn es möglich ist, beides zu haben – Raum *und* Zusammensein –, dann werden *die Winde des Himmel zwischen euch tanzen.*

Liebt einander, aber macht die Liebe nicht zur Fessel. Sie sollte ein freiwilliges Geschenk sein, im Geben wie im Nehmen. Es sollte keine Forderung da sein, sonst werdet ihr schon bald zusammen sein und doch so weit auseinander wie weit entfernte Sterne. Und es wird keine Brücke des Verstehens zwischen euch sein, weil ihr für diese Brücke keinen Raum gelassen habt.

Lasst die Liebe eher ein wogendes Meer
zwischen den Ufern eurer Seele sein.

Macht sie nicht zu etwas Statischem, macht sie nicht zur Routine. *Lasst sie eher ein wogendes Meer zwischen den Ufern eurer Seelen sein.* Wenn ihr beides, Freiheit und Liebe, zusammen haben könnt, braucht ihr nichts anderes mehr. Dann habt ihr alles, wofür euch das Leben gegeben wurde.

8

Das Koan der Beziehung

Das beste Koan, das es gibt, ist die Liebe, eine Liebesbeziehung. Und genauso verwenden wir es hier. Eine Beziehung ist ein Rätsel ohne Auflösung. Wie sehr du auch versuchst, es zu verstehen – du kannst es nie in den Griff bekommen. Niemand war je in der Lage, es in den Griff zu bekommen. Es ist einfach so geschaffen, dass es immer rätselhaft bleibt. Je mehr du versuchst, es zu enträtseln, desto rätselhafter wird es. Je mehr du versuchst, es zu verstehen, desto mehr entzieht es sich deinem Verständnis.

Es ist das beste Koan, das je ein Zenmeister seinen Schülern hätte geben können, denn ihre Koans waren meditativ, man war damit allein. Wenn du das Koan der Beziehung bekommst, ist es weitaus komplizierter, denn ihr seid zu zweit – unterschiedliche Wesen, unterschiedlich konditioniert, polare Gegensätze füreinander. Und ihr strebt in verschiedene Richtungen, versucht euch gegenseitig zu manipulieren, zu vereinnahmen, zu dominieren ... Da gibt es tausenderlei Probleme.

Wenn du meditierst, ist das einzige Problem: Wie kannst du still sein, wie kannst du es vermeiden, in Gedanken verwickelt zu werden? In einer Beziehung gibt es tausenderlei Probleme. Wenn du still wirst, dann gibt es ein Problem. Setz dich einfach mal still neben deine Frau, dann wirst du schon sehen – sie wird sich sofort auf dich stürzen: »Warum bist du so still? Was hat das zu bedeuten?« Und wenn du redest, dann gibt es auch Schwierigkeiten. Egal, was du sagst, sie versteht immer etwas anderes.

Keine Beziehung kann je an den Punkt kommen, wo sie kein Problem mehr darstellt. Und wenn es doch manchmal so aussieht, als wäre eine Beziehung an solch einem Punkt gekommen, dann heißt das einfach nur, dass die Beziehung nicht mehr existiert. Die Beziehung ist verschwunden – die Streiter sind müde, sie haben angefangen, die Dinge so zu akzeptieren, wie sie sind. Sie langweilen sich, sie wollen nicht mehr kämpfen. Sie nehmen alles so hin, sie wollen nichts mehr verbessern.

Oder man versucht, wie es in der Vergangenheit geschah, eine Art von Harmonie zu erzwingen. Darum hat man die Frauen jahrhundertelang unterdrückt – auch das ist eine Möglichkeit, die Dinge zu klären. Man hat einfach die Frau gezwungen, dem Mann zu gehorchen, dann gibt es kein Problem mehr. Dann gibt es aber auch keine Beziehung mehr. Wenn die Frau kein unabhängiges Individuum mehr ist, verschwindet das Problem – und mit ihm die Frau. Dann ist sie nur noch ein Gegenstand, den man benutzt. Dann fehlt die Freude, und der Mann beginnt sich nach einer anderen Frau umzuschauen.

Wenn ihr je eine glückliche Ehe antrefft, dann traut der Fassade nicht. Wenn ihr ein bisschen daran kratzt, werdet ihr euch wundern. Ich habe von einer solchen glücklichen Ehe gehört ...

> Ein Bäuerlein beschloss einmal, dass es Zeit wäre zu heiraten. Also sattelte er sein Maultier und machte sich auf in die nächste Stadt, um eine Frau zu finden. Nach einiger Zeit traf er eine Frau und sie heirateten. Danach bestiegen beide das Maultier und machten sich auf den Weg zurück zum Hof. Nach einer Weile bockte das Maultier und weigerte sich weiterzulaufen. Der Bauer stieg ab,

suchte sich einen großen Stock und schlug damit so lange auf das Maultier ein, bis es sich wieder in Bewegung setzte.

»Das war das erste Mal«, sagte der Bauer.

Nach ein paar Kilometern bockte das Maultier wieder und die ganze Szene wiederholte sich. Nachdem es Hiebe gesetzt hatte und das Maultier wieder weiterlief, sagte der Bauer: »Das war das zweite Mal.«

Nach ein paar Kilometern bockte das Maultier zum dritten Mal. Der Bauer stieg ab, ließ auch seine Frau absteigen, zog eine Pistole, zielte auf das Auge des Maultiers und tötete es mit einem Schuss.

»Bist du verrückt geworden?«, schrie die Frau. »So ein wertvolles Tier! Und nur weil es dich geärgert hat, bringst du es um! Du bist gemein, ein Verbrecher ...«, und in dieser Art ging es noch eine Weile weiter. Als sie eine Pause machte, um nach Luft zu schnappen, sagte der Bauer: »Das war das erste Mal.«

Und wie es heißt, lebten sie danach als glückliches Ehepaar bis an ihr Lebensende.

Das ist *eine* Möglichkeit, die Dinge zu lösen; so wurde es in der Vergangenheit gemacht. In der Zukunft wird man es andersherum versuchen: Der Ehemann muss der Ehefrau folgen. Aber es ist das Gleiche.

Eine Beziehung ist ein Koan. Und du kannst es nicht lösen, solange du nicht eine grundlegende Sache mit dir selbst gelöst hast. Das Problem der Liebe kann erst gelöst werden, wenn das Problem der Meditation gelöst wurde, vorher nicht. Denn im Grunde entsteht das Problem dadurch, dass zwei unmeditative Menschen zusammenkommen. Zwei Leute, die verwirrt sind und nicht wissen, wer sie sind. Dass sie ihre

Verwirrung gegenseitig vergrößern und vervielfachen werden, ist nur natürlich.

Solange man die Meditation nicht erlernt hat, ist die Liebe ein Verhängnis. Erst wenn man gelernt hat, allein zu leben und sein Dasein einfach zu genießen, völlig grundlos, erst dann gibt es eine Möglichkeit, dieses zweite, kompliziertere Problem zu lösen, das entsteht, wenn zwei Menschen zusammenkommen. Nur zwei Meditierende können in Liebe leben – doch dann ist die Liebe kein Koan. Dann ist es aber auch keine Beziehung in dem Sinne, wie ihr es versteht. Es ist einfach ein Zustand der Liebe, kein Zustand einer Beziehung.

Ich kann also die Schwierigkeiten einer Beziehung verstehen. Trotzdem ermutige ich jeden, diese Schwierigkeiten auf sich zu nehmen, weil euch diese Schwierigkeiten auf ein grundlegendes Problem aufmerksam machen werden: Du selbst bist im Innersten deines Seins ein Rätsel – und der andere ist einfach nur ein Spiegel. Deine eigenen Schwierigkeiten direkt zu erkennen ist schwer, doch in einer Beziehung kannst du sie leicht kennen lernen. Ein Spiegel steht zur Verfügung: Du kannst dein Gesicht im Spiegel sehen, und der andere kann sein Gesicht in deinem Spiegel sehen. Und beide sind böse, weil beide ihre hässlichen Gesichter sehen. Und natürlich schreit jeder den anderen an, denn es ist natürlich logisch: »Es liegt an *dir,* an diesem Spiegel, dass ich so hässlich aussehe! Sonst bin ich ein so schöner Mensch!«

Dieses Problem versuchen Liebende ständig zu lösen und können es nicht lösen. Sie sagen sich immer wieder: »Ich bin doch so schön, und du lässt mich so hässlich aussehen!«

Niemand lässt dich hässlich aussehen – du *bist* hässlich. Tut mir Leid, aber so ist es! Sei dem anderen dankbar, sei ihm verbunden, dass er dir hilft, dein Gesicht zu sehen. Sei nicht böse auf ihn. Und geh tiefer in dich hinein, geh tiefer in die Meditation.

Was aber tatsächlich passiert ist, dass Leute, die sich verlieben, die Meditation ganz und gar vergessen. Ich schaue mich um, und immer wenn ich sehe, dass ein paar Leute fehlen, weiß ich, was mit ihnen los ist. Die Liebe ist mit ihnen los. Dann meinen sie, hier nicht mehr nötig zu sein. Dann tauchen sie erst wieder auf, wenn ihnen die Liebe so viele Schwierigkeiten macht, dass sie nicht mehr damit fertig werden. Dann kommen sie und fragen mich: »Osho, was soll ich nur tun?«

Wenn du verliebt bist, vergiss die Meditation nicht. Liebe kann gar nichts klären. Die Liebe kann euch höchstens zeigen, wer ihr seid und wo ihr steht. Und es ist gut, dass die Liebe euch aufmerksam macht, dass sie euch eure ganze Verwirrung und das Chaos in eurem Innern bewusst macht. Dann ist es Zeit zu meditieren! Wenn Liebe und Meditation zusammenkommen, habt ihr beide Flügel, dann kommt ihr ins Gleichgewicht.

Aber auch das Gegenteil kommt vor: Wenn jemand in der Meditation tiefer geht, kommt es vor, dass er anfängt, die Liebe zu meiden, weil er meint, die Meditation würde darunter leiden, wenn er sich auf die Liebe einlässt. Auch das stimmt nicht. Die Meditation wird nicht darunter leiden, sondern sie wird dadurch noch unterstützt. Und wie wird sie unterstützt? Indem die Liebe euch ständig zeigt, dass es da noch Probleme gibt und wo sie liegen. Ohne die Liebe könntet ihr euch eurer Probleme gar nicht bewusst werden. Wenn euch eure Probleme nicht bewusst sind, heißt das aber nicht, dass ihr sie gelöst habt. Wenn es keinen Spiegel gibt, heißt das nicht, dass ihr kein Gesicht habt.

Liebe und Meditation müssen Hand in Hand gehen. Das ist eine der wichtigsten Botschaften, die ich mit euch teilen möchte: Liebe und Meditation müssen Hand in Hand gehen.

Liebt und meditiert, meditiert und liebt – dann werdet ihr mit der Zeit erleben, wie sich eine neue Harmonie in euch einstellt. Und nur diese Harmonie kann euch zufrieden stellen.

Fragen

- *Wie kann ich wissen, ob eine Frau wirklich in mich verliebt ist und kein Spiel mit mir treibt?*

Das ist schwierig! Das hat noch nie jemand wissen können, denn in Wahrheit *ist* die Liebe ein Spiel! Das ist ihre Wirklichkeit. Wenn du also wartest und beobachtest und überlegst und analysierst, ob diese Frau, die in dich verliebt ist, nur ein Spiel mit dir treibt oder ob sie dich wirklich liebt, dann wirst du nie dahin kommen, eine Frau zu lieben – weil die Liebe ein Spiel ist, das großartigste aller Spiele.

Zu verlangen, dass das Spiel wirklich sein soll, ist unnötig. Spiel das Spiel einfach mit, denn das ist die Realität! Und wenn du allzu sehr nach der Realität suchst, ist die Liebe nichts für dich. Sie ist ein Traum, eine Fantasie, ein Märchen; sie ist Romantik, sie ist Poesie. Wenn du allzu sehr nach der Wirklichkeit suchst, wenn du allzu scharf bist auf die Wahrheit, dann ist die Liebe nichts für dich. Dann solltest du lieber meditieren.

Aber ich weiß, dass derjenige, der die Frage gestellt hat, nicht von dieser Sorte ist. Bei ihm kann von Meditation keine Rede sein, jedenfalls nicht in diesem Leben. Dazu muss er noch viel zu viele Karmas mit Frauen aufarbeiten! Er denkt zwar ständig über Meditation nach, aber dauernd geht er mit anderen Frauen. Und die Frauen, mit denen er geht, kommen ebenfalls zu mir und fragen mich: »Ist er wirklich in mich verliebt? Was soll ich tun?« Und jetzt kommt er gar mit dieser Frage daher!

Irgendwann stellt sich aber jedem diese Frage. man kann das jedoch nie wissen, denn wir Menschen sind uns so fremd. Wir *sind* Fremde und unsere Begegnungen passieren rein zufällig. Wir begegnen uns plötzlich auf der Straße, ohne zu wissen, wer wir sind, ohne zu wissen, wer der andere ist. Zwei Fremde begegnen sich auf der Straße; beide fühlen sich einsam, nehmen sich an der Hand – und dann meinen sie, es sei Liebe.

Einer braucht den anderen, mit Sicherheit, aber wie kann man sicher sein, dass es Liebe ist?

Ich habe da einen schönen Witz gelesen. Passt genau auf!

> Eine Frau kommt spät nachts in eine amerikanische Kleinstadt im Mittelwesten und muss feststellen, dass im Hotel kein einziges Zimmer mehr frei ist. »Tut mir Leid«, sagt der Portier, »unser letztes Zimmer hat gerade ein Italiener genommen.«
>
> »Welche Nummer hat es?«, fragt die Frau verzweifelt. »Vielleicht kann ich mich mit ihm arrangieren.«
>
> Der Mann nennt ihr die Zimmernummer, die Frau geht hoch und klopft an die Tür. Der Italiener öffnet und lässt sie ein.
>
> »Hören Sie, Mister«, sagt sie, »ich kenne Sie nicht und Sie kennen mich nicht, aber ich brauche dringend einen Platz zum Schlafen. Ich verspreche Ihnen, dass ich Sie nicht stören werde, wenn Sie mich auf der kleinen Couch dort schlafen lassen.«
>
> Der Italiener denkt eine Minute nach und sagt dann: »Okay.«
>
> Die Frau rollt sich auf der Couch zusammen, und der Italiener geht wieder ins Bett. Aber die Couch ist sehr unbequem und nach ein paar Minuten geht die Frau auf

Zehenspitzen zum Bett hinüber und stupst den Mann leicht am Arm an.

»Hören Sie, Mister«, sagt sie, »ich kenne Sie nicht und Sie kennen mich nicht, aber auf dieser Couch kann man unmöglich schlafen. Können Sie mich nicht hier schlafen lassen, ganz am Rand?«

»Okay«, sagt der Italiener, »wenn Sie schön am Rand bleiben.«

Die Frau legt sich auf das Bett, aber nach ein paar Minuten wird ihr kalt. Wieder stupst sie den Italiener an.

»Hören Sie, Mister«, sagt sie, »ich kenne Sie nicht und Sie kennen mich nicht, aber hier am Rand ist es sehr kalt. Kann ich nicht zu Ihnen unter die Decke kommen?«

»Okay«, sagt der Italiener, »kommen Sie unter die Decke.«

Die Frau schlüpft unter die Decke, aber durch die Nähe des männlichen Körpers wird sie erregt und bekommt Lust auf ihn. Wieder stupst sie den Italiener an.

»Hören Sie, Mister«, sagt sie, »ich kenne Sie nicht und Sie kennen mich nicht, aber wie wär's mit 'ner kleinen Party?«

Da platzt dem Italiener der Kragen: »Hören Sie, Lady«, brüllt er sie an, »ich kenne Sie nicht und Sie kennen mich nicht, und wen wollen Sie jetzt mitten in der Nacht zu einer Party einladen?«

Aber genauso läuft das: »Sie kennen mich nicht und ich kenne Sie nicht.« Es ist reiner Zufall. Da ist ein Bedürfnis, man fühlt sich einsam und braucht jemanden, um die Einsamkeit nicht zu spüren. Das nennt man dann Liebe. Man zeigt dem anderen seine Liebe, denn nur so kann man ihn an die Angel kriegen. Und der andere redet ebenfalls von Liebe, denn nur so kann er dich an die Angel kriegen. Aber wie kann man wissen, ob es Liebe ist oder nicht? Tatsache ist: Die Liebe ist nur ein Spiel.

Gewiss, es besteht die Möglichkeit für echte Liebe, aber sie ereignet sich erst, wenn man niemanden mehr braucht – das ist das Problem. Es funktioniert genauso wie bei den Banken: Wenn du zu einer Bank gehst, weil du Geld brauchst, wird man dir keines geben. Wenn du aber kein Geld brauchst, weil du selber genug hast, dann kommen sie zu dir und sind jederzeit bereit, dir Geld zu geben. Wenn du's nicht brauchst, sind sie bereit, es dir zu geben. Und wenn du's brauchst, sind sie nicht bereit, es dir zu geben.

Wenn du niemanden brauchst und dir selbst vollkommen genug bist, wenn du allein total glücklich und ekstatisch sein kannst – dann wird Liebe möglich. Aber selbst dann kannst du dir nie sicher sein, ob die Liebe des *anderen* echt ist oder nicht. Du kannst dir nur über eines sicher sein: ob *deine* Liebe echt ist. Wie kannst du dir über den anderen sicher sein? Aber es ist dann kein Bedürfnis mehr.

Diese ständige Sorge, ob die Liebe des anderen nun echt ist oder nicht, zeigt eigentlich nur, dass deine Liebe nicht echt ist. Warum sonst kümmert es dich? Warum machst du dir Gedanken darüber? Genieße es einfach, solange es anhält. Seid zusammen, solange es geht! Es ist ein Märchen, aber ein Märchen ist eben das, was du brauchst.

Nietzsche hat gesagt, der Mensch sei so gemacht, dass er nicht ohne Lügen leben kann. Mit der Wahrheit kann er nicht leben; die Wahrheit ist zu schwer zu ertragen. Deshalb habt ihr Lügen nötig. Auf eine subtile Art haben Lügen die Aufgabe, euer System zu schmieren – sie sind Schmiermittel. Du siehst eine Frau und sagst: »Wie schön du bist! So eine schöne Frau ist mir noch nie begegnet!« Mit einer solchen Lüge lässt sich die Reibung vermindern – und das weißt du! Genau das Gleiche hast du früher schon zu anderen Frauen gesagt, und genau das Gleiche wirst du in Zukunft wieder zu anderen Frauen sagen. Und die Frau sagt auch, dass du der Einzige bist, den sie attraktiv findet. Aber das sind alles Lügen. Und hinter den Lügen steht im Grunde nur ein Bedürfnis: Du möchtest, dass die Frau bei dir bleibt, um deine innere Leere zu füllen. Du möchtest das Loch in deinem Inneren mit ihrer Gegenwart stopfen, und sie will dasselbe. So benutzt ihr euch gegenseitig als Mittel zum Zweck.

Darum haben Liebende, so genannte Liebende, ständig Streit miteinander – weil keiner benutzt werden will. Denn wenn man jemanden benutzt, wird er zu einer Sache; dann reduziert man ihn zu einer Ware. Viele Frauen fühlen sich nach dem Sex mit einem Mann immer ein bisschen traurig, enttäuscht und betrogen, weil der Mann sich auf die Seite dreht und einschläft. Fertig, aus!

Viele Frauen haben mir erzählt, dass sie weinen und traurig sind, wenn ein Mann sie geliebt hat, weil er nach dem Sex nicht mehr an ihnen interessiert ist. Sein Interesse war nur da, solange er ein bestimmtes Bedürfnis hatte. Danach dreht er sich um und schläft und kümmert sich überhaupt nicht mehr darum, wie es der Frau geht. Aber auch die Männer fühlen sich hintergangen. Mit der Zeit kommt ihnen der Verdacht, dass die Frau sie eigentlich nur wegen etwas anderem liebt – wegen Geld oder Macht oder Sicherheit. Es mag ein finanzielles Interesse sein, aber es ist keine Liebe.

Doch es ist wahr, so kann es sein. Es kann *nur* so sein! So wie ihr lebt, wie ihr fast schlafend durchs Leben geht, die reinsten Schlafwandler, kann es gar nicht anders sein. Aber mach dir keine Gedanken darüber, ob die Frau dich wirklich liebt oder nicht. Solange du schläfst, brauchst du jemanden, der dich liebt. Auch wenn es nicht echt ist – du brauchst es halt. Und genieße es! Mache dir keinen Stress. Versuche einfach, immer wacher zu werden.

Eines Tages, wenn du ganz wach geworden bist, wirst du auch fähig sein zu lieben. Auch dann kannst du dir nur deiner *eigenen* Liebe sicher sein – aber das genügt doch! So wie du jetzt bist, willst du andere nur benutzen. Erst wenn du allein wirklich glücklich sein kannst, willst du niemanden mehr benutzen, dann willst du nur noch teilen. Du hast so viel, dass es überfließt, und möchtest es mit jemandem teilen. Dann wirst du Dankbarkeit empfinden, wenn der andere bereit ist, es anzunehmen. Damit ist dieses Thema dann beendet – Schluss!

Jetzt im Augenblick machst du dir zu viele Gedanken, ob der andere dich wirklich liebt, und das kommt daher, dass du dir deiner eigenen Liebe nicht sicher bist. Das ist das eine. Und das andere ist, dass du dir auch deines eigenen Wertes nicht sicher bist. Du kannst nicht glauben, dass dich jemand wirklich lieben kann, weil du überhaupt nichts Besonderes an dir siehst. Du kannst dich selbst nicht lieben – wie soll dann jemand anders dich lieben können? Es erscheint dir unwirklich, es erscheint dir unmöglich.

Liebst du dich selbst? Du hast dir noch nicht einmal diese Frage gestellt. Die meisten Leute hassen sich selbst, sie verurteilen sich selbst. Ständig kritisieren sie sich und halten sich für verkorkst. Wie kann dich jemand lieben, wo du doch so verkorkst bist? Nein, man kann dich nicht wirklich lieben! Bestimmt macht dir der andere etwas vor und schwindelt dich an! Bestimmt ist da noch irgendein anderer Grund ... Die Frau muss an etwas anderem interessiert sein, der Mann muss an etwas anderem interessiert sein!

Du kennst deine eigene Verkorkstheit, deine Wertlosigkeit – Liebe wäre da wohl zu viel verlangt! Und wenn dann eine Frau kommt und dir sagt, dass sie dich anbetet, kannst du ihr nicht trauen. Und wenn du zu einer Frau gehst und ihr sagst, dass du sie anbetest, und sie hasst sich selber – wie kann sie dir da glauben? Denn der Selbsthass erzeugt Angst.

Es gibt keine Möglichkeit, sich über den anderen sicher zu sein. Sei dir zuerst deiner selbst sicher. Und wer sich seiner selbst sicher ist, kann sich der ganzen Welt sicher sein. Die Sicherheit, die du in deinem Innersten erlangst, macht dich sicher in allem, was du tust, mit allem, was dir passiert. Wenn du zentriert und geerdet bist und in dir selbst ruhst, wirst du dir über solche Dinge keine Gedanken machen. Du akzeptierst sie einfach.

Wenn dich jemand liebt, akzeptierst du es, denn du liebst dich selbst. Du bist glücklich mit dir selbst. Wenn jemand anderer auch glücklich ist – wunderbar! Es steigt dir nicht zu Kopf, erzeugt keinen Egowahn in dir. Du hast einfach Spaß mit dir selbst, und wenn ein anderer auch Spaß mit dir hat – wunderbar! Solange es anhält, lebst du das Märchen, so schön wie du kannst – es wird nicht ewig dauern!

Auch das erzeugt ein Problem. Wenn eine Liebe zu Ende geht, neigt man zu dem Glauben, dass sie unecht war und deshalb zu Ende ging. Nein, das muss gar nicht unbedingt so sein. Vielleicht enthielt sie einen Schimmer der Wahrheit, aber ihr wart beide unfähig, diese Wahrheit zu bewahren und zu erhalten. Ihr habt sie getötet. Sie war da und ihr habt sie ermordet. Ihr wart zur Liebe nicht fähig. Ihr brauchtet Liebe, aber ihr wart dazu nicht fähig.

Man trifft eine Frau, einen Mann, und alles läuft sehr gut, sehr glatt, ganz fantastisch und wunderbar – am Anfang! Sobald ihr euch miteinander arrangiert habt, fängt es an, schwierig zu werden, bitter zu werden. Je mehr ihr euch arrangiert habt, umso mehr Konflikte entstehen. Das tötet die Liebe.

So wie ich es sehe, ist in jeder Liebe am Anfang ein Lichtstrahl, doch die Liebenden machen ihn kaputt. Sie stürzen sich auf diesen Lichtstrahl mit ihrer ganzen inneren Dunkelheit – der schwarze Kontinent, das innere Afrika. Sie stürzen sich darauf und machen ihn kaputt. Und sobald sie ihn kaputt gemacht haben, denken sie, er war ganz falsch. Dabei haben sie ihn selbst kaputt gemacht. Er war nicht falsch – *sie* sind falsch. Der Lichtstrahl war echt, er war wirklich.

Mache dir also keine Gedanken über den anderen, mache dir keine Gedanken, ob die Liebe echt ist oder nicht. Genieße sie, solange sie da ist. Auch wenn sie ein Traum ist, tut es doch gut zu träumen. Und gleichzeitig werde immer bewusster und wacher, um aus dem Schlaf herauszukommen. Wenn du bewusst wirst, entsteht in deinem Herzen eine andere Art von Liebe, die absolut wirklich ist und der Ewigkeit angehört. Diese Liebe ist aber kein Bedürfnis – sie ist ein Luxus.

- *Wenn die Eifersucht, das ganze Besitzergreifen und Festklammern, all diese Bedürfnisse, Erwartungen, Wünsche und Illusionen wegfallen, was bleibt dann noch übrig von meiner Liebe? Ist denn meine ganze Poesie und Leidenschaft eine Lüge gewesen? Hat mein Liebesschmerz mehr mit Schmerz zu tun als mit Liebe? Werde ich je lernen, wie man liebt?*

Liebe lässt sich nicht lernen, sie lässt sich nicht kultivieren. Eine kultivierte Liebe wäre überhaupt keine Liebe. Sie wäre keine echte Rose, sondern eine Plastikblume. Wenn du etwas lernst, kommt etwas von außen hinzu, es ist keine innere Entwicklung. Liebe muss aber aus deiner eigenen inneren Entwicklung kommen, wenn sie authentisch und echt sein soll.

Liebe ist nicht etwas, das man lernt, sondern etwas, das sich entwickelt. Alles was von deiner Seite dazu nötig ist, ist nicht, zu lernen wie man liebt, sondern zu verlernen, wie man nicht liebt. Die Hindernisse müssen aus dem Weg geräumt werden, die Hemmnisse müssen beseitigt werden – dann ist Liebe dein natürliches, spontanes Wesen. Sobald die Hemmnisse beseitigt und alle Felsbrocken aus dem Weg geräumt sind, beginnt etwas zu fließen. Es ist jetzt schon da, hinter vielen Felsen verborgen, aber die Quelle ist schon da. Sie ist dein wahres Wesen.

Sie ist ein Geschenk – aber nicht eines, das erst in Zukunft eintreffen wird, sondern ein Geschenk, das schon bei deiner Geburt da war. Zu *sein* bedeutet Liebe zu sein. Zu atmen ist genug, um zu lieben. Liebe ist wie Atmen. Was die Atmung für den physischen Körper, ist die Liebe für das spirituelle Sein. Ohne Atmung stirbt der Körper, ohne Liebe stirbt die Seele.

Das Erste, was du dir also merken musst: Liebe ist nicht etwas, das du lernen kannst. Und wenn du es lernst, verpasst du das Wesentliche. Dann lernst du etwas anderes im Namen von Liebe. Es wird etwas Künstliches, Unechtes sein. Eine falsche Münze kann wie eine echte aussehen, und wenn du die echte nicht kennst, wirst du ständig auf die falsche hereinfallen. Nur wenn du das Echte kennst, kannst du den Unterschied zwischen Unechtem und Echtem erkennen.

Und was sind die Hindernisse der Liebe? Eifersucht, Besitzergreifen, Festklammern, Erwartungen, Wünsche ... Deine Angst ist berechtigt: »Wenn das alles wegfällt, was bleibt dann noch übrig von meiner Liebe?« Nichts bleibt übrig von deiner Liebe. Nur *Liebe* bleibt übrig, aber Liebe hat nichts mit »ich« und »du« zu tun. Im Gegenteil, wenn das ganze Besitzdenken, die Eifersucht, all die Erwartungen verschwinden, verschwindet nicht die Liebe, aber *du* verschwindest, das Ego verschwindet. Das alles sind die Schatten des Ego.

Es ist nicht die Liebe, die eifersüchtig ist. Schau noch mal genauer hin, beobachte es, sieh es dir an: Wenn du Eifersucht fühlst, ist es nicht die Liebe, die Eifersucht fühlt. Die Liebe weiß überhaupt nichts von Eifersucht. Genauso wie die Sonne überhaupt nichts von der Dunkelheit weiß, weiß die Liebe überhaupt nichts von der Eifersucht. Es ist das Ego, das verletzt ist, das konkurrierende, ständig kämpfende Ego. Es ist das Ego – in seinem Ehrgeiz, dich größer sehen zu wollen als andere, als etwas Besonderes. Es ist das Ego, das eifersüchtig und besitzergreifend wird – weil das Ego nur existieren kann, wenn es Dinge besitzt.

Je mehr du besitzt, umso mehr stärkt es dein Ego. Ohne Besitz kann das Ego nicht existieren. Es stützt sich auf Besitz, es ist davon abhängig, etwas zu besitzen. Wenn du also mehr Geld, mehr Macht, mehr Ansehen hast, eine schöne Frau, einen schönen Mann, schöne Kinder, dann fühlt sich das Ego enorm gestärkt. Wenn der Besitz verschwindet und du überhaupt nichts besitzt, findest du auch kein Ego in dir. Dann ist keiner mehr da, der »ich« sagen kann.

Wenn du das alles für deine Liebe hältst, wird auch diese Liebe mit Sicherheit verschwinden. Deine Liebe ist keine wirkliche Liebe. Sie ist Eifersucht, Besitzergreifen, Hass, Wut, Gewalttätigkeit, tausenderlei Dinge – alles außer Liebe. Sie kommt in der Maske von Liebe daher, denn all diese Dinge sind so hässlich, dass sie ohne Maskerade gar nicht existieren könnten.

Ein uraltes Gleichnis:

> Als Gott die Welt erschuf, sandte er jeden Tag neue Dinge zur Erde. Und eines Tages sandte er auch die Schönheit und die Hässlichkeit auf die Erde. Es ist eine lange Reise vom Paradies zur Erde, und als sie dort ankamen, war es frühmorgens und die Sonne ging gerade auf. Sie

waren in der Nähe eines Sees gelandet und so beschlossen beide, ein Bad zu nehmen, denn ihr ganzer Körper und ihre Kleider waren voll Staub.

Völlig ahnungslos über die Sitten dieser Welt – denn sie waren ja ganz neu hier – legten sie ihre Kleider ab und sprangen völlig nackt in das kühle Wasser des Sees. Die Sonne stieg immer höher und es begannen sich Leute einzufinden. Da beschloss die Hässlichkeit, der Schönheit, die sie draußen im See schwimmen sah, einen Streich zu spielen. Sie kam ans Ufer, zog die Kleider der Schönheit an und lief davon. Als die Schönheit endlich merkte, dass Leute in der Nähe waren und sie selbst ganz nackt war, schaute sie sich um ... ihre Kleider waren weg! Und die Hässlichkeit war auch verschwunden. Die Schönheit stand nackt in der Sonne, und die Leute kamen immer näher. So sah die Schönheit keinen anderen Ausweg, als die Kleider der Hässlichkeit anzuziehen. Und sie machte sich auf, die Hässlichkeit zu suchen, um mit ihr die Kleider zu tauschen.

In der Geschichte heißt es, dass sie immer noch sucht ... Aber die Hässlichkeit ist so schlau, dass sie ihr immer wieder entwischt. So kommt es, dass die Hässlichkeit immer noch die Kleider der Schönheit, die Maske der Schönheit trägt, und die Schönheit in den Kleidern der Hässlichkeit wandelt.

Es ist ein wunderbares Gleichnis.

Alle diese Dinge sind so hässlich, dass du es nicht aushalten könntest, auch nur einen einzigen Augenblick mit ihnen zusammen zu sein, sobald du ihre Realität erkennst. Deshalb erlauben sie dir nicht, die Realität zu sehen. Die Eifersucht tarnt sich als Liebe, das Besitzergreifen maskiert sich als Liebe – und damit kommst du gut zurecht!

Damit täuschst du aber niemanden als dich selbst. Diese Dinge sind keine Liebe. Was du als Liebe kennst und bisher für Liebe gehalten hast, wird alles verschwinden. Es ist keine Poesie darin. Nur Leidenschaft, aber Leidenschaft ist ein fieberhafter Zustand, Leidenschaft ist ein unbewusster Zustand. Leidenschaft ist nicht Poesie. Nur die Buddhas kennen Poesie – die Poesie des Lebens, die Poesie des Daseins.

Erregung und Leidenschaft sind nicht dasselbe wie Ekstase. Sie sehen ähnlich aus, das ist das Problem. Im Leben sehen viele Dinge ähnlich aus, aber die Unterschiede sind ganz fein und zart und subtil. Erregung mag aussehen wie Ekstase, ist es aber nicht, denn Ekstase ist grundsätzlich kühl. Leidenschaft ist heiß, Liebe ist kühl – nicht kalt, nur kühl. Hass ist kalt, Leidenschaft und Begierde sind heiß. Liebe liegt genau in der Mitte; sie ist kühl – weder kalt noch heiß. Liebe ist ein Zustand von immenser Ruhe, Gelassenheit, Frieden und Stille. Und aus dieser Stille entsteht Poesie, aus dieser Stille entsteht ein Lied, aus dieser Stille entsteht der Tanz deines Daseins.

Was du Poesie und Leidenschaft nennst, sind nichts als Lügen in wunderschöner Verkleidung. Von euren Poeten sind 99 Prozent keine richtigen Poeten, sie sind nur in einem erregten Zustand des Chaos, der Emotionalität, Leidenschaft, Hitze, Begierde, Sexualität und Sinnlichkeit. Von euren Poeten ist nur einer von hundert ein wahrer Poet.

Und ein wahrer Poet wird möglicherweise gar keine Poesie schreiben, denn sein ganzes Dasein ist Poesie. Wie er geht, wie er sitzt, wie er isst, wie er schläft ... alles ist Poesie. Er lebt als wandelnde Poesie. Ob er Poesie schreibt oder nicht, ist unwesentlich.

Was du »Poesie« nennst, ist nur ein Ausdruck deines Fiebers, deines hitzigen Bewusstseinszustandes. Es ist ein Zustand der Verrücktheit. Leidenschaft ist verrückt, blind, unbewusst – und eine Lüge. Sie ist deshalb eine Lüge, weil sie dich glauben macht, sie sei Liebe.

Liebe ist erst möglich, wenn sich Meditation ereignet hat. Solange du nicht in deinem Sein zentriert bist, solange du nicht einfach in deinem Sein ruhst und entspannt bist, solange du nicht allein glückselig bist, kannst du nicht wissen, was Liebe ist.

Liebe erscheint als Beziehung, aber sie beginnt in tiefem Alleinsein. Liebe drückt sich als Beziehung aus, aber die Quelle der Liebe ist nicht in der Beziehung, die Quelle der Liebe ist in der Meditation. Wenn du in deinem Alleinsein absolut glücklich bist, wenn du den anderen überhaupt nicht brauchst, wenn der andere nicht dein Bedürfnis ist – erst dann bist du zur Liebe fähig. Solange der andere ein Bedürfnis ist, kannst du ihn nur ausbeuten, manipulieren und dominieren, aber du kannst ihn nicht lieben.

Durch deine Abhängigkeit entsteht das Besitzergreifen – aus der Angst: »Wer weiß? Heute ist der andere bei mir, aber vielleicht ist er morgen nicht mehr bei mir. Wer weiß, was der nächste Augenblick bringt?« Deine Frau kann dich verlassen, deine Kinder werden erwachsen und gehen fort, dein Ehemann kann dich im Stich lassen. Wer weiß denn, was der nächste Augenblick bringt? Aus dieser Angst vor der Zukunft wirst du besitzergreifend und errichtest ein Gefängnis um den Menschen, den du zu lieben meinst.

Doch Liebe kann kein Gefängnis errichten. Würde Liebe ein Gefängnis errichten, dann hätte der Hass nichts mehr zu tun! Liebe bringt Freiheit, Liebe gibt Freiheit. Sie ist absolut nicht besitzergreifend. Das ist aber erst möglich, wenn du eine völlig neue Qualität von Liebe kennen gelernt hast – keine Notwendigkeit, sondern einen Überfluss.

Liebe ist Teilen aus überquellender Freude. Du bist so voller Freude, dass du sie nicht für dich behalten kannst; du musst sie teilen. Dann ist Poesie da, etwas ungeheuer Schönes, das nicht von dieser Welt ist, etwas Überirdisches. Diese Liebe kann man nicht lernen. Man kann nur alle Hindernisse aus dem Weg räumen.

Wenn ich immer wieder sage, dass ihr die Kunst der Liebe lernen sollt, meine ich in Wirklichkeit, dass ihr die Kunst lernen sollt, alle Hindernisse der Liebe beiseite zu räumen. Es ist ein Vorgang, der dem Graben eines Brunnens ähnelt: Man entfernt viele Schichten von Erde, Steinen, Felsen, bis man plötzlich auf Wasser stößt. Das Wasser ist immer da, es ist Grundwasser, aber erst jetzt, nachdem du alle Hindernisse beseitigt hast, hast du Zugang zum Wasser. Genauso ist es mit der Liebe: Die Liebe ist das Grundwasser deines Seins. Es fließt bereits, aber da sind so viele Steine, so viele Schichten von Erde, die zuerst entfernt werden müssen.

Das meine ich, wenn ich sage, dass ihr die Kunst der Liebe lernen sollt. In Wirklichkeit ist es kein Lernen der Liebe, sondern ein Verlernen all eurer Gewohnheiten der Nichtliebe.

- *Was ist der Unterschied zwischen Mögen und Lieben, zwischen Gernhaben und Lieben? Und worin besteht der Unterschied zwischen gewöhnlicher und spiritueller Liebe?*

Es besteht ein großer Unterschied zwischen Mögen und Lieben. Mögen beinhaltet keinerlei Verpflichtung, kein Engagement; Lieben bedeutet eine Verpflichtung, ein Engagement. Darum sprechen die Leute nicht viel von Liebe. Stattdessen benutzt man heute oft das Wort »lieben« in einem Zusammenhang, der zu gar nichts verpflichtet. Zum Beispiel sagt man: »Ich liebe Eiskrem!« Aber wie kannst du Eiskrem lieben? Du kannst sie mögen, aber nicht lieben. Oder man sagt: »Ich liebe meinen Hund; ich liebe mein Auto; ich liebe dieses und jenes.« Tatsache ist, dass die Menschen sehr viel Angst haben, zu jemandem »Ich liebe dich« zu sagen.

Ich habe gehört ...

> Ein Mann ging schon seit Monaten mit einem Mädchen. Und natürlich wartete das Mädchen und wartete ... Sie hatten auch Sex miteinander, aber noch nie hatte der Mann zu ihr gesagt: »Ich liebe dich.«

Seht diesen Unterschied: Früher verliebte man sich, heute »hat man Sex« oder »macht Liebe«, wie es im Englischen heißt. Seht ihr den Unterschied? »Sich zu verlieben« bedeutet, dass man von Liebe überwältigt wird; es geschieht mit einem. Liebe zu »machen« hingegen ist geradezu profan; es nimmt dem Ganzen seine Schönheit; es geht dabei um Manipulation und Kontrolle. Die Menschen haben die Sprache verändert – statt »sich zu verlieben« wird jetzt »Liebe gemacht«.

> Dieser Mann machte also Liebe mit der Frau, aber er hatte zu ihr noch kein einziges Mal »Ich liebe dich« gesagt. Und die Frau wartete und wartete und wartete.
>
> Eines Tages rief er sie an und sagte: »Ich habe lange überlegt, bevor ich es dir sage, aber jetzt scheint der richtige Zeitpunkt gekommen zu sein. Ich muss es dir sagen. Ich kann es nicht länger für mich behalten!« Und die Frau war ganz aufgeregt und spitzte die Ohren, denn darauf hatte sie so gewartet. Und sie sagte: »Nun sag es! Sag es!«
>
> Und der Mann sagte: »Ich kann es nicht länger zurückhalten, ich muss es jetzt sagen: Ich mag dich wirklich sehr!«

Die Leute sagen zueinander: »Ich mag dich.« Warum sagen sie nicht: »Ich liebe dich«? Weil Liebe eine Verpflichtung bedeutet, ein Einlassen, ein Risiko, eine Verantwortung. Mögen ist etwas völlig Unverbindliches. Ich kann dich heute mögen, und morgen mag ich dich vielleicht nicht mehr. Da ist kein Risiko. Wenn du zu jemandem sagst: »Ich liebe dich«, nimmst du ein Risiko auf dich. Damit sagst du: »Ich liebe dich und ich werde dich auch weiterhin lieben. Ich werde dich auch morgen lieben. Du kannst dich auf mich verlassen. Das ist ein Versprechen.«

Liebe ist ein Versprechen. Mögen beinhaltet keinerlei Versprechen. Wenn du zu einem Mann sagst: »Ich mag dich«, dann sagst du damit etwas über *dich*, nicht über den Mann. Du sagst damit: »So bin ich: Ich mag dich. Ich mag auch Eiskrem, ich mag auch mein Auto. Und genauso mag ich dich.«

Wenn du zu jemandem sagst: »Ich liebe dich«, dann sagst du damit etwas über diese Person, nicht über dich. Du sagst damit: »Du bist liebenswert.« Der Pfeil richtet sich auf die andere Person. Und das ist gefährlich – du gibst ein Versprechen. Liebe hat diese Qualität von Versprechen und Einlassen, von Verpflichtung. Und Liebe beinhaltet etwas von der Ewigkeit. Mögen ist vorübergehend, ohne Risiko, ohne Verantwortung.

Du fragst mich: *»Was ist der Unterschied zwischen Mögen und Lieben? Und worin besteht der Unterschied zwischen gewöhnlicher und spiritueller Liebe?«*

Mögen und Lieben sind zwei verschiedene Dinge, doch zwischen gewöhnlicher und spiritueller Liebe gibt es eigentlich gar keinen Unterschied. Liebe ist immer spirituell. Gewöhnliche Liebe ist mir noch nie begegnet. Mögen ist gewöhnlich. Liebe ist nie gewöhnlich, sie kann es nicht sein; sie ist ihrem Wesen nach außergewöhnlich. Sie ist nicht von dieser Welt.

Wenn du einer Frau oder einem Mann »Ich liebe dich«

sagst, dann sagst du im Grunde: »Dein Körper kann mich nicht täuschen – ich habe *dich* gesehen. Dein Körper mag älter werden, aber ich habe *dich* gesehen, dein körperloses Selbst. Ich habe deinen innersten Kern gesehen, deine Essenz, die göttlich ist.« Mögen ist oberflächlich. Liebe durchdringt alles und geht bis in den Kern des anderen. Sie berührt den anderen in der Seele.

Liebe ist nie gewöhnlich. Liebe kann nicht gewöhnlich sein, sonst wäre es keine Liebe. Die Liebe »gewöhnlich« zu nennen bedeutet, das ganze Phänomen der Liebe falsch zu verstehen. Liebe ist nie gewöhnlich, Liebe ist *immer* außergewöhnlich, immer spirituell. Das ist der Unterschied zwischen Mögen und Lieben: Mögen ist materiell, Liebe ist spirituell.

- *Du hast mich verwirrt, als du über den Unterschied zwischen Lieben und Mögen gesprochen hast. Du hast gesagt, Liebe sei eine Verpflichtung, aber ich dachte, eine Verpflichtung sei eine Form der Gebundenheit. Es gibt viele Menschen, die ich liebe, ohne dass ich mich ihnen verpflichtet fühle. Wie kann ich vorhersehen, ob ich jemanden morgen auch noch lieben werde?*

Das ist eine bedeutsame Frage. Du musst das wirklich gut verstehen, denn es ist sehr subtil und auch kompliziert. Wenn ich sage, dass Liebe eine Verpflichtung ist, was meine ich damit?

Ich meine nicht, dass du etwas für morgen versprechen sollst, obwohl ein Versprechen darin enthalten ist. Du brauchst es nicht zu versprechen, und dennoch ist das Versprechen darin enthalten. Das macht die ganze Sache so kompliziert und subtil. Du sagst nicht: »Ich werde dich morgen auch noch lieben«, doch in dem Moment, wo Liebe da ist, ist dieses Versprechen vorhanden. Es ist sehr präsent, muss aber nicht eigens ausgedrückt werden.

Wenn du jemanden liebst, kannst du es dir gar nicht anders vorstellen. Du kannst dir nicht vorstellen, diesen Menschen eines Tages nicht mehr zu lieben. Es ist ausgeschlossen; es passt nicht zur Liebe. Damit sage ich nicht, dass diese Liebesbeziehung nicht zu Ende gehen kann. Es mag geschehen oder auch nicht, das ist nicht der Punkt. Aber in dem Moment, wo Liebe da ist und die Energie zwischen euch beiden fließt, gibt es eine Brücke, eine goldene Brücke, über die ihr miteinander verbunden seid. Dann ist es für den Verstand undenkbar, völlig unvorstellbar, dass einmal eine Zeit kommen könnte, in der du nicht mit dem anderen zusammen sein wirst und der andere nicht mit dir. Darin besteht die Verpflichtung. Ihr müsst es nicht sagen, ihr müsst nicht zum Standesbeamten gehen und eine formale Erklärung abgeben: »Ich werde immer bei dir bleiben.« Im Gegenteil, wenn eine solche formale Erklärung gegeben wird, zeigt das höchstens, dass keine Liebe da ist und eine juristische Vereinbarung nötig wird. Wenn die innere Verpflichtung da ist, bedarf es keiner juristischen Vereinbarung.

Die Heirat ist nötig, weil die Liebe fehlt. Wenn tiefe Liebe da ist, braucht man keine Ehe. Wozu heiraten? Das ist, als würde man einer Schlange Beine geben wollen oder eine rote Rose rot färben. Es ist überflüssig. Wozu das Standesamt bemühen? Da muss eine Angst ich euch sein, die Liebe könnte nicht total sein.

Selbst wenn tiefe Liebe da ist, denkt ihr an die Möglichkeit, die Frau morgen zu verlassen. Und die Frau denkt: »Wer weiß, dieser Mann kann mich morgen verlassen. Es ist besser, zum Standesamt zu gehen. Wir wollen es legalisieren, dann ist es sicher.« Aber was zeigt das? Es zeigt nur, dass die Liebe nicht total ist. Totale Liebe hat immer die Qualität eines Versprechens. Es muss nicht obendrauf gesetzt werden, es ist schon darin enthalten.

Wenn du liebst, ergibt es sich von selbst, du brauchst es nicht einzuplanen. Das Gefühl stellt sich auf natürliche Weise ein, manchmal auch in Worten: »Ich werde dich immer lieben.« Darin drückt sich die Tiefe des gegenwärtigen Augenblicks aus. Es sagt nichts über morgen, vergiss das nicht. Es ist kein Versprechen. Aber wenn die Liebe so tief und total ist, dann kommt dir das automatisch über die Lippen: »Ich werde dich immer und ewig lieben. Nicht einmal der Tod kann uns trennen.« So fühlt die totale Liebe.

Lass es mich noch einmal sagen: Es bedeutet nicht, dass ihr morgen noch zusammen sein werdet. Wer kann das denn wissen? Darauf kommt es gar nicht an. Das Morgen kümmert sich um sich selbst. Dem Liebenden kommt das Morgen überhaupt nicht in den Sinn. Er denkt überhaupt nicht an morgen. Die Zukunft verschwindet, und dieser Augenblick wird zur Ewigkeit. Das ist mit Verpflichtung gemeint.

Und morgen ... vielleicht seid ihr nicht mehr zusammen, auch wenn keiner den anderen betrügt, auch wenn keiner den anderen täuscht oder ihm etwas vormacht. Dann werdet ihr traurig sein, ihr werdet es bedauern, und trotzdem müsst ihr auseinander gehen. Ich sage nicht, dass es passieren muss! Kann sein, dass es nicht passiert – es hängt von tausenderlei Dingen ab.

Das Leben richtet sich nicht nach eurer Liebe. Wenn es nur von eurer Liebe abhinge, würdet ihr immer und ewig leben. Das Leben hängt jedoch von tausenderlei Dingen ab. Die Liebe gibt euch das Gefühl: »Wir werden immer zusammenbleiben«, aber die Liebe macht nicht das ganze Leben aus. Wenn sie da ist, ist sie so intensiv, dass man davon wie berauscht ist. Aber da gibt es noch tausenderlei Dinge, manchmal sind es Kleinigkeiten ...

Es kann sein, dass du dich in einen Mann verliebt hast, und im Moment fühlst du, dass du bereit wärest, mit ihm durch die Hölle zu gehen. Und vielleicht sagst du ihm das sogar – und du machst ihm nichts vor. Du bist völlig aufrichtig und ehrlich und sagst: »Und wenn ich mit dir zur Hölle gehen muss, ich komme mit!« – und ich sage noch einmal: Das ist echt, du sagst nicht die Unwahrheit.

Aber morgen, wenn du mit dem Mann zusammenlebst, können Kleinigkeiten – ein schmutziges Badezimmer – eure Beziehung stören. Die Hölle ist viel zu weit weg, so weit braucht man gar nicht zu gehen! Ein schmutziges Badezimmer! Oder irgendeine kleine Angewohnheit – der Mann schnarcht, und es macht dich verrückt. Du warst bereit, mit ihm zur Hölle zu gehen, und in diesem Moment war es die Wahrheit, war es authentisch. Es war keine Lüge, du hattest genau diese Absicht. Aber der Mann schnarcht in der Nacht. Oder sein Schweiß stinkt wie die Hölle oder er hat einen schlechten Atem, und wenn er dich küsst, ist es für dich eine Tortur.

Kleinigkeiten, ganz kleine Dinge. An so etwas denkt man nicht, wenn man sich verliebt. Wen kümmert ein Badezimmer und wer denkt schon an das Schnarchen? Doch wenn du mit einem Menschen zusammenlebst, sind tausenderlei Dinge davon betroffen, und jede Kleinigkeit kann zu einer Klippe werden, an der die Blume der Liebe zerbricht.

Ich sage also nicht, dass diese Verpflichtung ein Versprechen beinhaltet. Ich sage nur, dass im *Augenblick der Liebe* eine Verpflichtung gefühlt wird. Sie ist so entscheidend, dass du völlig darin aufgehst. Und weil natürlich dieser Augenblick zum nächsten führen wird, gibt es eine gute Chance, dass ihr weiterhin zusammenbleibt. Das Heute gebiert das

Morgen. Das Morgen kommt nicht aus heiterem Himmel, es entsteht aus dem Heute. Wenn heute große Liebe da ist, wird auch das Morgen diese Liebe mitbringen. Es entsteht eine Kontinuität. Darum gibt es eine gute Chance, dass eure Liebe weiter besteht, aber es ist immer nur eine Chance. Und das versteht die Liebe.

Falls du dann eines Tages deine Frau verlässt oder sie dich verlässt, dann werdet ihr euch nicht anschreien: »Und was ist jetzt? Du hast mal gesagt, dass du immer bei mir bleibst. Und jetzt? Wieso gehst du?« Wenn du geliebt hast, wenn du die Liebe erkannt hast, wirst du es verstehen. Liebe hat diese Qualität von Verpflichtetsein.

Liebe ist ein Mysterium. Solange sie da ist, erscheint alles paradiesisch. Wenn sie fort ist, erscheint alles ganz platt und sinnlos. Zuerst konntest du nicht ohne diese Frau leben, und jetzt kannst du mit ihr nicht leben. Und beide Zustände sind authentisch.

Du sagst: *»Du hast mich verwirrt, als du über den Unterschied zwischen Liebe und Mögen gesprochen hast. Du hast gesagt, Liebe sei eine Verpflichtung, aber ich dachte, eine Verpflichtung sei eine Form der Gebundenheit.«*

Was ich mit Verpflichtung meine, unterscheidet sich von dem, was du damit meinst. Du gibst dem Wort eine juristische Bedeutung und ich nicht. Ich habe damit nur diese Qualität von Liebe beschrieben – was geschieht, wenn sie dich erfasst: Dann geschieht diese Verpflichtung, dieses Versprechen. Aber nicht das Versprechen erzeugt die Liebe, sondern die Liebe erzeugt das Versprechen. Zuerst kommt die Liebe, das Versprechen kommt hinterher. Wenn die Liebe eines Tages verschwindet, verschwindet auch das Versprechen; es ist nur der Schatten der Liebe.

Und wenn die Liebe verschwunden ist, dann wäre es töricht, von dem Versprechen zu reden. Es war nur der Schatten der Liebe. Es kommt immer im Gefolge der Liebe. Wenn die Liebe nicht mehr da ist, geht auch das Versprechen weg, es verschwindet. Dann sollte man nicht darauf pochen: »Was ist mit deinem Versprechen?« Das Versprechen ist nicht mehr da, weil die Liebe nicht mehr da ist. Die Liebe *ist* das Versprechen. Ohne die Liebe gibt es kein Versprechen. Das meine ich mit Verpflichtung.

Aber ich kann auch verstehen, was du meinst. Du meinst: Wenn die Liebe nicht mehr da ist, was war dann mit dem Versprechen? Du willst, dass das Versprechen eingehalten wird, selbst wenn die Liebe weggeht und nicht mehr existiert. Du gibst dem Versprechen eine juristische Bedeutung.

Vergesst eines nicht: Wenn ihr mir zuhört, solltet ihr euch darum bemühen zu verstehen, was ich meine. Das ist schwierig, aber ihr solltet es versuchen. Wenn ihr das versucht, könnt ihr eure Meinungen loslassen. So wird allmählich eine Öffnung passieren, und dann könnt ihr sehen, was ich wirklich meine. Ansonsten gibt es nur Verwirrung: Ich sage etwas und ihr hört etwas ganz anderes.

- *Selbst wenn manchmal so ein Gefühl wie Liebe in meinem Herzen auftaucht, denke ich schon im nächsten Augenblick: »Das ist keine Liebe, das hat überhaupt nichts mit Liebe zu tun. Das ist nur meine ganze verborgene Lust auf Sex und dergleichen.«*

Und was ist daran falsch? Liebe kann nur aus Lust entstehen. Wenn du die Lust vermeidest, vermeidest du jede Möglichkeit, dass Liebe überhaupt entstehen kann. Liebe ist nicht Lust, das stimmt, aber Liebe ist auch nicht Unlust, und das stimmt ebenso. Liebe ist etwas Höheres als Lust, das ist wahr, aber wenn du der Lust ihre Existenzberechtigung nimmst, verhinderst du jede Möglichkeit, dass aus dem Schlamm eine Blüte emporwachsen kann. Liebe ist der Lotos und Lust ist der Schlamm, aus dem der Lotos hervorwächst.

Vergiss das nicht, denn sonst gelangst du nie zur Liebe. Du kannst höchstens so tun, als hättest du die Lust transzendiert, aber ohne Liebe kann man die Lust nicht transzendieren, man kann sie höchstens unterdrücken. Und wenn man sie unterdrückt, wird sie zu einem noch größeren Gift. Dann unterwandert sie dein ganzes System; sie vergiftet dich und wirkt sich zerstörerisch aus. Hingegen wird Lust, die zu Liebe transformiert wurde, zu einem Strahlen, einem Glanz. Dann fühlst du dich so leicht, als ob du fliegen könntest. Dann wachsen dir Flügel. Solange du deine Lust unterdrückst, wirst du dich immer schwer fühlen, als ob du eine Last mit dir herumschleppst oder ein großer Felsbrocken an deinem Hals hängt. Solange du die Lust unterdrückst, verlierst du jede Möglichkeit, dich in den Himmel emporzuschwingen. Sobald du Lust in Liebe transformierst, hast du die Prüfung des Lebens bestanden.

Dir wurde ein Rohmaterial mitgegeben, mit dem du arbeiten und kreativ sein kannst. Dieses Rohmaterial ist die Lust.

Ich habe gehört ...

> Berkowitz und Michaelson waren nicht nur Geschäftspartner, sondern auch lebenslange Freunde. So schlossen sie einen Pakt: Derjenige, der als Erster starb, sollte wiederkommen, um dem anderen zu berichten, wie es im Himmel zugeht.
>
> Sechs Monate später starb Berkowitz. Er war ein sehr sittenstrenger Mann gewesen, fast ein Heiliger, ein Puritaner, der nie irgendetwas Böses getan und vor Lust und

Sex immer Angst gehabt hatte. Nun wartete Michaelson darauf, dass sein lieber verstorbener heiliger Freund ihm irgendein Zeichen gab, dass er zur Erde zurückgekehrt sei. Michaelson verbrachte die Zeit mit ungeduldigem Hoffen und sehnsüchtiger Erwartung auf irgendeine Botschaft von Berkowitz.

Endlich, ein Jahr nach seinem Tod, sprach Berkowitz zu Michaelson. Es war spät nachts und Michaelson lag schon im Bett. »Michaelson, Michaelson«, war eine Stimme mehrmals zu vernehmen.

»Bist du das, Berkowitz?« – »Ja.«

»Wie ist es da, wo du bist?« – »Wir essen Frühstück und dann haben wir Sex, und dann essen wir zu Mittag und haben Sex, und dann essen wir zu Abend und haben Sex.«

»Ist es tatsächlich so im Himmel?«, fragte Michaelson.

»Wer redet denn vom Himmel?«, sagte Berkowitz. »Ich bin in Wisconsin, und ich bin ein Stier.«

Vergiss nicht: So ergeht es den Leuten, die den Sex unterdrücken. Es kann gar nicht anders sein, weil die ganze unterdrückte Energie zu einer Last wird, die nach unten zieht. Dann wird man von niedrigeren Seinsstufen angezogen.

Wenn aus der Lust die Liebe hervorwächst, fängst du an, dich zu höheren Seinsebenen hin zu entwickeln. Bedenke also, dass es von dir abhängt, was du werden willst – ein Buddha oder ein Stier. Wenn du ein Buddha werden willst, dann hab keine Angst vor der Sexualität. Begib dich hinein, lerne sie gründlich kennen und werde immer wacher und aufmerksamer dabei. Gehe sehr bewusst damit um, denn diese Energie ist ungeheuer wertvoll. Mache sie zu einer Meditation und transformiere nach und nach die sexuelle Energie in Liebe.

Sie ist das Rohmaterial, ein roher Diamant, den man schleifen und polieren muss, damit er seinen unschätzbaren Wert erlangt. Wenn man dir einen unbehauenen, rohen, ungeschliffenen Diamanten gibt, wirst du ihn nicht einmal als Diamanten erkennen. Selbst der Kohinoor ist im rohen Zustand wertlos.

Lust ist ein Kohinoor. Man muss ihn polieren, muss ihn verstehen.

Der Fragesteller scheint ängstlich und uneins mit sich selbst zu sein: *»Das ist nur meine ganze verborgene Lust auf Sex und dergleichen.«* Darin steckt eine Verurteilung. Es ist nichts falsch daran – der Mensch ist eben ein sexuelles Tier. So sind wir nun mal, so will das Leben uns haben. So haben wir uns hier vorgefunden.

Begib dich da hinein. Ohne dich hineinzubegeben, kannst du es niemals transformieren. Und ich rede nicht der bloßen Ausschweifung das Wort. Ich sage, begib dich mit einer tiefsten meditativen Energie in die Sexualität hinein, um sie zu verstehen. Sie muss etwas ungeheuer Wertvolles sein, denn du bist daraus hervorgegangen und die ganze Schöpfung erfreut sich daran, die ganze Schöpfung ist sexuell.

Sex ist der Weg, den Gott gewählt hat, um in dieser Welt zu sein – unabhängig von dem, was die Christen ständig behaupten, nämlich dass Jesus von einer Jungfrau geboren wurde. Das ist alles Unsinn. Sie tun so, als hätte bei der Geburt von Jesus Sex überhaupt keine Rolle gespielt. Sie haben eine solche Angst vor der Sexualität, dass sie so dumme Geschichten erfinden wie die von Jesus und der Jungfrau Maria. Es stimmt wohl, Maria muss sehr rein gewesen sein; sie muss im spirituellen Sinn eine Jungfrau gewesen sein, das ist wahr. Aber es gibt keine Möglichkeit, ins Leben zu treten, ohne über den Weg der sexuellen Energie zu gehen. Der Körper gehorcht keinem anderen Gesetz. Und die Natur schließt alles ein, sie kennt keine Ausnahmen, sie lässt keine Ausnahmen zu. Ihr seid aus der Sexualität hervorgegangen, ihr seid erfüllt von sexueller Energie, aber damit hört es nicht auf, es ist höchstens der Anfang. Sex ist der Start, aber nicht das Ziel.

Es gibt drei Sorten von Menschen: Die eine hält Sex für das Ziel. Das sind jene Leute, die ihr Leben nur für die Ausschweifung leben. Doch damit verpassen sie es, denn Sex ist zwar der Anfang, aber nicht das Ziel. Dann gibt es die Leute, die gegen jede Ausschweifung sind. Sie vertreten das andere Extrem, den entgegengesetzten Standpunkt. Sie wollen noch nicht einmal wahrhaben, dass Sex der Anfang ist, und sie versuchen ihn zu unterdrücken, wo sie nur können. Aber indem sie ihn unterdrücken, unterdrücken sie sich selbst. Indem sie ihn verleugnen, verleugnen sie sich selbst. Sie vertrocknen und verdorren. Beide Standpunkte sind dumm.

Dann gibt es noch eine dritte Möglichkeit, die des Weisen, der das Leben sieht, wie es ist. Er hat keine Theorien, die er dem Leben aufzwingt, er versucht einfach, es zu verstehen. Und er gelangt zu der Einsicht, dass Sex der Anfang ist, aber nicht das Ende. Die Sexualität ist nur eine Chance, um über sie hinauszuwachsen – aber dazu muss man durch sie hindurch.

- *Im Osten wird immer wieder betont, wie wichtig es sei, in der Liebesbeziehung bei einem einzigen Partner zu bleiben. Im Westen treibt man heutzutage von einer Beziehung in die nächste. Welches von beiden befürwortest du?*

Ich bin für die Liebe.

Lass mich erklären, wie ich das meine. Es geht darum, der Liebe treu zu bleiben und nicht dem Partner. Ob ein Partner oder viele ist nicht die Frage.

Die Frage ist, ob du der Liebe treu bist. Wenn du mit einer

Frau oder mit einem Mann zusammenlebst und sie oder ihn nicht liebst, dann lebst du in Sünde. Wenn du mit jemandem verheiratet bist und diesen Menschen nicht liebst und trotzdem weiter mit ihm lebst, dann versündigst du dich an der Liebe.

Die Leute entscheiden sich für irgendwelche gesellschaftlichen Vorteile, Bequemlichkeiten und Formalitäten und nicht für die Liebe. Das ist genauso schlimm, wie wenn jemand hingeht und eine Frau vergewaltigt, die er nicht liebt. Wenn du hingehst und eine Frau vergewaltigst, ist das ein Verbrechen; du liebst diese Frau nicht und sie dich auch nicht. Aber es ist nicht anders, wenn du mit einer Frau zusammenlebst, die du nicht liebst. Auch dann ist es eine Vergewaltigung – gesellschaftlich geduldet zwar, aber dennoch eine Vergewaltigung. Du vergehst dich am Gott der Liebe.

Wenn nun wie im Osten die Menschen ihr ganzes Leben mit einem einzigen Partner verbringen wollen, ist daran nichts verkehrt. Solange du der Liebe treu bleibst, ist es eine der schönsten Erfahrungen, mit einem einzigen Menschen zusammenzubleiben, weil so die Intimität wächst. Es besteht aber eine Chance von 99 Prozent, dass irgendwann keine Liebe mehr da ist und man nur noch zusammenlebt. Wenn man so zusammenlebt, entsteht daraus eine Beziehung für das Zusammenleben, aber nicht für die Liebe. Man darf das nicht für Liebe halten.

Wenn es aber möglich ist, jemanden zu lieben und sein ganzes Leben lang mit ihm oder ihr zusammenzuleben, dann wird die Intimität immer größer und dann bringt die Liebe immer tiefere und tiefere Offenbarungen. Das ist nicht möglich, wenn man sehr oft den Partner wechselt. Es ist, wie wenn man einen Baum von einem Ort an den anderen verpflanzt und dann wieder an einen anderen – er wird nirgendwo Wurzeln schlagen können. Um Wurzeln zu schlagen, muss der Baum an einem festen Ort bleiben. Dann wächst er in die Tiefe, dann kann er stark werden.

Intimität ist gut, und es ist schön, sich auf eine Bindung einzulassen, aber die Grundvoraussetzung ist Liebe. Wenn ein Baum an einer Stelle verwurzelt ist, wo es nur Felsen gibt und der Baum eingehen würde, dann ist es besser, ihn zu verpflanzen. Dann sollte man nicht darauf beharren, ihn am selben Ort zu lassen. Man muss dem Leben treu bleiben. Dann sollte man den Baum verpflanzen, weil es sonst gegen das Leben geht.

Im Westen ist ein ständiger Wechsel – die Leute haben zu viele verschiedene Beziehungen. So oder so wird die Liebe getötet – im Osten, weil die Menschen Angst vor Veränderung haben, im Westen, weil die Menschen Angst vor der Verpflichtung haben, die entsteht, wenn man längere Zeit mit demselben Partner zusammen ist. So wird gewechselt, bevor daraus eine Verpflichtung wird, damit man frei und ungebunden bleiben kann. Dadurch entsteht eine gewisse Freizügigkeit, aber im Namen der Freiheit gerät die Liebe unter die Räder. So oder so leidet die Liebe darunter. Im Osten klammert man sich an die Sicherheit, Bequemlichkeit, Formalität, und im Westen klammert man sich an die Freiheit des Ego, an die Bindungslosigkeit. In beiden Fällen aber leidet die Liebe.

Ich bin für die Liebe. Ich bin weder östlich noch westlich, ich kümmere mich auch nicht darum, welcher Gesellschaft ihr angehört. Ich gehöre keiner Gesellschaft an. Ich bin für die Liebe.

Denke immer daran: Wenn es eine Liebesbeziehung ist – gut. Solange die Liebe anhält, bleibe in der Beziehung und lass dich so tief wie möglich darauf ein. Bleibe so total wie möglich darin. Gehe völlig auf in dieser Beziehung. Dann wird die Liebe dich transformieren können. Wenn keine Liebe da ist, ist es besser zu wechseln. Aber dann sieh zu, dass du nicht nach Abwechslung süchtig wirst, mache es nicht zu einer Gewohnheit. Lass es nicht zu einer automatischen Gewohnheit werden, dass du alle zwei bis drei Jahre wechseln musst, so wie man alle zwei bis drei Jahre sein Auto wechselt, oder gar jedes Jahr. Immer wenn ein neues Modell herauskommt – du kannst nicht anders, du musst das Auto wechseln. Plötzlich taucht eine neue Frau auf ... Das ist nicht viel anders.

Eine Frau ist eine Frau, ein Mann ist ein Mann. Die Unterschiede sind sekundär, es geht um Energie. Weibliche Energie ist weibliche Energie. Jede Frau repräsentiert alle Frauen, jeder Mann repräsentiert alle Männer. Die Unterschiede sind nur oberflächlich: Die eine Nase ist ein bisschen länger, die andere ein bisschen Kürzer, das Haar ist blond oder brünett – geringfügige Unterschiede, nur an der Oberfläche. In der Tiefe geht es um weibliche und männliche Energie. Wenn also Liebe da ist, dann bleib dabei. Gib ihr eine Chance zu wachsen. Ist sie aber nicht da, dann wechsle lieber, bevor du süchtig wirst nach einer Beziehung, in der keine Liebe ist.

> Eine junge Ehefrau im Beichtstuhl fragt den Priester über Verhütungsmittel. »Die dürft ihr auf keinen Fall verwenden«, sagt der Priester, »sonst verstoßt ihr gegen Gottes Gesetz! Trinkt ein Glas Wasser.«
>
> »Vorher oder nachher?«, fragt die Frau.
>
> »Stattdessen!«, antwortet der Priester.

Du fragst mich, ob du dem östlichen oder westlichen Weg folgen sollst. Weder noch. Folge dem göttlichen Weg. Und was ist der göttliche Weg? Bleibe der Liebe treu. Wenn Liebe da ist, ist alles erlaubt. Wenn keine Liebe da ist, ist nichts erlaubt. Wenn du deine Frau nicht liebst, dann rühre sie nicht an, denn das wäre ein Übergriff. Wenn du eine Frau nicht liebst, dann schlafe nicht mit ihr; sonst verstößt du gegen das Gesetz der Liebe, und das ist das höchste Gesetz. Nur wenn du liebst, ist alles erlaubt.

Ein Mann fragte den heiligen Augustinus: »Ich bin ein ungebildeter Mann und kann die Schriften und großen theologischen Werke nicht lesen. Gib mir eine kurze Botschaft. Ich bin recht dumm und mein Gedächtnis ist nicht sehr gut, darum sag mir einfach, worauf es wirklich ankommt, damit ich es mir merken und danach leben kann.«

Augustinus war ein großer Philosoph, ein großer Heiliger, und er hatte großartige Predigten gehalten, aber noch niemand hatte ihn danach gefragt, worauf es wirklich ankommt. Er schloss die Augen und meditierte stundenlang. Der Mann sagte: »Wenn du es gefunden hast, sag es mir bitte, damit ich wieder gehen kann, denn ich warte schon seit Stunden.« Augustinus sagte: »Ich kann nichts anderes finden, als dies: Liebe – und alles andere ist dir erlaubt. Liebe einfach nur.«

Jesus sagt: »Gott ist Liebe.« Ich möchte dir sagen: Liebe ist Gott. Vergiss Gott – Liebe ist genug. Habe Mut und gehe mit der Liebe; lass alles andere außer Acht. Wenn du dich an die Liebe hältst, wird dir alles möglich.

Erstens: Tu dich nicht mit jemandem zusammen, Frau oder Mann, den du nicht liebst. Sei nicht einfach aus einer Laune heraus mit ihm zusammen, nicht bloß, weil du Lust auf Sex hast. Finde heraus, ob in dir der Wunsch da ist, dich an jemanden zu binden. Bist du reif genug, um einen tieferen Kontakt zu erleben? Ein solcher Kontakt wird dein ganzes Leben verändern.

Und zweitens: Wenn du in Kontakt trittst, dann sei aufrichtig. Verstecke dich nicht vor deiner Liebsten, deinem Geliebten – sei aufrichtig. Gib alle falschen Gesichter auf, die du zu tragen gelernt hast. Lass alle Masken fallen. Sei echt. Entblöße dein Herz, sei nackt. Zwischen zwei Liebenden sollte es keine Geheimnisse geben, sonst ist Liebe unmöglich. Lass alle Heimlichtuerei fallen, es ist nur Politik. Heimlichtuerei ist ein Machtspiel, es hat in der Liebe nichts zu suchen. Du solltest nichts verbergen. Was auch immer in deinem Herzen auftaucht, sollte für den Geliebten transparent sein, und was auch immer in seinem Herzen auftaucht, sollte für dich transparent sein. Ihr solltet füreinander völlig transparent sein. Dann werdet ihr mit der Zeit sehen, wie ihr gemeinsam in ein größeres Einssein hineinwachst.

Indem du der realen Frau begegnest, indem du ihr wirklich begegnest und sie liebst, indem du dich ihrem Sein verpflichtest, dich in ihr auflöst, in sie hinein verschmilzt, wirst du nach und nach anfangen, auch mit der Frau – oder dem Mann – in deinem Innern zu verschmelzen. Die äußere Frau ist nur ein Weg zur inneren Frau, und der äußere Mann ist ebenso nur ein Weg zum inneren Mann.

Der wirkliche Orgasmus geschieht innerlich, wenn der Mann und die Frau in deinem Innern sich treffen. Das ist die Bedeutung des Hindusymbols von *Ardhanarishwar.* vielleicht kennt ihr Statuen von Gott Shiva, die ihn als halb Mann, halb Frau zeigen. Jeder Mann ist halb Mann, halb Frau; jede Frau ist halb Frau, halb Mann. Das muss so sein, weil dein Sein zur Hälfte vom Vater und zur anderen Hälfte von der Mutter stammt. Du bist beides. Ein innerer Orgasmus muss stattfinden, eine innere Verschmelzung, ein inneres Einswerden. Um aber zu dieser inneren Einheit zu gelangen, musst du eine Frau in der Realität finden, die mit der Frau im Innern eine Resonanz hat. Sie wird dein inneres Sein in Schwingung versetzen und deine innere Frau, die in tiefem Schlummer liegt, aufwecken. Durch die äußere Frau findest du zur inneren Frau – und dasselbe gilt für den inneren Mann.

Eine länger andauernde Beziehung ist besser, weil die innere Frau Zeit braucht, um zu erwachen. So wie es im Westen passiert, mit diesen Kurzzeitaffären, hat die innere Frau, der innere Mann, nicht genug Zeit, um sich zu zeigen und zu erwachen. Bis eine Resonanz eintritt, ist die Frau schon wieder weg und die nächste ist da, mit einer anderen Schwingung, einer anderen Energie. Und wenn du ständig die Frau oder den Mann wechselst, wirst du neurotisch werden, weil so viele Dinge, so viele verschiedene Eindrücke dein Wesen berühren, so viele verschiedene Schwingungsqualitäten, dass du Schwierigkeiten haben wirst, deine innere Frau zu entdecken. Es wird einfach schwieriger. Und die Möglichkeit besteht, dass du süchtig nach Abwechslung wirst. Du wirst anfangen, auf den ständigen Wechsel abzufahren. Aber dabei verlierst du dich.

Die äußere Frau ist nur ein Zugang zur inneren Frau, und der äußere Mann ist der Zugang zum inneren Mann. Der höchste Yoga, die höchste mystische Vereinigung vollzieht sich in deinem Innern. Wenn das geschieht, wirst du frei von allen Frauen, von allen Männern. Dann bist du befreit von der Mann-Frau-Polarität. Dann gehst du plötzlich darüber hinaus und bist keines von beiden. Das ist die Bedeutung von Transzendenz, von sexueller Enthaltsamkeit, *Brahmacharya*. Dann erlangst du wieder deine reine Jungfräulichkeit und wirst wieder eins mit deinem ursprünglichen Wesen.

- *In letzter Zeit beginne ich zu begreifen, dass selbst mein Geliebter für mich ein Fremder ist. Gleichzeitig ist da eine ungeheure Sehnsucht, die Getrenntheit zwischen uns zu überwinden. Es fühlt sich fast an wie zwei parallel verlaufende Linien, die sich nie treffen können. Gilt in der Welt des Bewusstseins das Gleiche wie in der Welt der Geometrie – oder besteht eine Aussicht, dass die Parallelen sich doch treffen?*

Es ist ein großes Herzeleid, dem sich jeder Liebende stellen muss: Es gibt keinen Weg, wie Liebende ihre Fremdheit, Andersartigkeit und Getrenntheit je überwinden können. Es ist ja so, dass die Liebe überhaupt nur deshalb funktioniert, weil die Liebenden polare Gegensätze sind. Je weiter auseinander sie sind, umso attraktiver sind sie füreinander. Die ganze Anziehungskraft besteht in ihrer Getrenntheit. Sie kommen sich nahe, kommen sich sehr nahe, aber sie werden nie eins. Sie kommen sich so nahe, dass es sich beinahe anfühlt, als könnten sie beim nächsten Schritt eins werden. Aber dieser Schritt ereignet sich nie, kann sich nicht ereignen. Und das muss so sein – es ist ein Naturgesetz.

Im Gegenteil. Sowie sie einander ganz nahe kommen, fangen sie sofort an, sich wieder zu trennen und voneinander wegzugehen. Denn sobald sie sich sehr nahe kommen, geht ihre Anziehung verloren. Dann fangen sie an zu streiten, zu nörgeln und zickig zu sein. Auf diese Weise gewinnen sie wieder Abstand. Aber sobald der Abstand wieder hergestellt ist, fühlt man sich sofort wieder zum anderen hingezogen. Auf diese Weise stellt sich ein Rhythmus ein: Man kommt sich näher, entfernt sich wieder, kommt sich näher, entfernt sich wieder.

Es gibt eine Sehnsucht, eins zu werden. Doch auf der biologischen Ebene, auf der körperlichen Ebene ist es nicht möglich, eins zu werden. Selbst während ihr euch liebt, werdet ihr nicht eins; die Trennung auf der körperlichen Ebene ist unvermeidlich.

Du sagst: *»In letzter Zeit beginne ich zu begreifen, dass selbst mein Geliebter für mich ein Fremder ist.«* Das ist gut. Es zeigt, dass dein Verständnis wächst. Nur unreife Leute meinen einander zu kennen. Dabei kennt ihr ja nicht einmal euch selbst – wie könnt ihr da auf die Idee kommen, euren Geliebten zu kennen?

Weder kennt dein Geliebter sich selbst, noch kennst du dich selbst. Zwei unbekannte Wesen, zwei Fremde, die überhaupt nichts von sich selber wissen, versuchen sich gegenseitig kennen zu lernen – das ist vergebliche Liebesmüh. Es kann nur in Frustration enden, es ist zum Scheitern verurteilt. Und deshalb sind auch alle Liebenden böse aufeinander. Sie meinen, der andere verwehre ihnen vielleicht den Zugang zu seiner privaten Sphäre: »Er hält mich auf Abstand, er hält mich von sich weg.« Und beide denken so, aber es ist nicht wahr. All die Vorwürfe sind unberechtigt. Sie verstehen einfach nicht das Naturgesetz.

Auf der körperlichen Ebene könnt ihr euch nahe kommen, aber ihr könnt niemals eins werden. Nur auf der Herzensebene könnt ihr eins werden – aber auch nur vorübergehend, nicht auf Dauer.

Und auf der Seinsebene *seid* ihr bereits eins. Dort besteht keine Notwendigkeit, eins zu werden; ihr müsst das Einssein nur entdecken.

Du sagst: *»Gleichzeitig ist da eine ungeheure Sehnsucht, die Getrenntheit zwischen uns zu überwinden.«* Wenn ihr das weiter auf der körperlichen Ebene versucht, wird es ein ständiger Misserfolg. Die Sehnsucht zeigt einfach nur an, dass die Liebe über den Körper hinausgehen möchte, dass die Liebe etwas möchte, was höher ist als der Körper, größer ist als der Körper, tiefer ist als der Körper. Sogar die Begegnung von Herz zu Herz – so süß und freudenspendend sie auch sein mag – reicht immer noch nicht aus, denn sie hält nur einen Augenblick an – und dann seid ihr wieder Fremde.

Solange du nicht die Ebene des Seins entdeckst, kannst du deine Sehnsucht nach Einswerdung niemals stillen. Und was seltsamerweise passiert: An dem Tag, da du mit deinem Geliebten eins wirst, wirst du auch mit der ganzen Existenz eins werden.

Du sagst: *»Es fühlt sich fast an wie zwei parallel verlaufende Linien, die sich nie treffen können.«* Vielleicht hast du noch nichts von der nichteuklidischen Geometrie gehört, denn sie wird an unseren Schulen noch nicht gelehrt. Man bringt uns immer noch die euklidische Geometrie bei, die zweitausend Jahre alt ist. Nach der euklidischen Geometrie können sich parallele Linien niemals treffen. Man hat jedoch herausgefunden, dass sie sich letztlich doch treffen, wenn man nur immer weiter und weiter geht. Die neueren Erkenntnisse zeigen, dass es gar keine parallelen Linien gibt – weil sie sich doch treffen. Zwei parallele Linien kann es gar nicht geben.

Diese neuen Erkenntnisse sind sehr seltsam. Man kann nicht einmal eine Linie, eine gerade Linie erzeugen, weil die Erde rund ist. Wenn man hier eine Gerade erzeugt und sie nach beiden Richtungen immer weiter und weiter zeichnet, wird man schließlich entdecken, dass daraus ein Kreis wird. Und wenn eine ins Unendliche gezogene Gerade zu einem Kreis wird, dann war es von Anfang an keine gerade Linie, sondern nur ein Ausschnitt von einem sehr großen Kreis. Der Ausschnitt eines großen Kreises ist aber ein Kreisbogen und keine Gerade. In der nichteuklidischen Geometrie gibt es keine Linien mehr, und wenn es gar keine Linien gibt, was soll man dann erst über parallele Linien sagen? Es gibt auch keine parallelen Linien.

Wenn es also nur um parallele Linien ginge, dann hätten Liebende eine Chance, sich irgendwo zu treffen. Vielleicht im Alter, wenn sie nicht mehr streiten können, weil dafür keine Energie mehr übrig ist. Oder weil sie sich so aneinander gewöhnt haben ... Was soll's? Immer die gleichen Diskussionen, die gleichen Probleme, die gleichen Konflikte! Das wird ja langweilig.

Auf lange Sicht gesehen, hören Liebende sogar auf, miteinander zu reden. Es bringt ja nichts. Sobald sie zu reden anfangen, gibt es Streit – und es ist immer der gleiche Streit, er ändert sich nie. Sie haben schon so oft darüber diskutiert und es kommt immer auf dasselbe heraus. Aber selbst dann – was Liebende und parallele Linien angeht: In der Geometrie mögen sich Parallelen treffen, aber in der Liebe besteht keine Hoffnung. Sie können sich nie treffen.

Und es ist gut, dass sie sich nicht treffen können. Könnten nämlich die Liebenden ihre Sehnsucht nach Einswerden auf der körperlichen Ebene befriedigen, dann würden sie nie die nächsthöhere Ebene suchen. Sie würden nie darauf kommen, dass sich im physischen Körper noch viel mehr verbirgt: das Bewusstsein, die Seele, Gott.

Es ist gut, dass die Liebe scheitert, denn das Scheitern der Liebe führt euch zwangsläufig auf eine neue Pilgerreise. Die Sehnsucht lässt euch so lange keine Ruhe, bis sie euch zu dem Tempel hingeführt hat, in dem das Einswerden stattfindet. Doch das Einswerden geschieht immer mit dem Ganzen – und darin ist der Geliebte enthalten, darin sind die Bäume enthalten, die Flüsse und die Berge und die Sterne.

In diesem Einswerden sind nur zwei Dinge nicht mehr da: dein Ego und das Ego deines Geliebten. Außer diesen beiden

Dingen ist die ganze Existenz da. Und diese zwei Egos waren das eigentliche Problem; sie hatten euch zu zwei parallelen Linien gemacht.

Nicht die Liebe schafft all die Probleme, sondern das Ego. Und die Sehnsucht ist nie zu stillen. Die Sehnsucht bleibt, eine Geburt nach der anderen, ein Leben nach dem anderen – so lange, bis du die richtige Tür entdeckst, um über den Körper hinauszugehen und in den Tempel einzutreten.

> Ein altes Ehepaar – sie 93, er 95 – geht zum Rechtsanwalt und will sich scheiden lassen.
>
> »Scheiden lassen?«, entfährt es dem Anwalt. »In Ihrem Alter? Jetzt wo Sie sich gegenseitig mehr brauchen denn je zuvor! Und außerdem sind Sie schon so lange verheiratet. Was soll das?«
>
> »Also«, sagt der Ehemann, »wir wollten uns schon vor Jahren scheiden lassen, aber wir dachten dann immer: Lass uns damit warten, bis die Kinder tot sind!«

Das nenne ich Warten! Jetzt ist das Problem beseitigt, jetzt können sie endlich die Scheidung einreichen. Noch immer nicht vereint, aber endlich geschieden.

Halte die Flamme deiner Sehnsucht am Brennen, verzage nicht! Deine Sehnsucht ist der Same deiner Spiritualität. Deine Sehnsucht ist der Anfang der höchsten Vereinigung mit der Ganzheit der Existenz. Dein Geliebter ist nur ein Vorwand.

Sei nicht traurig, sei froh! Freue dich, dass eine Verschmelzung auf der körperlichen Ebene nicht möglich ist. Sonst hätten Liebende keine Chance zur Transformation. Sie würden aneinander kleben bleiben und sich nur gegenseitig kaputt machen.

Und es ist kein Nachteil, einen Fremden zu lieben. Im Gegenteil, es ist viel aufregender, einen Fremden zu lieben! Als ihr noch nicht zusammengelebt habt, war die Anziehung groß. Je mehr ihr zusammen seid, umso schwächer wird die Anziehung. je besser ihr euch kennen lernt, zumindest an der Oberfläche, umso geringer ist die Anziehung. So wird das Leben bald zur Routine.

Die Leute wiederholen immer die gleichen Dinge, wieder und wieder. Wenn man sich die Gesichter der Leute auf dieser Welt anschaut, kann man sich nur wundern: Warum sehen alle so traurig aus? Warum wirken ihre Augen, als hätten sie alle Hoffnung verloren? Das hat einen einfachen Grund: die Wiederholung. Der Mensch ist intelligent, und Wiederholung erzeugt Langeweile. Langeweile schafft eine Traurigkeit, weil man schon weiß, was morgen geschehen wird und übermorgen... Bis man im Grab landet, wird es immer das Gleiche sein, immer die gleiche Geschichte.

Finkelstein und Kowalski sitzen in einer Bar und schauen sich im Fernsehen die Nachrichten an. In der Sendung sieht man eine Frau, die auf einem Mauervorsprung steht und droht hinunterzuspringen. Finkelstein sagt zu Kowalski: »Pass mal auf, ich wette mit dir: Wenn sie springt, krieg ich zwanzig Dollar. Wenn sie nicht springt, kriegst du zwanzig Dollar. Okay?«

»Abgemacht«, sagt Kowalski.

Ein paar Minuten später springt die Frau in den Abgrund und tötet sich selbst. Kowalski nimmt seine Brieftasche heraus und überreicht Finkelstein zwanzig Dollar.

Ein paar Minuten später dreht sich Finkelstein zu Kowalski und sagt: »Hör mal, ich kann die zwanzig Dollar von dir nicht annehmen. Ich muss dir was gestehen: Ich hab die Nachrichten schon heute Nachmittag gesehen.

Das war eine Wiederholung.«

»Nein, nein«, sagt Kowalski. »Behalte das Geld. Du hast es dir redlich verdient. Ich hab die Sendung nämlich auch schon mal gesehen.«

»Du hast es gesehen?«, sagt Finkelstein. »Aber warum hast du dann gewettet, dass die Frau nicht springen wird?«

»Na ja«, sagt Kowalski, »ich hab nicht gedacht, dass sie so dumm sein wird, es ein zweites Mal zu tun!«

Aber so ist das Leben …

All die Traurigkeit auf dieser Welt, all die Langeweile und das ganze Unglück könnten sich ändern, wenn die Menschen wüssten, dass sie etwas Unmögliches verlangen.

Verlange nie etwas Unmögliches.

Entdecke das existenzielle Gesetz und befolge es.

Deine Sehnsucht, eins zu werden, ist eine spirituelle Sehnsucht; sie ist dein ureigenstes religiöses Wesen. Du konzentrierst dich nur auf den falschen Punkt.

Der Geliebte ist nur ein Vorwand. Lass deinen Geliebten zur Erfahrung einer größeren Liebe für dich werden – der Liebe zur ganzen Existenz.

Lass deine Sehnsucht ein Suchen nach deinem eigenen innersten Wesen sein. Dort hat sich die Vereinigung schon vollzogen, dort sind wir schon eins.

Dort hat sich noch nie jemand getrennt.

Die Sehnsucht ist völlig in Ordnung; nur das Objekt der Sehnsucht ist nicht das richtige. Das erzeugt all dein Leiden und die Höllenqualen. Ändere das Objekt, und dein Leben wird zum Paradies.

Teil III

Freiheit

Der Mann hat die Frau zur Sklavin reduziert und die Frau hat den Mann zum Sklaven reduziert. Natürlich hassen beide diese Sklaverei, beide leisten ihr Widerstand. Und so kämpfen sie ständig – beim geringsten Anlass gibt es Streit.

Doch der wirkliche Streit findet irgendwo in der Tiefe statt, der wirkliche Streit geht um ihr Verlangen nach Freiheit. Sie können es nicht so klar sagen, vielleicht haben sie es sogar völlig vergessen. Seit Jahrtausenden leben die Menschen auf diese Weise. So haben sie Vater und Mutter leben sehen, so haben sie ihre Großeltern leben sehen. So ist das Leben der Menschen eben – sie haben es akzeptiert. Und so wird ihre Freiheit zunichte gemacht.

Es ist, als würden wir versuchen, mit nur einem Flügel in den Himmel zu fliegen. Einige haben den Flügel der Liebe und andere haben den Flügel der Freiheit – doch beide sind unfähig zu fliegen. Man braucht dazu beide Flügel.

9

Tabula rasa

Die Philosophen haben immer geglaubt, dass die Essenz der Existenz vorausgeht – dass bei der Geburt des Menschen schon feststeht, was aus ihm wird. Wie ein Same enthält er bereits das ganze Programm; nun geht es nur noch um seine Entfaltung. Freiheit gibt es nicht. Diese Auffassung haben alle Philosophen der Vergangenheit vertreten – dass der Mensch ein festgelegtes Schicksal, eine Bestimmung hat. Man entwickelt sich zu einer festgelegten Form, das Drehbuch dafür ist schon geschrieben. Dass du dir dessen nicht bewusst bist, ist eine andere Sache, aber für alles, was du tust, gilt, dass nicht *du* es tust. Es wird nur durch dich getan – von natürlichen, unbewussten Kräften oder von Gott.

Das ist die deterministische, die fatalistische Haltung. Sie hat der ganzen Menschheit enorm geschadet, denn diese Einstellung bedeutet, dass es keine Möglichkeit einer radikalen Veränderung gibt. Im Hinblick auf die Transformation des Menschen kann man nichts tun – alles geschieht, wie es eben geschieht. Unter dieser Einstellung hat der Osten am meisten gelitten. Wenn man nichts tun kann, fängt man an, alles hinzunehmen – Sklaverei, Armut, Hässlichkeit. Man *muss* es hinnehmen. Das hat nichts mit Verständnis, mit Bewusstheit zu tun. Es ist nicht das, was Gautama Buddha als »Sosein« bezeichnet, *Tathata*. Es ist nur reine Hoffnungslosigkeit, die sich hinter schönen Worten verbirgt.

Doch die Folgen sind katastrophal. In Indien kann man sie in ihrer schlimmsten Form sehen: die Armut, die Bettler, die Kranken, die Verkrüppelten, die Blinden. Und keiner beachtet es, denn so ist das Leben eben, so war es schon immer und so wird es immer sein. Eine Art von Lethargie breitet sich aus und dringt bis in die Seele vor.

Aber diese ganze Einstellung ist grundlegend falsch. Sie ist ein Beruhigungsmittel, keine Entdeckung, die aus der Wahrnehmung der Wirklichkeit kommt. Damit werden die eigenen Wunden irgendwie zugedeckt; es ist eine Rationalisierung. Und immer wenn Rationalisierungen die Wirklichkeit zudecken, wird man zwangsläufig in immer dunklere Bereiche zurückfallen.

Aber es trifft gar nicht zu, dass die Essenz der Existenz vorausgeht, sondern im Gegenteil: Die Existenz geht der Essenz voraus.

Der Mensch ist das einzige Wesen auf dieser Erde, das Freiheit besitzt. Ein Hund wird als Hund geboren, lebt als Hund und stirbt als Hund; da ist keine Freiheit. Eine Rose bleibt eine Rose; da ist keine Möglichkeit irgendeiner Transformation – sie kann nicht zu einem Lotos werden. Da gibt es keine Wahlfreiheit, da gibt es überhaupt keine Freiheit. Doch an diesem Punkt unterscheidet sich der Mensch ganz und gar. Hierin liegt die Würde des Menschen, seine Besonderheit unter allen Wesen, seine Einzigartigkeit.

Darum sage ich, Charles Darwin hatte Unrecht, als er den Menschen unter die Tiere einordnete. Den wesentlichen Unterschied ließ er völlig außer Acht. Der wesentliche Unterschied besteht darin, dass die Tiere alle mit einem Programm geboren werden, nur der Mensch wird ohne Programm geboren. Der Mensch wird als *Tabula rasa* geboren, als leere Tafel, als unbeschriebenes Blatt. Alles, was du schreiben willst, musst du selbst darauf schreiben, und es wird deine Schöpfung sein.

Der Mensch ist nicht nur frei – ich würde sogar sagen: Der

Mensch *ist* Freiheit. Darin besteht sein Wesenskern, darin besteht seine wahre Seele. In dem Moment, in dem man die Freiheit des Menschen leugnet, leugnet man seinen kostbarsten Schatz, sein wahres Königreich. Dann wird er zum Bettler und ist in einer viel hässlicheren Situation als die Tiere, denn die haben zumindest ein bestimmtes Programm. Dann ist der Mensch einfach verloren.

Sobald du verstanden hast, dass der Mensch *als Freiheit* geboren ist, öffnen sich dir alle Dimensionen des Wachstums. Dann liegt es an dir, was aus dir wird und was nicht. Es wird deine eigene Schöpfung sein. Dann wird das Leben zu einem Abenteuer - nicht zu einem festgelegten Programm, sondern zu einer Forschungsreise, einer Entdeckungsfahrt. Die Wahrheit ist dir nicht schon mitgegeben, du musst sie erst erschaffen. In gewisser Weise erschaffst du dich in jedem Augenblick selbst.

Wenn du die Schicksalstheorie akzeptierst, ist auch das ein Entscheidungsakt über dein Leben. Wenn du den Fatalismus akzeptierst, wählst du das Leben eines Sklaven - aber es ist deine Wahl! Dann hast du dich dafür entschieden, in einem Gefängnis zu leben. Du hast dich dafür entschieden, angekettet zu sein - aber dennoch ist es deine Wahl. Du kannst dich aus dem Gefängnis befreien.

Natürlich haben die Menschen Angst davor, frei zu sein, denn Freiheit bedeutet Risiko. Man weiß nie, was man tun soll, wohin man gehen soll und was bei allem letztendlich herauskommen wird. Wenn du kein vorgefertigtes Produkt bist, liegt die ganze Verantwortung bei dir.

Du kannst niemandem die Verantwortung in die Schuhe schieben. Letztlich stehst du völlig eigenverantwortlich im Leben. Was immer du bist, wer immer du bist, du kannst dich der Verantwortung nicht entziehen, kannst ihr nicht entgehen. Davor hat du Angst. Wegen dieser Angst haben die Menschen alle möglichen deterministischen Haltungen gewählt.

Und es ist sonderbar: In einem einzigen Punkt sind sich die religiösen und die unreligiösen Leute einig: dass es keine Freiheit gibt. In jedem anderen Punkt sind sie verschiedener Meinung, aber in diesem einen Punkt sind sie sich sonderbarerweise einig. Die Kommunisten, die sich als religiös und atheistisch bezeichnen, sagen, dass der Mensch durch gesellschaftliche, ökonomische und politische Faktoren bestimmt sei. Der Mensch sei nicht frei. Das Bewusstsein des Menschen werde durch äußere Kräfte bestimmt. – Es ist die gleiche Logik wie in der Religion. Diese äußeren Kräfte kann man verschieden benennen: Die Kommunisten nennen sie »Wirtschaftsstruktur«, Hegel nennt sie »Geschichte«, die Religionen nennen sie »Gott«. Gott, Geschichte, Ökonomie, Politik, Gesellschaft – das sind alles äußere Faktoren. Aber darin sind sich alle einig – dass ihr nicht frei seid.

Ich sage euch: Ihr seid absolut frei, bedingungslos frei. Meide nicht die Verantwortung; sie zu meiden wird dir nicht helfen. Je früher du sie akzeptierst, desto besser, denn dann kannst du sofort damit beginnen, dich selbst zu erschaffen. Sobald du anfängst, dich selbst zu erschaffen, entsteht große Freude. Und wenn du dich selbst vollendet hast, so wie *du* es wolltest, wirst du ungeheuer befriedigt sein. Wie ein Maler, der sein Bild vollendet und die letzten Striche anlegt – sein Herz ist erfüllt von großer Zufriedenheit. Ein gut gemachtes Stück Arbeit bringt großen Frieden. man hat das Gefühl, am Ganzen teilgenommen zu haben.

Kreativ zu sein ist das einzige Gebet, denn nur durch Kreativität kannst du am Ganzen mitwirken; anders kannst du an ihm nicht teilhaben. Gott ist nicht etwas, über das man nachdenken müsste – man muss an ihm teilhaben. Du kannst nicht Zuschauer bleiben, du kannst nur Mitwirkender sein – nur dann bekommst du einen Geschmack vom Mysterium.

Ein Bild zu erschaffen, ein Gedicht zu erschaffen, Musik zu erschaffen ist nichts im Vergleich zu dem, dich selbst zu erschaffen, dein Bewusstsein zu erschaffen, dein wahres Sein zu erschaffen. Doch die Menschen hatten immer Angst, und für diese Angst gibt es Gründe. Erstens ist es riskant, weil du allein verantwortlich bist. Und zweitens kann die Freiheit missbraucht werden, denn du kannst dich auch für etwas Falsches entscheiden.

Freiheit bedeutet, dass du sowohl das Richtige als auch das Falsche wählen kannst. Wenn du nur das Richtige wählen könntest, wäre es keine Freiheit. Dann wäre es so wie damals, als Henry Ford die ersten Autos produzierte – sie waren alle schwarz. Er führte seine Kundschaft in den Ausstellungsraum und sagte zu ihnen: »Sie können jede Farbe wählen – vorausgesetzt, es ist Schwarz!«

Aber was ist das für eine Freiheit? *Vorausgesetzt*, es ist richtig, *vorausgesetzt*, es folgt den Zehn Geboten, *vorausgesetzt*, es entspricht der Bhagavadgita oder dem Koran, *vorausgesetzt*, es entspricht Buddha, Mahavira, Zarathustra. Das ist überhaupt keine Freiheit! Freiheit bedeutet grundsätzlich und ihrem Wesen nach, dass man beides tun kann – das Richtige ebenso wie das Falsche.

Und es besteht die Gefahr – und daher kommt die Angst –, dass es leichter fällt, das Falsche zu tun. Das Falsche ist wie das Bergabgehen und das Richtige wie das Bergaufgehen. Bergauf zu gehen ist schwierig und anstrengend; je höher man kommt, desto anstrengender wird es. Bergab geht es ganz leicht, da braucht man überhaupt nichts zu tun; die Schwerkraft macht alles. Man könnte sich einfach wie ein Stein von der Bergkuppe hinunterrollen lassen und der Stein würde unten ankommen – gar nichts müsste getan werden.

Wenn du aber höher steigen willst im Bewusstsein, wenn du höher steigen willst in der Welt der Schönheit, der Wahrheit, der Glückseligkeit, dann wirst du dich nach den allerhöchsten Gipfeln sehnen, und das ist zweifellos gefährlich.

Denn je höher du steigst, umso größer wird die Gefahr, dass du abstürzt, denn der Pfad wird schmal, und auf allen Seiten bist du von dunklen Tälern umgeben. Ein einziger falscher Schritt, und du stürzt in den Abgrund und bist verschwunden. Es ist viel bequemer und angenehmer, auf ebenem Boden zu gehen und sich um die Gipfel gar nicht zu kümmern.

Freiheit gibt dir die Möglichkeit, tiefer zu fallen als die Tiere oder höher emporzusteigen als die Engel. Freiheit ist eine Leiter: Die eine Seite der Leiter reicht bis in die Hölle und die andere Seite berührt den Himmel. Es ist ein und dieselbe Leiter. Die Entscheidung liegt bei dir; du musst die Richtung wählen.

Ich sehe das so: Wenn du nicht frei bist, kannst du auch deine Unfreiheit nicht missbrauchen. Unfreiheit kann nicht missbraucht werden. Der Gefangene kann seine Situation nicht missbrauchen – er ist angekettet, er ist nicht frei, irgendetwas zu tun. Das ist die Situation aller Tiere, mit Ausnahme des Menschen: Sie sind *nicht* frei. Sie werden geboren, um ein bestimmtes Tier zu sein – und sie werden diese Bestimmung erfüllen. Oder vielmehr, die Natur erfüllt sie; sie brauchen gar nichts zu tun. In ihrem Leben gibt es keine Herausforderung.

Nur der Mensch muss sich der Herausforderung stellen, dieser enormen Herausforderung. Aber nur ganz wenige Menschen entscheiden sich für das Risiko, für den Aufstieg zu den Gipfeln, für die Erforschung ihres höchsten Potenzials. Nur einige wenige - ein Buddha, ein Christus -, nur ganz wenige. Man kann sie an den Fingern abzählen.

Warum wählt nicht die ganze Menschheit den gleichen Zustand der Glückseligkeit wie Buddha, den gleichen Zustand der Liebe wie Christus, den gleichen Zustand der Lebensfreude wie Krishna? Warum? Aus dem einfachen Grund, dass es bereits gefährlich ist, diese Gipfel auch nur anzustreben; es ist besser, gar nicht darüber nachzudenken.

Und die beste Methode, um nicht darüber nachdenken zu müssen, besteht darin, zu akzeptieren, dass es keine Freiheit gibt: Alles ist vorherbestimmt. Es gibt ein bestimmtes Drehbuch, das einem bei seiner Geburt ausgehändigt wird, und daran braucht man sich einfach nur zu halten.

Nur die Freiheit kann missbraucht werden, die Sklaverei kann nicht missbraucht werden. Darum sieht man heute so viel Chaos auf dieser Welt. In solch einem Maße hat es das noch nie gegeben, weil die Menschen noch nie so frei waren. In Amerika genießen die Menschen die größte Freiheit, die es je irgendwo auf der Welt zu irgendeinem Zeitpunkt in der Geschichte gab. Immer wenn Freiheit da ist, bricht das Chaos aus. Aber dieses Chaos hat seinen Sinn, denn nur aus diesem Chaos können Sterne geboren werden.

Ich gebe euch keine Disziplin, weil jede Disziplin eine subtile Form von Sklaverei ist. Ich gebe euch keine Gebote, weil alle Gebote, die von jemand anderem gegeben und von außen auferlegt werden, euch zu Gefangenen oder zu Sklaven machen. Ich lehre euch nur, wie ihr frei sein könnt - und dann ist es euch überlassen, was ihr mit eurer Freiheit tun wollt. Wenn ihr unter das Niveau der Tiere fallen wollt, ist das eure Entscheidung, und ihr könnt es selbstverständlich tun, denn es ist euer Leben. Wenn ihr euch dafür entscheidet, ist es euer Vorrecht. Wenn ihr aber die Freiheit und ihren

Wert versteht, dann werdet ihr nicht abstürzen, dann werdet ihr nicht unter das Niveau der Tiere sinken – ihr werdet anfangen, über die Engel hinauszuwachsen.

Der Mensch ist keine starre Größe, er ist eine Brücke – eine Brücke zwischen zwei Ewigkeiten: dem Tier und dem Gott, dem Unbewussten und dem Bewussten.

Wachse in deinem Bewusstsein, wachse in deiner Freiheit, mache jeden Schritt aus deiner eigenen Entscheidung heraus. Erschaffe dich selbst! Und übernimm dafür die ganze Verantwortung.

10

Die grosse Sklaverei

Die Sexualität ist der mächtigste Instinkt des Menschen. Die Politiker und die Priester haben von Anfang an kapiert, dass die Sexualität die größte Antriebskraft des Menschen ist. Man muss sie beschränken, muss sie beschneiden, denn wenn man dem Menschen totale sexuelle Freiheit lässt, hat man keine Möglichkeit, ihn zu beherrschen. Dann ist es unmöglich, einen Sklaven aus ihm zu machen.

Vielleicht habt ihr schon mal gesehen, wie es gemacht wird. Was macht man, wenn man einen Stier vor einen Wagen spannen will? Man kastriert ihn, man raubt ihm seine sexuelle Energie. Und habt ihr den Unterschied zwischen einem Stier und einem Ochsen gesehen? Was für ein Unterschied! Der Ochse ist ein armes Wesen, ein Sklave. Der Stier ist eine Schönheit, der Stier ist ein herrliches Wesen, eine wahre Pracht. Seht den Stier, wie er daherkommt – er schreitet wie ein Kaiser! Und seht den Ochsen, wenn er vor den Wagen gespannt ist.

Genauso hat man es mit dem Menschen gemacht. Sein sexueller Trieb wurde beschränkt, beschnitten, verkrüppelt. Der Mensch existiert heute nicht mehr als Stier, sondern als Ochse, und jeder Mensch ist vor tausendundeinen Wagen gespannt. Wenn du genauer hinschaust, wirst du hinter dir tausendundeinen Wagen sehen, die du hinter dir herschleppst.

Warum lässt sich ein Stier nicht vor einen Wagen spannen? Der Stier ist zu stark. Wenn er eine Kuh vorübergehen sieht, wird er dich und den ganzen Wagen umwerfen und zu der Kuh laufen! Er kümmert sich keinen Deut darum, wer du bist;

er wird nicht auf dich hören. Es wird nicht möglich sein, den Stier unter Kontrolle zu halten.

Sexuelle Energie ist Lebensenergie; sie lässt sich nicht unter Kontrolle halten. Die Politiker und die Priester sind nicht an dir interessiert, sie sind nur daran interessiert, deine Energie in die gewünschten Bahnen zu lenken. Dahinter steht also ein bestimmter Mechanismus, und den muss man verstehen.

Die Grundlage der menschlichen Sklaverei ist die Unterdrückung der Sexualität, die Tabuisierung der Sexualität. Der Mensch kann nicht frei sein, solange seine Sexualität nicht frei ist. Der Mensch kann nicht wirklich frei sein, solange seine sexuelle Energie sich nicht auf natürliche Weise entfalten darf. Es gibt fünf Tricks, mit denen man die Menschen zu Sklaven gemacht hat, zu hässlichen, verkrüppelten Wesen.

Der erste Trick:

Wenn man die Menschen beherrschen will, muss man sie möglichst schwach halten. Wenn der Priester oder der Politiker euch beherrschen will, muss er euch möglichst schwach halten. Und die beste Methode, um die Menschen schwach zu halten, besteht darin, ihnen die totale Freiheit in der Liebe zu verwehren. Liebe ist Nahrung. Die Psychologie weiß heute, dass ein Kind, dem keine Liebe gegeben wird, in sich selbst verkümmert und schwach wird. Man kann ihm Milch geben, kann ihm Medizin geben, kann ihm alles geben, was es braucht, aber wenn man ihm keine Liebe gibt, wenn man es nicht umarmt und küsst und ihm körperliche Wärme gibt, dann wird das Kind immer schwächer und schwächer werden. Die Wahrscheinlichkeit, dass es stirbt, ist größer, als dass es überlebt.

Was geschieht da? Und warum? Allein durch das Umarmen und Küssen, durch die Wärme fühlt das Kind sich genährt und angenommen, geliebt und gebraucht. Das Kind beginnt seinen Wert zu fühlen, das Kind beginnt in seinem Leben einen gewissen Sinn zu fühlen.

Doch was tun wir? Von frühester Kindheit an lassen wir die Kinder hungern und geben ihnen nicht die Liebe, die sie brauchen. Dann verbieten wir den jungen Männern und Frauen, sich zu lieben, solange sie nicht verheiratet sind. Ungefähr mit vierzehn werden sie geschlechtsreif, aber ihre Ausbildung dauert so lange, noch zehn Jahre, bis sie schließlich mit 24 oder 25 ihr Diplom oder ihren Doktor haben. So lange versuchen wir sie davon abzuhalten, sich zu lieben.

Die sexuelle Energie erreicht etwa mit achtzehn ihren Höhepunkt. Nie wieder wird der Mann so potent sein, nie wieder wird die Frau so machtvolle Orgasmen haben können wie mit etwa achtzehn Jahren. Doch wir halten sie davon ab, sich zu lieben.

Mit achtzehn bist du auf dem Höhepunkt deiner sexuellen Energie, deiner Liebesenergie. Bis du heiratest, bist du 25, 26, 27 ... und das Heiratsalter hat stetig zugenommen. Je höher entwickelt ein Land ist, desto länger muss man warten, denn desto mehr muss man lernen, man muss einen Job finden und was nicht alles. Bis du endlich heiratest, geht es fast schon wieder abwärts mit deinen Kräften. Dann liebst du, aber deine Liebe wird nie richtig heiß. Sie kommt nie zum Siedepunkt, an dem du dich einfach auflöst. Sie bleibt lauwarm. Wenn du aber nie mit einer solchen Totalität geliebt hast, kannst du auch deine Kinder nicht lieben, denn du weißt gar nicht, wie. Wenn du in der Liebe nie solche Gipfelerfahrungen gemacht hast, wie willst du es deinen Kindern beibringen? Wie kannst du deinen Kindern helfen, solche Höhepunkte zu erleben? So hat man von alters her den Menschen die Liebe vorenthalten, damit sie schwach bleiben.

Der zweite Trick:
Man muss die Menschen in möglichst großer Unwissenheit und Verblendung halten, damit man sie leicht täuschen kann. Und die wirkungsvollste Methode, um eine gewisse Dummheit herzustellen – was für die Verschwörung der Priester und Politiker die absolute Voraussetzung ist –, besteht darin, den Menschen nicht zu erlauben, sich frei in der Liebe zu bewegen. Ohne Liebe sinkt die menschliche Intelligenz auf ein niedriges Niveau.

Hast du das nicht auch schon beobachtet? Wenn du dich verliebst, kommen plötzlich alle deine Fähigkeiten zu ihrem Höhepunkt, zu einem Crescendo. Einen Moment vorher warst du noch leblos und grau, doch dann triffst du die Frau deines Lebens, und plötzlich explodiert in dir eine große Freude und du stehst in Flammen. Wenn man verliebt ist, hat man seine maximale Leistungsfähigkeit. Wenn die Liebe wieder verschwindet oder wenn keine Liebe da ist, sinkt die Leistungsfähigkeit auf das Minimum.

Die intelligentesten Leute sind auch die sexuellsten. Das muss man verstehen, denn Liebesenergie ist im Grunde Intelligenz. Wer nicht lieben kann, ist kalt und verschlossen; er fließt nicht mit im Strom des Lebens. Wenn man verliebt ist, ist man im Fluss. Wenn man verliebt ist, hat man ein solches Selbstvertrauen, dass man die Sterne berühren kann. Dann werden Mann und Frau zu einer großen Inspiration. Eine Frau, die geliebt wird, ist sofort schöner, auf der Stelle! Einen Moment zuvor war sie nur eine gewöhnliche Frau, aber sobald sie mit Liebe überschüttet wird, ist sie wie gebadet in einer neuen Energie. Ihre Aura ist völlig verändert, ihr Gang wird anmutig, ihr Schritt tänzelt. Jetzt strahlen ihre Augen, ihr Gesicht leuchtet und sie glüht. Und dasselbe geschieht mit dem Mann.

Liebende sind auf dem Gipfel ihrer Leistungsfähigkeit. Wenn man den Menschen die Liebe verwehrt, bleiben sie auf dem Minimum stehen. Wenn sie auf dem Minimum sind, bleiben sie dumm, unwissend und uninteressiert. Und wenn Menschen unwissend, dumm und verblendet sind, kann man sie leicht täuschen.

Wenn man sexuell unterdrückt ist, wenn man in puncto Liebe unterdrückt ist, fängt man an, sich nach einem anderen Leben zu sehnen. Dann fängt man an, über den Himmel und das Paradies nachzudenken, aber man denkt nicht mehr daran, das Paradies hier und jetzt zu erschaffen. Wenn man liebt, ist das Paradies hier und jetzt. Dann kümmert man sich nicht um den Priester. Man kümmert sich nicht darum, ins Paradies zu kommen. Man ist ja schon da! Es interessiert einen nicht mehr. Wenn aber die Liebesenergie unterdrückt wird, fängt man an zu denken: »Hier ist nichts, das Jetzt ist leer. Irgendwo muss es doch ein Ziel geben!« Dann geht man zum Priester und fragt ihn nach dem Himmel, und er malt einem den Himmel in den schönsten Farben.

Man hat die Sexualität unterdrückt, damit die Menschen anfangen, sich für das andere Leben zu interessieren. Und wenn die Menschen sich für das andere Leben interessieren, haben sie natürlich kein Interesse mehr an *diesem* Leben.

Doch dieses Leben ist das einzige Leben. Das andere Leben verbirgt sich darin! Es ist nicht sein Gegensatz, es ist nicht irgendwo anders, es ist in ihm. Begib dich mitten hinein – das ist es! Begib dich in dieses Leben, dann wirst du darin auch das andere Leben finden. Gott verbirgt sich in dieser Welt, Gott verbirgt sich im Hier und Jetzt. Wenn du liebst, kannst du es fühlen.

Der dritte Trick:
Man muss die Menschen möglichst in Angst und Schrecken halten. Und der sicherste Weg ist, ihnen keine Liebe zu gestatten, weil Liebe die Angst aufhebt. Liebe besiegt die Angst. Wenn du verliebt bist, hast du keine Angst. Wenn du liebst, kannst du gegen die ganze Welt kämpfen. Wenn du liebst, fühlst du dich von unendlicher Kraft erfüllt. Wenn du aber nicht liebst, hast du vor Kleinigkeiten Angst. Wenn du nicht liebst, interessierst du dich mehr für Sicherheit und Ordnung. Wenn du liebst, bist du mehr an Abenteuern und Experimenten interessiert. Man hat den Menschen nicht erlaubt zu lieben, weil es der einzige Weg ist, um ihnen Angst zu machen. Und wenn sie vor Angst zittern, rutschen sie auf den Knien herum und verbeugen sich vor dem Priester und dem Politiker.

Es ist eine große Verschwörung gegen die Menschheit. Es ist eine große Verschwörung gegen *dich!* Die Politiker und die Priester sind deine Feinde, aber sie tun so, als wären sie Diener der Allgemeinheit. Sie sagen: »Wir sind da, um euch zu dienen und euch zu helfen, ein besseres Leben zu führen. Wir sind da, um euch ein gutes Leben zu schaffen.« Und dabei sind sie es, die das Leben zerstören.

Der vierte Trick:
Man muss die Menschen so unglücklich wie möglich halten. Denn ein unglücklicher Mensch ist verwirrt, ein unglücklicher Mensch hat kein Selbstwertgefühl, ein unglücklicher Mensch verurteilt sich selbst, ein unglücklicher Mensch hat das Gefühl, etwas falsch gemacht zu haben. Ein unglücklicher Mensch hat keinen Boden unter den Füßen. Man kann ihn hierhin und dahin schubsen, kann ihn wie ein Stück Treibholz behandeln. Und ein unglücklicher Mensch ist im-

mer bereit, Befehle entgegenzunehmen; er lässt sich herumkommandieren und disziplinieren, weil er weiß: »Allein bin ich nur unglücklich. Vielleicht kann mir jemand anders Regeln für mein Leben geben.« Er ist ein bereitwilliges Opfer.

Und der fünfte Trick:
Mann muss die Menschen einander entfremden, damit sie sich ja nicht für irgendeine Sache verbünden können, die den Priestern und Politikern möglicherweise nicht in den Kram passt. Man muss die Menschen voneinander getrennt halten und darf ihnen nicht allzu viel Intimität erlauben. Wenn die Menschen getrennt sind, wenn sie einsam und einander entfremdet sind, können sie sich nicht zusammenschließen. Und es gibt Tausende von Tricks, um sie getrennt zu halten.

Ein Beispiel: Wenn du einen Mann an der Hand hältst – du bist selbst ein Mann und nimmst einen anderen Mann bei der Hand und gehst mit ihm die Straße entlang, und vielleicht singst du auch noch dabei –, dann wirst du dich schuldig fühlen, weil die Leute dich anstarren: Bist du etwa schwul? Ein Homosexueller oder sowas? Zwei Männer zusammen dürfen nicht glücklich sein. Sie dürfen sich nicht an den Händen halten, dürfen sich nicht umarmen. Sofort stempelt man sie zu Homosexuellen. Das macht Angst. Wenn dein Freund kommt und deine Hand nimmt, schaust du dich um, ob auch niemand es sieht. Und du lässt die Hand schnell wieder los.

Die Leute sind beim Händeschütteln immer so in Eile. Habt ihr das schon bemerkt? Man berührt ganz schnell die Hand des anderen und schüttelt sie, und das war's dann schon. Man hält sich nie an den Händen, umarmt sich nie. Man hat Angst. Kannst du dich erinnern, dass dein Vater dich je umarmt hätte? Kannst du dich erinnern, dass deine Mutter dich nach der Pubertät je umarmt hätte? Wieso eigentlich nicht?

Man hat Angst erzeugt – ein junger Mann umarmt seine Mutter? Wie leicht kann das einen sexuellen Anstrich bekommen ... kommen Gedanken, Fantasien! Man hat diese Angst erzeugt: Vater und Sohn, Vater und Tochter – o nein! Bruder und Schwester – nein! Bruder und Bruder – nein!

Man hält die Menschen in getrennten Kästen mit dicken Wänden auf allen Seiten. Jeder wird in eine Schublade gesteckt, und es gibt tausendundeine Schranken. Ja, und dann eines Tages, nachdem du 25 Jahre in all diesen Dingen trainiert worden bist, darfst du endlich deine Ehefrau lieben. Aber das Training ist so tief gegangen, dass du auf einmal nicht weißt, was du jetzt tun sollst. Wie liebt man überhaupt? Du hast diese Sprache nie gelernt. Es ist, als hätte man jemandem 25 Jahre lang das Reden nicht erlaubt. Stell dir mal vor: 25 Jahre darf er kein einziges Wort reden, und dann stellt man ihn plötzlich auf ein Podium und sagt: »Jetzt halte einen tollen Vortrag!« Was wird passieren? Vielleicht bricht er zusammen, an Ort und Stelle. Vielleicht wird er ohnmächtig, oder er stirbt ... 25 Jahre Schweigen – und jetzt soll er plötzlich einen tollen Vortrag halten? Das geht doch gar nicht.

Aber genauso wird das gemacht. 25 Jahre Angst und Antiliebe – und dann ist es plötzlich gesetzlich erlaubt. Eine schriftliche Erlaubnis wird erteilt, und jetzt darfst du diese Frau lieben! »Das ist deine Frau und du bist ihr Ehemann, und jetzt darfst du sie lieben!« Aber was ist mit den 25 Jahren falschen Trainings? Sie werden sich auswirken.

Ja, du wirst »Sex haben«, du wirst eine Geste der Liebe machen. Es wird aber nicht explosiv sein, es wird nicht orgasmisch sein, nur wie ein kleines Niesen. Und nach dem Sex bist du frustriert – 99 Prozent aller Leute sind nach dem Sex frustriert, frustrierter als je zuvor. Sie haben das Gefühl: »Was war denn das? Das soll alles sein? Da stimmt was nicht!«

Zuerst haben die Priester und die Politiker es geschafft, dass ihr unfähig werdet zu lieben, und dann kommen sie und predigen euch, dass es in der Liebe nichts Wesentliches zu erleben gibt. Und was sie predigen sieht natürlich wahr aus, denn es entspricht genau eurer eigenen Erfahrung. Erst verursachen sie die Erfahrung von Vergeblichkeit und Frustration, und dann kommen sie mit ihrer Predigt. Und beides zusammen erscheint logisch, wie aus einem Stück. Es ist ein fantastischer Trick – der größte Trick, den man den Menschen je gespielt hat!

Diese fünf Tricks lassen sich durch ein einziges Mittel bewerkstelligen – das Tabu gegen die Liebe. Alle diese Wirkungen kann man erzeugen, indem man die Menschen einfach daran hindert, sich zu lieben. Und das Tabu wird auf eine so wissenschaftliche Art gehandhabt! Dieses Tabu ist ein großes Kunstwerk. Viel Geschick und Gerissenheit sind dabei zur Anwendung gekommen – es ist wirklich ein Meisterwerk! Dieses Tabu muss man verstehen.

Vor allem ist es indirekt und wirkt im Verborgenen. Es ist nicht offensichtlich, denn ein Tabu, das zu offensichtlich ist, würde nicht funktionieren. Das Tabu muss sehr versteckt sein, damit man nicht auf die Idee kommt, wie es funktioniert. Das Tabu muss so versteckt sein, dass man sich nicht einmal vorstellen kann, dass etwas dagegen unternommen werden könnte. Das Tabu muss im Unterbewusstsein wirken, nicht im Bewusstsein. Wie macht man es aber, dass es so subtil und indirekt funktioniert? Der ganze Trick besteht darin, dass man zuerst verbreitet, die Liebe sei etwas so Wunderbares, dass niemand je auf die Idee kommt, die Priester und die Politiker könnten irgendetwas gegen die Liebe haben. Man muss nur oft genug wiederholen, welches Wunder die Liebe ist und wie wichtig es ist zu lieben – aber gleichzeitig darf man keine Situation zulassen, in der Liebe passieren könnte. Es darf keine Gelegenheit dafür geben. Man verhindert also jede Möglichkeit, und gleichzeitig verkündet man immer wieder, wie großartig diese Speise schmeckt und welche Lust es sei, davon zu essen. »Esst nach Herzenslust!« – aber das Essen kommt nie auf den Tisch. Man hält die Leute hungrig und redet ständig von der Liebe. Sämtliche Priester reden ständig von der Liebe. Die Liebe wird höher gepriesen als alles andere, an zweiter Stelle hinter Gott, aber man verwehrt ihr jede Möglichkeit, sich zu ereignen. Nach außen hin fördert man sie, aber im Verborgenen kappt man ihr die Wurzeln. Das ist das Meisterwerk.

Wovon die Priester nie reden, ist, wie sie es machen, dass sie einen solchen Schaden anrichten! Es ist, als würde man einem Baum ständig sagen: »Sei grün, blühe und freue dich!«, und gleichzeitig kappt man ihm die Wurzeln, sodass er gar keine Chance hat, grün zu werden. Und wenn der Baum nicht grün wird, dann kann man sich auf ihn stürzen und sagen: »Siehst du, du hast nicht auf uns gehört! Du befolgst nicht, was wir sagen! Wir sagen doch ständig: ›Sei grün, blühe, freue dich und tanze ...!‹« – und gleichzeitig kappt man ihm ständig die Wurzeln.

Die Liebe wird so sehr unterdrückt – und dabei ist die Liebe das Kostbarste auf dieser Welt. Man sollte sie nicht behindern. Wenn jemand fünf Menschen lieben kann, sollte er alle fünf lieben, wenn einer fünfzig lieben kann, sollte er fünfzig lieben und wenn er fünfhundert lieben kann, sollte er fünfhundert lieben. Liebe ist etwas so Kostbares, so Seltenes – je mehr sie sich ausbreitet, umso besser.

Aber da gibt es diese raffinierten Tricks. Man zwingt dich in eine kleine Ecke, eine winzig kleine Ecke. Du darfst nur deine Frau lieben, du darfst nur deinen Mann lieben, du darfst nur dieses oder jenes lieben – so viele Bedingungen! Es ist so, als gäbe es ein Gesetz, das dir nur zu atmen erlaubt, wenn du mit deiner Ehefrau oder deinem Ehemann zusammen bist. Das Atmen würde schlichtweg unmöglich! Du würdest sterben. Du würdest nicht einmal mehr atmen können, wenn du mit deiner Frau oder deinem Mann zusammen bist. Man muss aber 24 Stunden am Tag atmen. Darum liebe!

Es gibt noch einen weiteren Trick: Sie reden von »höherer Liebe« und machen die »niedrigere« Liebe damit schlecht. Die niedrigere Liebe sei abzulehnen, sagen sie. Die körperliche Liebe sei schlecht, nur die spirituelle Liebe sei gut, sagen sie.

Hast du je eine Seele ohne Körper gesehen? Hast du je ein Haus ohne Fundament gesehen? Das Niedere ist das Fundament für das Höhere. Dein Körper ist dein Zuhause, deine Seele lebt im Körper, mit dem Körper. Du bist eine verkörperte Seele – oder ein beseelter Körper, beides zugleich. Niederes und Höheres sind nicht getrennt; sie sind eins – Sprossen ein und derselben Leiter. Das Niedere darf nicht abgelehnt werden, es muss zum Höheren transformiert werden. Das Niedere ist gut. Wenn du beim Niederen stehen bleibst, bist du selbst schuld, und nicht das Niedere. An den unteren Sprossen der Leiter ist nichts verkehrt. Aber wenn du darauf stehen bleibst, bist *du* es, der darauf stehen bleibt. Es hat etwas mit *dir* zu tun.

Geh weiter!

Am Sex ist nichts verkehrt. Aber an dir ist etwas verkehrt, wenn du daran hängen bleibst. Steige weiter hinauf! Das Höhere ist nicht gegen das Niedere, das Höhere wird erst durch das Niedere möglich.

Diese Tricks haben noch viele andere Probleme geschaffen. Jedes Mal, wenn du dich verliebst, fühlst du dich irgendwie schuldig, hast du Schuldgefühle. Doch wenn man Schuldgefühle hat, kann man sich nicht vollkommen der Liebe hingeben. Die Schuldgefühle hindern dich, sie bremsen dich. Selbst wenn du mit deiner Ehefrau oder deinem Ehemann Sex hast, hast du Schuldgefühle. Du weißt, es ist Sünde, du weißt, du tust etwas Falsches. »Heilige tun das nicht« – und du bist ein Sünder. Deshalb kannst du dich der Liebe nicht hingeben, selbst wenn dir – zumindest pro forma – die Genehmigung erteilt wurde, deine Frau zu lieben. Der Priester ist mit im Spiel und verbirgt sich hinter deinen Schuldgefühlen. Von dort zieht er die Fäden.

Sobald Schuldgefühle auftauchen, hast du das Gefühl, dass mit dir etwas nicht stimmt. Du verlierst dein Selbstwertgefühl, verlierst deine Selbstachtung. Und ein weiteres Problem entsteht: Sobald Schuldgefühle auftauchen, fängt man an, etwas vorzutäuschen. Mütter und Väter wollen verhindern, dass ihre Kinder mitbekommen, wenn sie sich lieben. Sie täuschen etwas vor. Sie tun so, als gäbe es den Sex gar nicht. Doch früher oder später kommen die Kinder dahinter, dass die Eltern ihnen etwas vormachen, und wenn sie bemerken, dass die Eltern ihnen etwas vormachen, verlieren sie ihr ganzes Vertrauen. Sie fühlen sich verraten, sie fühlen sich betrogen.

Mütter und Väter beklagen sich oft, dass sie von ihren Kindern nicht respektiert werden. Ihr selbst seid die Ursache! Wie können sie euch respektieren? Ihr habt sie in jeder Hinsicht getäuscht, ihr seid unaufrichtig mit ihnen gewesen. Ihr seid gemein gewesen und habt ihnen gesagt, dass sie sich nicht lieben sollen: »Hütet euch vor dem Sex!«, während ihr selbst die ganze Zeit Sex miteinander hattet. Früher oder später kommen eure Kinder dahinter, dass sogar Vater und Mutter unaufrichtig zu ihnen waren. Wie sollten sie euch respektieren können?

Schuld erzeugt Täuschung, Täuschung erzeugt Entfremdung

unter den Menschen. Nicht einmal das Kind, euer eigenes Kind, kann sich dann mit euch im Einklang fühlen. Eure Scheinheiligkeit ist die Barriere. Und wenn erst einmal klar ist, dass jeder etwas vortäuscht ... Eines Tages erkennt man, dass man selbst auch nur etwas vortäuscht, wie alle anderen. Wenn jeder etwas vortäuscht, wie kann da eine sinnvolle Beziehung entstehen? Wenn jeder falsch ist, wie kann man da miteinander leben? Wie kann man Freund sein, wenn überall Täuschung und Betrug herrschen? Angesichts dieser Realität wird man sehr verwundet und bitter. Die Wirklichkeit erscheint einem als Teufelswerk.

Und jeder hat ein falsches Gesicht, keiner ist authentisch. Jeder trägt eine Maske, keiner zeigt sein ursprüngliches Gesicht. Man fühlt sich schuldig, man fühlt, dass man etwas vortäuscht und man weiß, dass auch alle anderen etwas vortäuschen. Jeder fühlt sich schuldig und jeder ist eine einzige hässliche Wunde. Jetzt ist es ein Leichtes, diese Menschen zu Sklaven zu machen – und Beamte, Bahnhofsvorsteher, Schullehrer, Steuereintreiber, Minister, Gouverneure und Präsidenten aus ihnen zu machen. Jetzt ist es ein Leichtes, sie von ihrem Weg abzubringen. Man hat sie von ihren Wurzeln getrennt.

Sex ist die Wurzel – daher die Bezeichnung »Wurzelchakra«, *Muladhara,* in der Sprache des Yoga und Tantra. *Muladhara* bedeutet »Wurzelenergie«.

Es war in der Hochzeitsnacht. Die stolze Lady Jane erfüllte zum ersten Mal ihre ehelichen Pflichten.

»Mylord«, fragte sie ihren Bräutigam, »ist es dies, was man unter gewöhnlichen Leuten als ›Liebe‹ bezeichnet?«

»Jawohl, Mylady«, erwiderte Lord Reginald und machte weiter. Nach einer Weile rief Lady Jane empört aus: »Aber das ist viel zu gut für die gewöhnlichen Leute!«

Den gewöhnlichen Leuten war es nie wirklich erlaubt, sich zu lieben. »Das ist viel zu gut für sie!« Aber das Problem ist, wenn man die ganze gewöhnliche Welt vergiftet, wird man selbst auch vergiftet. Wenn die Luft vergiftet ist, die die gewöhnlichen Leute atmen, dann ist auch die Luft, die der König atmet, vergiftet. Das eine ist nicht vom andern zu trennen; es ist alles eins. Wenn der Priester die gewöhnlichen Leute vergiftet, vergiftet er letztlich auch sich selbst. Wenn der Politiker die Luft der gewöhnlichen Leute vergiftet, muss er letztlich dieselbe Luft atmen, denn es gibt keine andere.

Ein junger englischer Priester und ein Bischof hatten auf einer langen Eisenbahnfahrt gegenüberliegende Sitze. Als der Bischof ins Abteil trat, versteckte der Priester schnell seinen *Playboy* und fing an, die Kirchenzeitung zu lesen. Der Bischof beachtete ihn nicht und machte sich daran, das Kreuzworträtsel in der *Times* zu lösen. Es herrschte Stille.

Nach einer Weile wollte der junge Priester ein Gespräch anfangen, und als der Bischof sich mehrmals am Kopf kratzte und »Ts-ts-ts« sagte, startete er einen Versuch: »Kann ich Ihnen irgendwie behilflich sein, Sir?«

»Möglich. Mir fehlt bloß noch ein Wort. Es hat sechs Buchstaben, endet auf *i-c-k-e-n* und hat etwas mit Vögeln zu tun.

Nach einer kurzen pause meinte der Priester: »Könnte das vielleicht *picken* heißen?«

»Aber ja doch, natürlich!«, sagte der Bischof. »Junger Mann, hätten Sie vielleicht einen Radiergummi?«

Wenn man die Dinge an der Oberfläche unterdrückt, gehen sie nur tiefer nach innen, ins Unterbewusstsein. Sie sind immer noch da. Man hat den Sex nicht aus der Welt geschafft, glücklicherweise. Man hat ihn nicht beseitigt, aber er kann wieder gereinigt werden.

Im Grunde lassen sich alle Lebensprobleme auf das sexuelle Problem zurückführen. Sosehr man auch versucht, die anderen Probleme zu lösen, ist man dazu doch nicht im Stande, denn das sind nicht die wirklichen Probleme. Wenn man aber das Sexproblem löst, verschwinden alle anderen Probleme, weil das Grundproblem gelöst ist. Aber die Angst ist so groß, dass man noch nicht einmal hinschauen will.

Dabei ist es ganz einfach. Wenn ihr eure Konditionierungen beiseite lassen könnt, ist es ganz einfach. So einfach wie die folgende Geschichte:

> Eine frustrierte alte Jungfer war eine rechte Plage für die Polizei. Ständig rief sie an und behauptete, unter ihrem Bett sei ein Mann. Schließlich brachte man sie in eine psychiatrische Klinik, wo ihr die neuesten Medikamente verabreicht wurden. Einige Wochen später kam ein Arzt zu ihr, um sich mit ihr zu unterhalten und festzustellen, ob sie geheilt sei.
>
> »Fräulein Mauerblum«, fragte der Doktor, »sehen Sie immer noch einen Mann unter Ihrem Bett?«
>
> »Nein«, sagte sie. Und als der Arzt gerade die Entlassungspapiere unterschreiben wollte, sagte sie: »Ich sehe jetzt zwei.«
>
> Zum Klinikpersonal sagte der Doktor, für diese Krankheit – die er als »bösartige Virginität« diagnostizierte – gebe es nur ein Heilmittel, eine Art Spritze. Und er schlug vor, Fräulein Mauerblum mit Hermann, dem großen und kräftigen Krankenhausschreiner, zusammenzubringen.

Sie holten Hermann und erzählten ihm von dem Problem. Er war einverstanden, sich für eine Stunde mit Fräulein Mauerblum in deren Zimmer einschließen zu lassen, und meinte, so lange würde es gar nicht dauern. Auf dem Flur versammelte sich eine Schar Neugieriger, und durch die Tür konnte man hören:

»Nein, hören Sie auf, Hermann! Meine Mutter würde mir das nie verzeihen!«

»Hör auf zu schreien! Einmal muss es doch sein! Jemand hätte das schon vor Jahren tun sollen!«

»Dann tun Sie, was Sie nicht lassen können, Sie brutaler Mensch!«

»Dein Mann hätte das auch getan, wenn du einen gehabt hättest!«

Da konnte das Personal nicht länger warten. Sie platzten ins Zimmer.

»Ich habe sie geheilt«, sagte der Schreiner.

»Er hat mich geheilt«, sagte Fräulein Mauerblum.

Er hatte dem Bett die Beine abgesägt.

Manchmal ist die Lösung ganz einfach, aber ihr versucht tausenderlei Dinge. Dieser Schreiner hat gute Arbeit geleistet. Einfach die Beine ab, und das Problem ist gelöst! Wo kann sich jetzt noch ein Mann verstecken?

Sex ist die Wurzel fast all eurer Probleme. Das ist auf Grund der jahrtausendelangen Vergiftung unvermeidlich. Ein großer Reinigungsprozess ist notwendig. Holt euch eure Freiheit zurück! Holt euch die Freiheit zu lieben zurück! Holt euch die Freiheit zu sein zurück, dann ist das Leben nicht länger ein Problem. Es ist ein Mysterium, es ist Ekstase, es ist ein Segen.

11

Hütet euch vor den Päpsten!

Wie ich gehört habe, sagte der Papst zu einer Gruppe von Jugendlichen in Südamerika: »Meine Lieben, hütet euch vor dem Teufel! Der Teufel wird euch in Versuchung führen mit Drogen, Alkohol und insbesondere dem vorehelichen Geschlechtsverkehr!« Wer ist denn dieser Teufel? Er ist mir noch nie über den Weg gelaufen. Mich hat er noch nie in Versuchung geführt! Und ich glaube nicht, dass einem von euch der Teufel je über den Weg gelaufen ist und dass er euch in Versuchung geführt hat.

Die Begierden stammen von eurem eigenen Wesen und nicht von irgendeinem Teufel, der euch in Versuchung führt. Doch die Religionen haben diese Strategie benutzt und die Verantwortung auf die Fantasiefigur »Teufel« geschoben, damit ihr nicht das Gefühl haben müsst, dass man euch verurteilt. Tatsächlich verurteilt man euch, aber nicht direkt, sondern nur indirekt. Eigentlich sagt der Papst damit, dass *ihr* der Teufel seid, aber er hat nicht den Mut, das so zu sagen. Deshalb bringt er lieber den Teufel ins Spiel, als etwas Getrenntes, eine eigene Instanz, deren einzige Funktion darin besteht, die Menschen in Versuchung zu führen.

Aber ist es nicht seltsam? Es sind Jahrmillionen vergangen, und der Teufel ist es immer noch nicht leid. Immer noch verführt er die Menschen. Und was hat er davon? In keiner Schrift konnte ich etwas darüber finden, worin denn seine Belohnung besteht für diese ganze anstrengende Arbeit, die er seit Jahrmillionen tut. Wer bezahlt ihn eigentlich? Wer ist sein Arbeitgeber? Das ist das eine.

Und das andere: Ist denn euer Gott nicht allmächtig? So steht es doch in euren Schriften: »Gott ist allmächtig.« Und wenn Gott allmächtig ist, warum kann er nicht einfach etwas dagegen tun? Warum unternimmt er nichts, dass dieser Teufel aufhört, die Menschen in Versuchung zu führen? Statt zu jedem Einzelnen hinzugehen und ihm zu sagen: »Lass dich vom Teufel nicht in Versuchung führen!«, warum macht er nicht kurzen Prozess mit dem Teufel selbst? Oder gibt ihm einfach das, was er haben will?

Diese Sache ist etwas, das zwischen Gott und dem Teufel ausgetragen werden muss. Was haben wir damit zu schaffen, dass wir uns unnötig zwischen den beiden aufreiben lassen? Wenn Gott es in Millionen von Jahren nicht geschafft hat, den Teufel umzustimmen oder zu ändern oder aus dem Weg zu räumen, und wenn Gott so machtlos gegenüber dem Teufel ist, was sollen dann seine armen Geschöpfe tun, denen die Vertreter Gottes ständig einreden: »Lasst euch nicht vom Teufel in Versuchung führen«? Wenn Gott selbst so machtlos und ohnmächtig gegenüber dem Teufel ist – was können dann wir gewöhnlichen Menschen schon ausrichten?

Seit Jahrhunderten erzählen uns die Priester solche Lügen, und nicht ein einziges Mal haben sie selbst versucht, die Verantwortung zu übernehmen. Es ist unverantwortlich, den jungen Menschen zu sagen: »Hütet euch! Der Teufel wird euch in Versuchung führen!« Eigentlich setzt man den jungen Leuten die Versuchung damit erst in den Kopf. Vermutlich hatten sie überhaupt nichts mit Drogen, Alkohol und vorehelichem Geschlechtsverkehr im Sinn! Sie waren nur gekommen, um den Papst zu hören, um seine geistliche Predigt zu hören. Jetzt werden sie nach Hause gehen und an vorehelichen Geschlechtsverkehr denken und daran, wie sie sich vom Teufel in Versuchung führen lassen könnten und wie man am besten an einen Drogenhändler herankommt.

Alkohol ist mit Sicherheit keine Versuchung des Teufels, denn auch Jesus Christus hat Alkohol getrunken. Er hat ihn nicht nur selbst getrunken, sondern auch seinen Aposteln zu trinken gegeben. Alkohol ist nichts Unchristliches. Das Christentum ist völlig einverstanden mit Alkohol, denn den Alkohol zu verdammen würde ja bedeuten, Jesus in Frage zu stellen. Jesus war kein Mitglied der Anonymen Alkoholiker. Er trank gerne und hat nie behauptet, dass das Trinken eine Sünde sei. Wie hätte er so reden können? Aber jetzt führen sich diese Päpste viel religiöser als Jesus Christus auf.

Wenn schon der eingeborene Sohn dem Alkohol zuspricht, kann ich mir sehr gut vorstellen, dass der Vater ein Trunkenbold gewesen sein muss und auch der Heilige Geist. Wahrscheinlich haben die beiden ihn erst darauf gebracht, denn von wem kann Jesus das sonst gelernt haben? Natürlich konnte der Teufel *ihn* nicht in Versuchung führen. Wir wissen ja, dass der Teufel es probiert hat, aber Jesus sagte zu ihm: »Weiche von mir! Führe mich nicht in Versuchung!«

Aber diese Leute sind offenbar geisteskrank. Der Teufel ist nirgendwo anzutreffen, und kein Mensch redet so mit dem Teufel: »Weiche von mir! Geh mir aus dem Weg! Stelle dich mir nicht in den Weg und führe mich nicht in Versuchung!« Wenn ihr so etwas sagt und es hört euch jemand, wird er bei der nächsten Polizeistation anrufen: »Da ist einer, der redet mit dem Teufel, aber weit und breit ist kein Teufel zu sehen!«

Jesus wurde auch von den Rabbinern und Priestern verdorben. Es ist die gleiche Firma, nur unter anderem Namen, unter einer anderen Handelsbezeichnung. Das Geschäft ist das gleiche, die Firma ist die gleiche, die Arbeit ist die gleiche: die Menschen zu korrumpieren und ihnen ihre Unschuld zu nehmen. Dieser Papst macht sich Sorgen über den vorehelichen Geschlechtsverkehr ... Das muss sich wohl in seinem Kopf abspielen, denn wie käme er sonst auf diese Idee? Und es ist sein wichtigstes Anliegen.

Was ist denn verkehrt am vorehelichen Geschlechtsverkehr? In der Vergangenheit war es ein Problem, aber doch heute nicht mehr. Früher war es ein Problem, weil der Geschlechtsverkehr zur Schwangerschaft führte und Kinder entstanden, und dann war es ein Problem, wer die Kinder aufziehen würde. Und wer würde ein Mädchen heiraten, das ein Kind hatte? Es gab jede Menge Komplikationen und Schwierigkeiten. Aber die sind heute unnötig – sie existieren nur im Kopf.

Tatsächlich kommen die meisten ehelichen Schwierigkeiten daher, dass der voreheliche Geschlechtsverkehr verhindert wurde. Es ist so, als würde man euch sagen, dass ihr nicht schwimmen dürft, bevor ihr nicht 21 seid. »Lasst euch nicht vom Teufel in Versuchung führen! Bevor ihr 21 seid, ist Schwimmen eine Sünde!« Na gut, dann seid ihr eines Tages endlich 21 – aber ihr könnt nicht schwimmen. Und mit dem Gedanken, dass ihr jetzt endlich schwimmen dürft, springt ihr in den Fluss. Ihr werdet in den Tod springen! Allein die Tatsache, dass ihr erwachsen seid, macht es nicht zwingend, macht es nicht zu einem Naturgesetz, dass ihr schwimmen könnt. Und wann werdet ihr es lernen? Was sagen diese Leute denn eigentlich wirklich? Sie sagen, bevor ihr in den Fluss steigt, solltet ihr schwimmen lernen, doch wenn ihr in den Fluss steigt, begeht ihr eine Sünde. Aber wo wollt ihr denn schwimmen lernen? In eurem Schlafzimmer? Auf eurer Matratze? Um schwimmen zu lernen, müsst ihr zum Fluss gehen.

Es gibt Naturvölker, die viel menschlicher und natürlicher damit umgehen. Dort wird der voreheliche Geschlechtsverkehr von der ganzen Gesellschaft unterstützt und gefördert, denn das ist die Zeit zum Lernen. Mit vierzehn werden die Mädchen geschlechtsreif, mit spätestens achtzehn die Jungen – und das Alter sinkt. In dem Maße, in dem Wissenschaft und technischer Fortschritt in einer Kultur zunehmen und ausreichende Nahrung und gesundheitliche Versorgung zur Verfügung stehen, nimmt das Reifealter ständig ab. In Amerika werden die Mädchen viel früher geschlechtsreif als in Indien. Aber natürlich in Äthiopien ... wie kann man geschlechtsreif werden, wenn man schon lange vorher stirbt? In Amerika hat sich das Alter von vierzehn auf dreizehn, auf zwölf Jahre verringert, weil die Menschen mehr körperliche Energie, bessere Nahrung und ein bequemeres Leben haben. Sie werden früher geschlechtsreif und bleiben auch länger sexuell aktiv als die Menschen in den armen Ländern.

In Indien können es die Leute einfach nicht glauben, wenn sie in der Zeitung lesen, dass irgendein Amerikaner sich mit neunzig Jahren noch verheiraten will. Die Inder fassen das nicht. Was geht nur in diesen Amerikanern vor? Wenn ein Inder neunzig wird, steht er schon zwanzig Jahre lang mit einem Fuß im Grab. Höchstens sein Geist kann dann noch heiraten, aber er nicht. Und selbst wenn er noch im Körper ist ... ein Neunzigjähriger, der eine 78-Jährige heiratet – toll! Einfach unglaublich! Und sie machen sogar noch Flitterwochen! Sie haben ja auch wirklich sehr viel Übung darin. Ihr ganzes Leben lang haben sie es immer wieder gemacht – Heiraten, Flitterwochen, Heiraten, Flitterwochen – und sie haben so viel Glück gehabt, dass sie in einem einzigen Leben mindestens fünf, sechs, sieben Leben führen konnten.

Vorehelicher Geschlechtsverkehr ist eine der wichtigsten

Angelegenheiten, über die von der Gesellschaft eine Entscheidung getroffen werden muss.

Das Mädchen wird sexuell nie wieder so vital sein wie mit vierzehn, der Junge wird sexuell nie wieder so vital sein wie mit achtzehn. Wenn die Natur auf dem Höhepunkt ist, wird es ihnen verwehrt. Wenn der junge Mann dreißig ist, darf er endlich heiraten. Aber dann ist seine Sexualität bereits auf dem absteigenden Ast. Seine Lebensenergie nimmt schon ab und er verliert allmählich das Interesse. Von seiner Biologie her ist er dann vierzehn bis sechzehn Jahre zu spät dran – der Zug ist schon lange abgefahren.

Daraus entstehen so viele Eheprobleme, und so viele Eheberater leben davon, dass die beiden Partner ihre beste Zeit bereits überschritten haben. Und die beste Zeit wäre gewesen, als sie noch in der Lage waren, den Orgasmus wirklich kennen zu lernen. Jetzt lesen sie darüber in Büchern und sie träumen davon und fantasieren darüber – aber es passiert nicht mehr. Sie sind zu spät dran. Die Päpste stehen ihnen im Weg.

Ich möchte euch sagen: Lasst euch nicht von den Päpsten in Versuchung führen! Das sind die wirklich Bösen. Sie verderben euch euer ganzes Leben. Sie haben schon das Leben von Millionen von Menschen verdorben.

Mit dreißig kannst du nicht mehr diese Qualität, diese Intensität, dieses Feuer haben wie mit achtzehn. Aber das war die Zeit, als du keusch sein solltest und dich nicht vom Teufel in Versuchung führen lassen solltest. Und immer wenn der Teufel dich in Versuchung führt, solltest du einfach anfangen, zu Gott zu beten. Du kannst das Mantra *»Om mani padme hum«* wiederholen, wie es die Tibeter machen.

Immer wenn ihr einen Tibeter sein *»Om mani padme hum«* ganz schnell aufsagen seht, könnt ihr sicher sein, dass ihn gerade der Teufel in Versuchung führt. Dieses Mantra ist dazu da, dem Teufel Angst einzujagen, und je schneller man es aufsagt, umso schneller ergreift der Teufel die Flucht.

In Indien gibt es ein kleines Buch namens *Hanuman Chalisa.* Es ist ein Gebet an den Affengott Hanuman. Er gilt als keusch und ist der Beschützer all jener, die in Keuschheit leben wollen. Darum beten dort alle Leute, die sexuell enthaltsam sein wollen, diesen Hanuman an. Und dieses kleine Buch kann man sehr leicht auswendig lernen. So wiederholen sie ständig dieses Gebet, damit Hanuman ihre Keuschheit beschütze, damit er sie vor dem Teufel beschütze, der immer in der Nähe lauert und nur auf eine Chance wartet, sich jemanden zu schnappen und ihn in Versuchung zu führen.

Da ist niemand, der euch in Versuchung führt. Es ist einfach die Natur, nicht der Teufel. Und die Natur ist nicht gegen euch – sie ist euch ganz und gar wohl gesinnt.

In einer besseren, humaneren Gesellschaft sollte der voreheliche Geschlechtsverkehr genauso akzeptiert sein wie bei diesen Naturvölkern. Und die Begründung dafür ist ganz einfach. Erstens, die Natur hat es so eingeplant, und man sollte euch euer natürliches Recht nicht vorenthalten. Wenn die Gesellschaft nicht bereit ist, euch so früh heiraten zu lassen, ist das ihr Problem, nicht eures. Die Gesellschaft muss dafür eine Lösung finden, so wie diese Naturvölker eine Lösung gefunden haben. Dort passiert es ganz selten, dass ein Mädchen schwanger wird. Und wenn es schwanger wird, kann es den Jungen heiraten. Das wird akzeptiert, ohne Schande, ohne Skandal, ohne Verurteilung. Im Gegenteil, die Ältesten geben dem jungen Paar ihren Segen, denn die jungen Leute haben bewiesen, dass sie voller Lebenskraft sind. Sie haben eine sehr starke Natur, ihre Biologie ist vitaler als bei anderen. Doch es geschieht sehr selten.

Was aber geschieht, ist, dass jeder Junge und jedes Mädchen vorbereitet wird. Bei einigen Stämmen, die ich besucht habe, gibt es eine Regel, dass die Mädchen ab vierzehn und die Jungen ab achtzehn nicht mehr zu Hause schlafen. Sie haben eine Gemeinschaftshalle inmitten des Dorfes, wo alle Mädchen und Jungen zum Schlafen hinkommen. Sie brauchen sich nicht in der Garage hinter dem Auto zu verstecken. Das ist so hässlich! Damit zwingt die Gesellschaft die Leute, zu Lügnern, Dieben und Betrügern zu werden. Die ersten Liebeserfahrungen passieren unter so hässlichen Umständen – heimlich, voller Angst und Schuldgefühle, mit dem Glauben, man werde vom Teufel verführt. Sie können es nicht genießen zu einer Zeit, wo sie dazu fähig wären, es in höchstem Maße zu genießen und eine Gipfelerfahrung dabei zu machen.

Was ich damit sagen will: Wenn die jungen Leute ihre Sexualität auf ihrem Höhepunkt erleben dürften, dann würde sie ihre ganze Zwanghaftigkeit verlieren. Dann müssten sie sich nicht ihr ganzes Leben lang *Playboy*-Hefte anschauen – es wäre witzlos. Sie würden nicht ständig von Sex träumen und sexuelle Fantasien haben. Sie würden keine Schundromane lesen und keine Hollywood-Filme anschauen. Das gibt es alles nur, weil den Menschen ihr Geburtsrecht verwehrt wurde.

Bei den Naturvölkern verbringen die jungen Leute die Nächte miteinander. Man gibt ihnen nur eine Regel: »Du darfst mit einem Mädchen nicht länger als drei Tage zusammen sein, denn sie gehört nicht dir und du gehörst nicht ihr. Du sollst auch alle anderen Mädchen kennen lernen, und diese sollen auch alle Jungen kennen lernen, ehe ihr einen Partner fürs Leben wählt.«

Dies erscheint mir absolut vernünftig und gesund. Bevor ihr euch einen Partner fürs Leben wählt, solltet ihr die Chance haben, alle verfügbaren Frauen, alle verfügbaren Männer kennen zu lernen. Man kann auf der ganzen Welt sehen, dass weder die arrangierten Ehen noch die so genannten »Liebesehen« funktionieren. Beide scheitern, und der Hauptgrund dafür ist, dass in beiden Fällen die Paare zu wenig Erfahrung haben. Die Paare haben einfach zu wenig Freiheit, um sich den richtigen Partner zu suchen.

Es gibt keine andere Möglichkeit, den richtigen Partner zu finden, als durch Erfahrung. Die kleinsten Dinge können sich sehr störend auswirken. Der Körpergeruch eines Partners kann Grund genug sein, um die Ehe zum Scheitern zu bringen. Es ist kein großes Ding, aber es genügt; tagein, tagaus ... Wie lange kannst du das aushalten? Und jemand anders mag vielleicht diesen Geruch, für ihn ist vielleicht gerade das der Geruch, den er mag.

Die Menschen sollten einfach ihre Erfahrungen machen dürfen – und besonders heute, wo Schwangerschaft kein Problem mehr ist. Die Naturvölker hatten den Mut, es jahrtausendelang so zu handhaben, und es gab nicht viele Probleme dabei. Ab und zu wurde ein Mädchen schwanger, und dann hat es geheiratet; ansonsten war es kein Problem.

In diesen Stämmen gibt es keine Scheidungen, denn wenn einer sich entschieden hat, nachdem er sich alle Frauen angeschaut und mit allen Mädchen des Stammes geschlafen hat, warum sollte er dann seine Entscheidung wieder verändern? Die Wahl beruht auf Erfahrung, darum gibt es in diesen Kulturen keine Notwendigkeit für Scheidungen, Scheidung ist einfach kein Thema. Nicht, dass es nicht erlaubt wäre. Das Thema Scheidung taucht bei diesen Völkern einfach nicht auf. Sie haben sich darüber keine Gedanken gemacht, weil es nie ein Problem war. Der Wunsch, sich scheiden zu lassen, wurde nie geäußert.

In den zivilisierten Gesellschaften sind Eheprobleme weit

verbreitet, weil Mann und Frau beinahe Feinde sind. Man könnte sie »Intimfeinde« nennen, aber das ändert nicht viel daran. Feinde hält man sich besser vom Leib und wird nicht allzu intim mit ihnen! Mit »intim« ist gemeint, dass ein 24-stündiger, fortwährender Krieg im Gang ist, tagein, tagaus. Und die Ursache ist in solch dummen Vorstellungen religiöser Lehrer zu suchen wie: »Hütet euch vor vorehelichem Geschlechtsverkehr!«

Wenn man sich vor irgendetwas hüten sollte, dann ist es der eheliche Geschlechtsverkehr. Das ist das eigentliche Problem. Vorehelicher Geschlechtsverkehr ist nicht das Problem, vor allem jetzt nicht mehr, wo alle möglichen Verhütungsmittel verfügbar sind.

Alle Schulen, Universitäten und Ausbildungsstätten sollten darauf achten, dass die Jugendlichen, Mädchen wie Jungen, viele verschiedene Erfahrungen mit den unterschiedlichsten Menschen sammeln können, bevor sie ihre Wahl treffen. Dann wird ihre Wahl auf Wissen und Verständnis beruhen und in ihrer Erfahrung wurzeln.

Aber für den Papst ist es nicht das Problem, dass die ganze Menschheit unter der Ehe leidet, dass alle Paare in ihrer Ehe leiden und deswegen auch ihren Kindern einen Lebensweg des Leidens vorzeichnen – das ist nicht sein Anliegen. Sein einziges Anliegen ist, keine Geburtenkontrolle zu erlauben. Und wenn der Papst sagt: »Hütet euch vor dem Teufel«, dann sagt er damit eigentlich: »Hütet euch vor den Methoden der Geburtenkontrolle!«

Die echten Probleme werden gar nicht berührt, nur die unechten, verlogenen. Aber dennoch traktiert er weiterhin die ganze Welt mit seinen Ratschlägen ...

12

Gibt es ein Leben nach dem Sex?

Ab einem bestimmten Lebensalter wird die Sexualität wichtig. Nicht etwa, weil man sie dann zu etwas Wichtigem macht. Es ist nicht etwas, das du machen kannst; es geschieht von selbst. Im Alter von ungefähr vierzehn Jahren wirst du auf einmal von sexueller Energie überflutet. Es ist, als gingen plötzlich alle Schleusen auf. Subtile Energiequellen, die bisher verschlossen waren, öffnen sich, und die ganze Energie wird nun sexuell oder sexuell gefärbt. Du denkst Sex, du singst Sex, du gehst mit Sex – alles wird sexuell. Jede Handhabung bekommt einen sexuellen Anstrich. Es geschieht ganz von selbst, ohne dass du etwas dazu tun kannst. Es ist ganz natürlich.

Ebenso natürlich ist das Transzendieren des Sex. Wenn die Sexualität total gelebt wird – ohne sie zu verurteilen und ohne den Gedanken, sie überwinden zu wollen –, dann geschieht das mit ungefähr 42 Jahren. Genauso, wie sich mit vierzehn Jahren die Sexualität entfaltet hat und die ganze Energie sexuell wurde, schließen sich mit ungefähr 42 Jahren die Schleusen wieder. Ebenso natürlich, wie die Sexualität erwacht, verschwindet sie wieder.

Die Sexualität wird transzendiert, ohne dass man sich darum bemühen muss. Wenn du dich darum bemühst, wirst du sie nur unterdrücken. Es liegt nicht in deiner Hand. Die Sexualität ist ein eingebautes Programm in deinem Körper, in deiner Biologie. Du bist als sexuelles Wesen geboren, und daran ist nichts falsch. Nur so wird ein Mensch geboren. Mensch zu sein bedeutet, sexuell zu sein. Als deine Mutter und dein Vater dich zeugten, passierte das nicht durch Beten. Sie waren nicht in der Kirche und hörten den Priester predigen, sondern sie hatten Sex miteinander. Dir vorzustellen, dass deine Mutter und dein Vater Sex hatten, als du empfangen wurdest, mag schwierig für dich sein, aber sie haben sich geliebt und ihre sexuellen Energien sind zusammengekommen und miteinander verschmolzen.

So wurdest du gezeugt. In einem Akt tiefer Sexualität wurdest du empfangen. Die erste Zelle war eine Geschlechtszelle, und aus dieser Zelle sind alle anderen Zellen hervorgegangen. Doch jede Zelle bleibt im Grunde eine Geschlechtszelle. Der ganze Körper ist sexuell, aus Millionen Geschlechtszellen aufgebaut. Vergiss das nicht: Du bist ein geschlechtliches Wesen.

Sobald du das akzeptierst, löst sich der ganze jahrhundertealte Konflikt auf. Sobald du es ganz und gar ohne Vorbehalte akzeptierst, wirst du die Sexualität als etwas völlig Natürliches annehmen und leben.

Du fragst mich ja auch nicht, wie du das Essen transzendieren kannst oder das Atmen. Noch hat keine Religion gepredigt, dass man das Atmen transzendieren sollte, sonst würdest du vielleicht fragen: »Wie kann man das Atmen transzendieren?« Du atmest! Du bist ein atmendes Tier, und du bist auch ein sexuelles Tier. Doch da gibt es einen Unterschied: Die ersten vierzehn Jahre des Lebens sind fast geschlechtslos. Da ist höchstens ein rudimentäres Sexspiel, das nicht wirklich sexuell ist, nur eine Art Vorbereitung, ein Ausprobieren, das ist alles. Doch mit vierzehn wird diese Energie plötzlich reif.

Wenn ein Kind geboren wird, muss es sofort atmen, innerhalb von drei Sekunden, sonst stirbt es. Danach geht der Atem das ganze Leben lang weiter; er ist an das Leben gekoppelt. Er kann niemals transzendiert werden. Erst wenn du stirbst, etwa drei Sekunden vorher, hört der Atem auf, aber nicht früher. Das ist bemerkenswert: Die beiden Endpunkte des Lebens, Anfang und Ende, laufen genau gleich ab, sie sind symmetrisch. Wenn das Kind geboren wird, fängt es innerhalb von drei Sekunden zu atmen an, und wenn der Mensch stirbt, ist er innerhalb von drei Sekunden, nachdem er zu atmen aufhört, tot.

Die Sexualität kommt erst relativ spät hinzu. Vierzehn Jahre hat das Kind ohne Sexualität gelebt. Und wäre die Gesellschaft nicht so repressiv – und infolgedessen nicht so sexbesessen –, dann könnte das Kind in völliger Unwissenheit über den Sex aufwachsen. Es würde überhaupt nicht mitbekommen, dass es so etwas wie Sex gibt. Das Kind bliebe völlig unschuldig. Aber diese Unschuld ist nicht möglich, weil die Menschen das Sexuelle so unterdrückt haben. Und wo Unterdrückung herrscht, gibt es gleichzeitig auch Besessenheit.

Während die Priester die Sexualität unterdrücken, gibt es daneben die Antipriester – Hugh Hefner und Co. –, die immer mehr Pornografie produzieren. Einerseits propagieren die Priester die Unterdrückung, und andererseits machen die Antipriester den Sex immer attraktiver.

Beides gehört zusammen wie die zwei Seiten einer Münze. Erst wenn die Kirchen verschwinden, werden auch die *Playboy*-Magazine verschwinden, nicht eher. Sie sind Geschäftspartner, obwohl sie wie Gegner aussehen – aber lasst euch davon nicht täuschen. Sie reden gegeneinander, aber so funktioniert dieses Spiel.

Ich habe von zwei Männern gehört, die mit ihrem Geschäft Pleite gegangen waren. So beschlossen sie, eine neue Firma zu gründen, eine einfache Sache: Sie machten ein Wandergewerbe auf und zogen von Stadt zu Stadt. Zuerst kam der eine bei Nacht und Nebel und beschmierte die Türen und Fenster der Häuser mit Teer. Zwei, drei Tage später kam dann der andere, um alles wieder sauber zu machen. Er warb damit, dass er den Teer von den Häusern wieder entfernen und auch die Fenster putzen könne. In der Zwischenzeit erledigte der andere in der nächsten Stadt seinen Teil der Arbeit. Und damit verdienten sie Geld wie Heu.

Das Gleiche läuft zwischen der Kirche und den Leuten vom Schlage Hugh Hefner, den Pornografieproduzenten. Sie gehören zusammen; sie sind Partner einer Verschwörung. Immer wenn die Unterdrückung zu stark wird, beginnt sich ein pervertiertes Interesse zu zeigen. Nicht Sex ist das Problem, sondern das pervertierte Interesse.

Du solltest keine Vorurteile gegen die Sexualität haben, sonst kommst du nie davon los. Den Sex transzendieren kann man nur, wenn man ihn als etwas Natürliches akzeptiert. Ich weiß, das ist schwierig, denn du bist in eine Gesellschaft hineingeboren, die neurotisch mit Sex umgeht – nach der einen oder anderen Seite, aber auf jeden Fall neurotisch. Aus dieser Neurose herauszukommen ist sehr schwierig, aber wenn du ein bisschen bewusst bist, ist es möglich. Es geht also eigentlich nicht darum, den Sex zu transzendieren, sondern diese pervertierte Ideologie der Gesellschaft zu transzendieren: die Angst vor der Sexualität, die Unterdrückung der Sexualität und diese ganze Sexbesessenheit.

Sex ist schön. Sex an sich ist ein natürliches, biorhythmisches Phänomen. Es passiert, wenn ein Kind empfangen werden kann, und es ist gut, dass es passiert – sonst würde es das Leben nicht geben. Das Leben basiert auf der Sexualität und setzt sich fort durch die Sexualität. Wenn du das Leben verstehst, wenn du das Leben liebst, wirst du Sex als etwas Heiliges, Sakrales ansehen. Dann wirst du ihn leben, wirst ihn genießen – und genauso natürlich, wie er gekommen ist, wird er von selbst wieder verschwinden. Etwa mit 42 Jahren verschwindet der Sex auf so natürliche Weise, wie er in dein Leben getreten ist. Aber dazu kommt es nicht.

Vielleicht wundert es dich, wenn ich sage: »Etwa mit 42«, denn du kennst Leute mit siebzig, achtzig Jahren, die ihn noch nicht hinter sich gelassen haben. Du kennst diese so genannten »alten Lustmolche«. Sie sind Opfer der Gesellschaft. Sie hängen noch am Sex, weil sie nicht natürlich damit umgehen konnten, weil sie ihn unterdrücken mussten, als sie ihn hätten ausleben und genießen sollen. Und in den Augenblicken des Genießens gingen sie nicht total darin auf. Sie waren nicht orgasmisch, sie waren nur halbherzig bei der Sache. Und immer wenn man etwas halbherzig betreibt, bleibt man daran hängen.

Wenn du bei Tisch sitzt und isst, aber nur halbherzig isst, sodass dein Hunger nicht gestillt wird, dann wirst du den ganzen Tag ständig an Essen denken. Probier mal zu fasten, dann wirst du sehen: Du denkst fortwährend ans Essen. Anders ist es, wenn du gut gespeist hast – und wenn ich sage, gut gespeist, dann meine ich nicht, dass du dir bloß den Bauch voll gestopft hast. Dann hast du nicht unbedingt gut gespeist, sondern du hast dich nur voll gestopft. Gut zu speisen ist eine Kunst; es hat nichts mit Vollstopfen zu tun. Es ist eine große Kunst, das Essen zu schmecken, zu riechen, zu berühren, zu kauen, zu verdauen – und als etwas Göttliches zu verdauen. Es *ist* göttlich. Es ist eine Gabe Gottes.

Die Hindus sagen: *»Anam Brahma«*, Nahrung ist göttlich. Wenn du also mit tiefer Ehrfurcht isst und beim Essen alles andere vergisst, dann wird es zum Gebet. Es ist ein existenzielles Gebet. Du isst Gott, und Gott gibt dir Nahrung. Diese Gabe sollte mit tiefer Liebe und Dankbarkeit angenommen werden. Dann wirst du deinen Körper nicht voll stopfen, denn das wäre ein körperfeindlicher Akt. Das wäre das andere Extrem. Einerseits gibt es Leute, die wie besessen fasten, und es gibt Leute, die sich wie besessen voll stopfen. Beide machen es falsch, denn der Körper verliert auf beide Arten sein Gleichgewicht.

Wer seinen Körper wirklich liebt, wird nur so viel essen, dass der Körper sich völlig ruhig und ausgeglichen und friedlich fühlt, dass der Körper weder nach der einen noch nach der anderen Seite tendiert, sondern genau in der Mitte ist. Es ist eine Kunst, die Sprache des Körpers, die Sprache deines Bauches zu verstehen. Zu verstehen, was er braucht, und ihm nur das zu geben, was er braucht, und es ihm auf eine kunstvolle, ästhetische Weise zu geben.

Tiere wie Menschen nehmen Nahrung zu sich. Worin besteht der Unterschied? Der Mensch macht aus dem Essen eine besondere ästhetische Erfahrung. Welchen Sinn hätte sonst ein schön gedeckter Tisch? Welchen Sinn hätten brennende Kerzen? Welchen Sinn hätte Räucherwerk? Warum würde man Freunde einladen, daran teilzunehmen? – Um aus dem Essen eine Kunst zu machen und sich nicht bloß voll zu stopfen. Das sind die äußeren Anzeichen dieser Kunst. Doch die inneren Anzeichen bestehen darin, die Sprache des Körpers verstehen zu lernen, auf ihn zu hören und sensibel auf seine Bedürfnisse zu reagieren. Wenn du auf diese Weise isst, wirst du den ganzen Tag überhaupt nicht mehr ans Essen denken. Erst wenn der Körper wieder hungrig wird, fällt dir das Essen wieder ein. Das wäre natürlich.

Mit der Sexualität ist es genau dasselbe. Wenn du keine ablehnende Haltung hast, wirst du sie mit großer Dankbarkeit als natürliches, göttliches Geschenk akzeptieren. Du wirst sie genießen, andächtig genießen. Tantra sagt, dass man beten soll, bevor man sich liebt, weil die Liebe ein göttliches Verschmelzen der Energien ist. Man ist eingehüllt in Gott. Überall, wo zwei Liebende sind, ist Gott. Überall, wo die Energien zweier Liebenden miteinander verschmelzen und eins werden, ist Leben, pralles Leben in seiner höchsten Form. Ihr seid eingehüllt in Gott. Die Kirchen sind leer, aber die Liebeskammern sind erfüllt von Gott.

Wenn du die Liebe auf diese Weise gekostet hast, wie Tantra es empfiehlt, wenn du sie so kennen gelernt hast, wie es das Tao empfiehlt, dann wird sich mit etwa 42 Jahren die Sexualität von selbst verabschieden. Dann kannst du ihr mit tiefer Dankbarkeit Adieu sagen, weil sie dir Erfüllung geschenkt hat. Es war wunderbar, es war ein Segen – und jetzt verabschiedest du dich davon.

42 ist das Alter für Meditation, das richtige Alter. Wenn der Sex sich verabschiedet und diese überströmende Energie nicht mehr da ist, wird man ruhiger. Die Leidenschaft ist nicht mehr da, Mitgefühl stellt sich ein. Das Fieber ist verschwunden. Man ist nicht mehr so sehr am anderen interessiert. Wenn der Sex verschwindet, ist der andere nicht mehr der Mittelpunkt. Man fängt an, zur eigenen Quelle zurückzukehren – die Heimreise hat begonnen.

Du kannst die Sexualität nicht durch deine Anstrengungen transzendieren. Es geschieht von selbst, wenn du sie vollständig gelebt hast. Darum empfehle ich dir: Gib jede ablehnende Haltung, jede lebensfeindliche Einstellung auf und akzeptiere die Sexualität einfach als Tatsache. Wer bist du denn, dass du sie loswerden willst? Und wer versucht da etwas loszuwerden? – Doch nur das Ego! Vergiss nicht, Sex ist für das Ego das größte Problem.

Es gibt zwei Arten von Menschen: Die großen Egoisten, die immer etwas gegen Sex haben, und die Bescheidenen, die nie etwas gegen Sex haben. Aber wer hört schon auf die Bescheidenen? Es ist doch so, dass nur die Egoisten Predigten halten, nie die Bescheidenen.

Warum gibt es diesen Konflikt zwischen Sex und Ego? Weil Sex etwas im Leben ist, bei dem du nicht egoistisch sein kannst. Der andere wird wichtiger als du selbst. Deine Frau, dein Mann wird wichtiger als du. Bei allen anderen Dingen bist immer du das Wichtigste, nur in der Liebe wird der andere sehr wichtig, wird er so ungeheuer wichtig, dass sich alles um ihn dreht. Er wird zum Mittelpunkt und du bist der Satellit, der um ihn kreist – und genauso ergeht es dem anderen: Du wirst zu seinem Mittelpunkt und er ist der Satellit. Es geht um beiderseitige Hingabe. Beide geben sich dem Gott der Liebe hin, beide werden demütig.

Sex ist die einzige Energie, die dich darauf stößt, dass es da etwas gibt, was man nicht kontrollieren kann. Geld kann man kontrollieren, Politik kann man kontrollieren, den Markt kann man kontrollieren, Wissen kann man kontrollieren, Wissenschaft kann man kontrollieren, Moral kann man kontrollieren: Sex bringt eine ganz andere Ebene ins Spiel: Man kann ihn nicht kontrollieren. Das Ego will aber immer die Kontrolle haben. Es ist glücklich, wenn es die Kontrolle haben kann, und unglücklich, wenn es keine Kontrolle hat. An diesem Punkt setzt der Konflikt zwischen Ego und Sex ein. Doch vergiss nicht, diesen Kampf kannst du nicht gewinnen. Das Ego kann nicht gewinnen, weil das Ego nur an der Oberfläche ist. Die Sexualität ist etwas ganz tief Verwurzeltes, sie ist dein Leben. Das Ego ist nur der Kopf, das Denken. Die Sexualität hat ihre Wurzeln überall in dir, das Ego hat seine Wurzeln nur in deinen Ideen – sehr oberflächlich, nur im Kopf.

Wer kommt denn auf die Idee, den Sex zu transzendieren? Der Kopf kommt auf diese Idee. Nur wenn du zu sehr im Kopf bist, wirst du die Sexualität transzendieren wollen, denn die Sexualität zwingt dich hinunter in den Bauch. Sie lässt nicht zu, dass du oben im Kopf hängen bleibst. Alles andere lässt sich von dort aus managen, nur den Sex kannst du nicht managen. Du kannst nicht vom Kopf her Liebe machen. Du musst nach unten kommen, musst aus deiner Höhe herabsteigen, musst der Erde näher kommen.

Sex ist erniedrigend für das Ego, darum sind Egoisten immer gegen den Sex. Sie versuchen Mittel und Wege zu finden, ihn zu transzendieren, aber das können sie nicht, sie können höchstens pervers werden. Alle ihre Bemühungen sind von Anfang an zum Scheitern verurteilt. Man kann vielleicht so tun, als hätte man den Sex besiegt, aber unterschwellig ist er da ... Man kann ihn rationalisieren, kann Gründe dagegen finden, kann etwas vortäuschen und sich mit einer harten Schale umgeben, aber in der Tiefe bleibt die unterschwellige Neigung bestehen, bleibt die Wirklichkeit unberührt. Die Wahrheit wird hervorbrechen, sie lässt sich unmöglich verbergen.

Du kannst also versuchen, deine Sexualität zu kontrollieren, doch unterschwellig läuft sie immer weiter und zeigt sich auf verschiedenste Weise. Trotz aller Rationalisierungen wird sie sich immer wieder regen.

Ich würde dir nicht empfehlen, irgendeine Anstrengung zu unternehmen, um die Sexualität zu transzendieren. Was ich dir empfehle, ist genau das Gegenteil: Vergiss alle Transzendenz und begib dich so tief in den Sex, wie du kannst. Solange die Energie noch da ist, begib dich so tief hinein wie du kannst, liebe so tief, wie du kannst, und mache eine Kunst daraus. Es ist nicht etwas, das man einfach »machen« kann – darin liegt der Sinn, aus der Liebe eine Kunst zu machen. Es gibt subtile Nuancen der Liebe, die nur für jene erfahrbar werden, die sich mit einem tiefen Sinn für Ästhetik hineinbegeben. Sonst kannst du nämlich dein ganzes Leben lang Sex haben und wirst doch immer unbefriedigt bleiben, weil du nicht weißt, dass Befriedigung etwas sehr Ästhetisches ist. Sie ist wie eine zarte Musik, die in deiner Seele erklingt.

Wenn du durch die sexuelle Liebe zu einer Harmonie gelangen kannst, wenn du durch die Liebe entspannt und unverkrampft werden kannst, wenn die körperliche Liebe für dich nicht bloß ein Verschleudern von Energie ist, weil du nicht weißt, was du damit anfangen sollst, wenn sie nicht bloß eine Erleichterung, sondern eine tiefe Entspannung ist – du entspannst dich in deine Frau hinein, die Frau entspannt sich in dich hinein, und für einige Sekunden, für einige Augenblicke oder Stunden vergesst ihr, wer ihr seid und verliert euch völlig darin –, dann wirst du wie neu daraus hervorgehen: reiner, unschuldiger, jungfräulicher. Dann wird sich dein Sein verwandeln – du bist entspannt, zentriert, in dir verwurzelt.

Wenn das geschieht, wirst du eines Tages erleben, dass die Sexualität abebbt; und sie hat dich sehr reich zurückgelassen. Du wirst es nicht schade finden, dass sie nicht mehr da ist. Wenn die Sexualität sich verabschiedet, öffnet sich das Tor zur Meditation. Wenn der Sex geht, versuchst du nicht mehr, dich in einem anderen Menschen zu verlieren. Dann wirst du fähig, dich in dir selbst zu verlieren. Dann tauchst du ein in eine neue Welt des Orgasmus – den inneren Orgasmus des Alleinseins mit dir selbst. Diesen Orgasmus erfährst du aber nur, wenn du das Zusammensein mit dem anderen kennst.

Du wächst und reifst durch den anderen. Schließlich kommt der Moment, wo du allein und ungeheuer glücklich sein kannst. Dann gibt es kein Bedürfnis mehr nach dem anderen.

Das Bedürfnis ist verschwunden, aber du hast so viel dadurch gelernt, du hast so viel über dich selbst erfahren. Der andere war dein Spiegel. Diesen Spiegel brauchst du gar nicht zu zerbrechen. Du hast so viel über dich erfahren, dass du den Spiegel jetzt nicht mehr anzuschauen brauchst. Du kannst jetzt die Augen schließen und dein wahres Gesicht sehen. Dazu wärest du aber nie in der Lage gewesen, wenn du von Anfang an diesen Spiegel nicht gehabt hättest.

Lass deine Frau dein Spiegel sein, lass deinen Mann dein Spiegel sein. Schau dem anderen in die Augen und sieh darin dein eigenes Gesicht. Geh in den anderen hinein, um dich selbst zu erkennen. Dann wird der Spiegel eines Tages unnötig, aber du wirst nicht gegen ihn sein. Du wirst ihm sogar dankbar sein! Wie könntest du gegen ihn sein? Du wirst ihm so viel verdanken, wie könntest du gegen ihn sein? Du bist nur über ihn hinausgewachsen.

Transzendenz ist nicht Unterdrückung. Transzendenz ist ein natürliches Darüber-hinaus-Wachsen. Man wächst darüber hinaus, lässt es hinter sich, so wie der Same vergeht und der Spross aus dem Erdboden hervorkommt. Wenn die Sexualität vergeht, vergeht der Same. Durch die Sexualität war es dir möglich, ein neues Wesen hervorzubringen, einem Kind zur Geburt zu verhelfen. Wenn die Sexualität vergeht, wird deine ganze Energie dir selbst zur Geburt verhelfen. Die Hindus nennen das *»Dwija«*, den Zweimalgeborenen. Die erste Geburt hast du von deinen Eltern bekommen, die zweite Geburt wartet noch auf dich. Du musst sie dir selbst geben, du musst Vater und Mutter für dich selbst werden.

Dann wendet sich deine ganze Energie nach innen; es entsteht ein innerer Kreis. So wie du jetzt bist, wäre es schwierig für dich, innerlich diesen Kreis herzustellen. Noch ist es leichter, diesen Kreis durch die Verbindung mit dem anderen

Pol – Frau oder Mann – zu vollenden. So kannst du den Segen des Kreises genießen. Aber nach und nach wirst du in der Lage sein, den inneren Kreis allein herzustellen, weil du im Innern beides bist: Mann und Frau, Frau und Mann.

Niemand ist nur Mann und niemand ist nur Frau – denn ihr entstammt der Vereinigung von Mann und Frau, beide haben daran mitgewirkt. Deine Mutter hat dir etwas mitgegeben, dein Vater hat dir etwas mitgegeben. Zur Hälfte hat jeder daran mitgewirkt und beide sind in dir vorhanden. Nun können Mann und Frau sich in dir wieder vereinigen. Dein Vater und deine Mutter können sich wieder lieben, in deinem Innern. Das ist die Geburt deiner Wirklichkeit. Als sie sich damals vereinigten, war es die Geburt deines Körpers. Wenn sie sich jetzt wieder vereinigen, in deinem Innern, ist es die Geburt deiner Seele. Das bedeutet es, den Sex zu transzendieren; es ist eine höhere Ebene von Sex.

Wenn du den Sex transzendierst,
gelangst du zu einem höheren Sex.
Der gewöhnliche Sex ist grob,
der höhere Sex ist alles andere als grob.
Der gewöhnliche Sex ist nach außen gerichtet,
der innere Sex ist nach innen gerichtet.
Im gewöhnlichen Sex vereinigen sich zwei Körper,
und ihre Vereinigung findet außen statt.
Im höheren Sex vereinigen sich deine eigenen
inneren Energien. Es ist nicht mehr körperlich,
es ist spirituell – es ist Transzendenz.

13

Das Ende der Familie

Der Mensch ist über die Familie hinausgewachsen. Die Familie hat ausgedient, sie hat sich überlebt. Sie ist eine der ältesten Institutionen, darum können nur Menschen von besonderer Klarsicht erkennen, dass sie ausgedient hat. Die meisten brauchen etwas länger, bis sie der Tatsache gewahr werden, dass die Familie tot ist.

Sie hat ihre Aufgabe erfüllt. In der heutigen Situation ist sie bedeutungslos geworden – bedeutungslos für die neue Menschheit, deren Geburt wir gerade erleben.

Die Familie hatte ihr Gutes und ihr Schlechtes. Sie war eine große Hilfe – durch sie konnte der Mensch überleben. Aber sie hat auch Schaden angerichtet, denn sie hat den Menschen geistig und seelisch verkrüppelt. In der Vergangenheit gab es allerdings keine Alternative; man hatte keine andere Wahl. Sie war ein notwendiges Übel. Doch in der Zukunft muss das nicht so sein. In der Zukunft können neue, alternative Lebensformen entstehen.

Nach meiner Vorstellung wird es in der Zukunft nicht nur *ein* verbindliches Muster geben, sondern viele alternative Lebensformen. Einige Menschen werden immer noch in Familien leben wollen, und sie sollten die Freiheit dazu haben. Das wird aber nur ein kleiner Prozentsatz sein. Es gibt Familien auf dieser Welt – ganz wenige, höchstens eine von hundert –, die wirklich wunderbar funktionieren, die ein wahrer Segen sind und in denen alle wachsen und gedeihen. In denen es kein Autoritätsdenken, keine Machtspiele, keine Besitzansprüche gibt und die Kinder nicht kaputt gemacht werden. In denen die Frau nicht versucht, den Mann kleinzukriegen und der Mann nicht versucht, die Frau fertig zu machen. Familien, in denen Liebe und Freiheit herrschen, wo alle aus reiner Freude zusammen sind, aus keinem anderen Grund, und wo es keine Politik gibt. Gewiss, solche Familien hat es auf Erden gegeben und es gibt sie immer noch. Für solche Menschen braucht sich nichts zu ändern. Sie werden auch in Zukunft weiter in Familien leben.

Doch für die überwiegende Mehrheit ist die Familie eine hässliche Angelegenheit. Fragt die Psychoanalytiker und sie werden euch bestätigen, dass alle möglichen psychischen Krankheiten durch die Familie entstehen, alle möglichen Psychosen und Neurosen durch die Familie bedingt sind. Die Familie erzeugt völlig kranke Menschen.

Das müsste nicht so sein. Es sollten Alternativen offen stehen. Für mich ist die Kommune eine alternative Lebensform, und zwar die beste.

Eine Kommune bedeutet, dass Menschen in einer offenen Großfamilie zusammenleben. Die Kinder gehören zur Kommune, sie gehören zu allen. Es gibt keinen persönlichen Besitz, kein persönliches Ego. Mann und Frau leben zusammen, weil sie sich danach fühlen, weil sie Freude daran haben, weil sie einander schätzen und lieben. Sobald sie das Gefühl haben, dass die Liebe nicht mehr da ist, halten sie nicht länger aneinander fest, sondern gehen in aller Freundschaft und Dankbarkeit auseinander und finden neue Partner.

In der Vergangenheit war das einzige Problem: Was wird aus den Kindern? In einer Kommune gehören die Kinder zur Gemeinschaft, und das ist viel besser so. Im Zusammenleben mit so vielen verschiedenen Menschen haben sie viel mehr Möglichkeiten, sich zu entwickeln. Normalerweise wächst ein Kind heutzutage bei der Mutter auf. Mutter und Vater bleiben jahrelang seine einzigen menschlichen Vorbilder. So beginnt es natürlich, sie nachzuahmen.

Kinder werden zu Nachahmern ihrer Eltern, und auf diese Weise setzen sie die Krankheiten ihrer Eltern weiter fort. Sie werden zu bloßen Imitationen, ihre Eigenart wird zerstört. Und es bleibt den Kindern gar nichts anderes übrig - sie haben keine anderen Informationsquellen.

Wenn hundert Leute in einer Kommune zusammenleben, gibt es viele männliche und weibliche Vorbilder. Das Kind wird auf keine bestimmte Verhaltensweise festgelegt, von der es nie wieder loskommt. Es kann von seinem Vater, einem Onkel, von allen Männern und Frauen in der Kommune lernen. Seine Seele wird reicher.

Die Familie erdrückt den Menschen und engt seine Seele ein. In der Kommune wird das Kind eine größere Seele und viel mehr Entfaltungsmöglichkeiten haben; sein Wesen wird um vieles bereichert. Es erlebt viele Frauen, und so bekommt es nicht nur ein einziges Bild von der Frau. Nur eine einzige Vorstellung von der Frau zu haben ist sehr schädlich, denn dann suchst du dein ganzes Leben lang nur nach der eigenen Mutter. Immer wenn du dich in eine Frau verliebst, pass auf! Sehr wahrscheinlich hast du jemanden gefunden, der deiner Mutter ähnlich ist - und vielleicht solltest du gerade das vermeiden.

Jedes Kind ist wütend auf seine Mutter. Die Mutter muss vieles verbieten, die Mutter muss Nein sagen, das ist unvermeidlich. Selbst eine gute Mutter muss manchmal Nein sagen, sie muss einschränken und verweigern. Das Kind empfindet Ärger und Wut. Es hasst die Mutter, und gleichzeitig liebt es sie, denn sie erhält es am Leben, sie ist seine Lebens- und Energiequelle. Also hasst es die Mutter und liebt sie zugleich. Und das wird später zum Verhaltensmuster. Du liebst und hasst dieselbe Frau – du kannst gar nicht anders. Als Mann wirst du immer unbewusst nach deiner Mutter suchen. Und den Frauen passiert es genauso: Sie suchen immer den Vater. Ihr ganzes Leben lang trachten sie danach, ihren Papa in einem Ehemann zu finden.

Nun ist aber dein Papa nicht der einzige Mensch auf der Welt; die Welt hat noch weit mehr zu bieten. Und selbst wenn du deinen Vater tatsächlich findest, wird es dich nicht glücklich machen. Glücklich sein kannst du nur mit einem Geliebten, einem Partner, aber nicht mit deinem Vater. Und wenn der Mann seine Mutter findet, ist er mit ihr auch nicht glücklich. Er kennt sie ja schon, es gibt nichts Neues mehr zu entdecken. Er kennt sie nur zu gut, und was man kennt, wird oft verachtet. man sollte lieber das Neue suchen, aber davon kann man sich kein Bild machen.

In einer Kommune werden die Kinder eine reichere Seele haben. Sie kennen viele Frauen und viele Männer; sie sind nicht auf eine oder zwei Personen fixiert.

Die Familie erzeugt eine Zwangsvorstellung, und das ist unmenschlich. Wenn dein Vater mit jemandem streitet, musst du dich auf seine Seite stellen und zu ihm halten – ob er im Recht ist oder nicht, spielt keine Rolle. Die Devise: »Für Gott und Vaterland!« gilt auch hier: »Mein Vater hat immer Recht, schließlich ist er ja mein Vater. Und meine Mutter ist meine Mutter, also muss ich zu ihr halten.« Sonst wäre es Verrat.

Die Familie lehrt dich, ungerecht zu sein. Du siehst, wie deine Mutter mit der Nachbarin streitet, und dir ist klar, dass deine Mutter Unrecht hat und die Nachbarin Recht – aber du musst zu deiner Mutter halten. So lernst du Ungerechtigkeit.

In einer Kommune bist du nicht so sehr an eine Familie gebunden, ja es gibt gar keine Familie, an die du gebunden sein könntest. Du bist freier und weniger fixiert. Du kannst gerechter sein. Du wirst von vielen Seiten geliebt und erfährst das Leben als liebevoll.

Die Familie bringt dir bei, in einer Art Konflikt mit der Gesellschaft und mit anderen Familien zu leben. Sie beansprucht eine Monopolstellung. Die Familie verlangt von dir, dass du für sie bist und gegen alle anderen. du musst dich in ihren Dienst stellen, musst ständig für den guten Namen und die Ehre der Familie kämpfen. Die Familie lehrt dich Ehrgeiz, Konflikt, Aggression. In einer Kommune wird es nicht so viele Aggressionen geben. Man fühlt sich in der Welt mehr zu Hause, weil man mit so vielen Menschen vertraut ist.

Statt der Familie würde ich also lieber die Kommune sehen – eine Gemeinschaft, in der alle befreundet sind. Selbst Eheleute sollten nichts anderes als Freunde sein. Ihre Ehe ist dann nur eine gegenseitige Übereinkunft zusammen zu sein, weil man zusammen glücklich ist. Sobald auch nur einer der beiden findet, dass sich Unglück breit macht, sollten sie auseinander gehen. Dazu ist keine Scheidung nötig. Wo es keine Heirat gibt, gibt es auch keine Scheidung. jeder lebt spontan.

Wenn du unglücklich lebst, gewöhnst du dich mit der Zeit an dein Unglück. Man sollte jedoch niemals das Unglück geduldig hinnehmen, nicht eine Sekunde lang. Früher war es vielleicht schön, mit einem bestimmten Menschen zusammenzuleben und es hat viel Freude gebracht. Wenn es jetzt aber keine Freude mehr bringt, sollte man auseinander gehen. Und es ist nicht nötig, wütend und destruktiv zu werden oder nachtragend zu sein, denn an der Liebe kann man nichts ändern. Liebe ist wie ein Windhauch; sie kommt unverhofft. Wenn sie da ist, ist sie da – und plötzlich ist sie wieder fort. Und wenn sie fort ist, ist sie fort. Die Liebe ist ein Mysterium; es lässt sich nicht manipulieren. Liebe darf man nicht manipulieren oder zu einer Sache des Gesetzes machen. Liebe darf man nicht erzwingen, unter gar keinen Umständen.

In einer Kommune werden die Menschen zusammenleben aus reiner Freude am Zusammensein, aus keinem anderen Grund. Und wenn es keine Freude mehr macht, trennen sie sich. Das mag schmerzhaft sein, aber dennoch müssen sie auseinander gehen. So sehr sie noch an den Erinnerungen der Vergangenheit hängen mögen, dennoch sollten sie sich trennen. Das sind sie einander schuldig, dass sie nicht im Unglück leben, denn sonst wird das Unglück zur Gewohnheit. Sie trennen sich schweren Herzens, aber ohne Groll, und suchen sich andere Partner.

In Zukunft wird es keine Ehe mehr geben so wie früher und auch keine Scheidung. Das Leben wird fließender ablaufen und mehr auf Vertrauen gebaut sein. Man wird mehr vertrauen auf die Geheimnisse des Lebens als auf die Eindeutigkeit der Gesetze, wird mehr auf das Leben selbst hören als auf alles andere – die Justiz, die Polizei, die Priester, die Kirche. Und die Kinder sollten allen gehören, sie sollten nicht den Stempel einer Familie tragen. Sie gehören zur Kommune, und die Kommune kümmert sich um sie.

Das wird der revolutionärste Schritt in der Geschichte der Menschheit sein: dass die Menschen anfangen, in Kommunen zu leben, und dass sie anfangen, aufrichtiger, ehrlicher und vertrauensvoller miteinander umzugehen und immer mehr auf Gesetze zu verzichten.

In der Familie geht die Liebe früher oder später verloren. Vielleicht hat sie schon von Anfang an gefehlt, vielleicht war es nur eine Vernunftehe – aus Motiven wie Geld, Macht, Status. Aber dann werden aus einer solchen Ehe, die von Anfang an eine Totgeburt ist, Kinder geboren. Kinder werden in die Welt gesetzt, ohne Liebe. Sie verkümmern von Anfang an. Die lieblose Situation zu Hause lässt sie ganz abgestumpft und lieblos werden. Von den Eltern lernen sie ihre erste Lektion im Leben, und die Eltern sind lieblos, ständig voller Eifersucht, Streit und Ärger, und die Kinder bekommen immer nur die hässlichen Seiten ihrer Eltern zu sehen. Ihre Hoffnung wird im Keim erstickt. Sie können nicht glauben, dass es in ihrem Leben Liebe geben kann, weil es auch im Leben ihrer Eltern keine Liebe gibt. Und sie sehen auch andere Eltern, andere Familien. Kinder sind sehr wahrnehmungsfähig; sie schauen sich ständig um und beobachten alles. Wenn sie sehen, dass Liebe nicht möglich ist, fangen sie an zu glauben, dass Liebe nur in Gedichten vorkommt – sie ist nur etwas für Dichter und Schwärmer, und im wirklichen Leben hat sie keinen Platz. Und wenn man erst einmal die Vorstellung hat, die Liebe sei bloß erdichtet, dann wird man sie nie erleben, denn man hat sich ihr verschlossen.

Nur wer Liebe miterlebt hat, kann sich später selbst der Liebe öffnen. Wenn du deinen Vater und deine Mutter in tiefer Liebe siehst, voller Liebe füreinander, voller Fürsorge, Mitgefühl und Achtung füreinander, dann hast du erlebt, was Liebe ist. So entsteht die Hoffnung. Ein Same fällt in dein Herz und beginnt dort zu wachsen. Und du weißt, es wird auch mit dir geschehen.

Wenn du das nicht erlebt hast, wie kannst du dann glauben, dass es auch dir geschehen kann? Wenn deine Eltern keine Liebe erlebt haben, wie kannst du sie erleben? Im Gegenteil, du wirst alles daransetzen, um zu verhindern, dass die Liebe zu dir kommt – sonst würdest du ja deine Eltern verraten!

Ich beobachte das an vielen Menschen. Frauen sagen sich in der Tiefe ihres Unterbewusstseins: »Siehst du, Mami, mir geht es genauso schlecht wie dir!« Und wenn die Söhne herangewachsen sind, sagen sie: »Keine Sorge, Papa! Mein Leben ist genauso unglücklich wie deins. Ich hab dich nicht im Stich gelassen, ich hab dich nicht verraten! Ich bin ein genauso unglücklicher Mensch wie du. Ich unterbreche die Kette nicht, ich setze die Tradition fort. Ich bin dein Vertreter, Papa, ich lasse dich nicht im Stich. Schau, ich mache das Gleiche, was du mit Mutti gemacht hast. Genau dasselbe mache ich mit der Mutter meiner Kinder. Und so wie du zu mir warst, bin ich zu meinen Kindern. Ich erziehe sie genauso, wie du mich erzogen hast.«

Schon allein die Vorstellung, dass man Kinder erziehen müsste, ist Unsinn. Man kann sie höchstens unterstützen, aber man kann sie nicht erziehen. Diese ganze Idee der Kindererziehung ist Krampf – nicht nur Krampf, sondern sogar sehr schädlich, ungeheuer schädigend. Man kann Kinder nicht aufbauen, nicht bilden – ein Kind ist ja kein Ding, kein Gebäude.

Ein Kind ist wie ein Baum. Ja, du kannst ihn stützen, kannst den Boden bereiten, kannst ihn düngen, bewässern und darauf achten, dass die Pflanze genug Sonne bekommt, aber mehr nicht. Du baust die Pflanze nicht auf – sie wächst von allein. Du kannst ihr helfen, aber du kannst sie weder formen noch aufbauen.

Kinder sind ein unermessliches Geheimnis. Sobald du anfängst, sie aufzubauen, sobald du ihnen Verhaltensmuster gibst und ihren Charakter formst, sperrst du sie in ein Gefängnis. Das werden sie dir niemals verzeihen können! Aber etwas anderes lernen sie nie kennen – und so werden sie mit ihren Kindern dasselbe machen, und so wird es immer weitergehen. Jede Generation gibt ihre Neurosen an die Nachkommen weiter. So bleibt die Gesellschaft mit ihrem ganzen Irrsinn und Unglück bestehen.

Nein, jetzt brauchen wir etwas ganz anderes. Der Mensch ist mündig geworden, und die Familie gehört der Vergangenheit an. Sie hat wirklich keine Zukunft mehr. Die Kommune kann und wird den Platz der Familie einnehmen und sie wird sehr viel segensreicher sein.

In einer Kommune können aber nur Menschen zusammenleben, die meditativ sind. Nur wenn du weißt, wie man das Leben feiert, kannst du mit anderen zusammenleben. Nur wenn du diesen Zustand kennst, den ich Meditation nenne, kannst du mit anderen zusammen sein, kannst du liebevoll sein.

Diesen alten Unfug, die Liebe zu einem Monopol zu machen, musst du aufgeben; erst dann kannst du in einer Kommune leben. Wenn du deine alten Besitzansprüche beibehältst – dass deine Frau mit keinem andern Händchen halten darf, dass dein Mann mit keiner andern lachen darf –, wenn du noch derartig unsinnige Vorstellungen in dir trägst, kannst du nicht in einer Kommune leben.

Es ist gut, wenn dein Ehemann mit einer anderen lacht! Dein Mann lacht, und Lachen ist immer gut, egal mit wem. Lachen ist schön, lachen ist wertvoll. Wenn deine Frau jemand anderen an der Hand hält – wunderbar! Da strömt Wärme, und es ist schön, wenn Wärme fließt; es ist wertvoll. Mit wem es passiert, spielt überhaupt keine Rolle. Und wenn deine Frau das mit vielen anderen Menschen erlebt, wird sie es auch weiterhin mit dir erleben. Und wenn es mit anderen nicht mehr passiert, wird es auch zwischen euch beiden aufhören.

Diese ganze alte Vorstellung ist so dumm! Es ist, als würdest du deinem Mann sagen, wenn er aus dem Haus geht: »Untersteh dich, irgendwo anders zu atmen! Wenn du nach Hause kommst, kannst du so viel atmen, wie du willst, aber wenn du nicht mit mir zusammen bist, darfst du nicht atmen. Draußen musst du die Luft anhalten, du musst zum Yogi werden. Ich will nicht, dass du anderswo atmest!« Ist das nicht lächerlich? Aber warum sollte es mit der Liebe anders sein als mit dem Atmen?

Liebe *ist* Atmen. Durch das Atmen lebt der Körper, und durch die Liebe lebt die Seele. Liebe ist viel wichtiger als der Atem. Wenn nun dein Mann ausgeht, wachst du darüber, dass er mit niemand anderem lacht, jedenfalls nicht mit einer anderen Frau. Und er darf zu niemand anderem liebevoll sein. Dann wird er 23 Stunden lang lieblos sein, und die eine Stunde, die er mit dir im Bett verbringt, soll er so tun, als würde er lieben? Du hast die Liebe in ihm abgewürgt; sie kann nicht mehr fließen. 23 Stunden am Tag muss er den Yogi spielen und ängstlich seine Liebe unterdrücken – meinst du wirklich, er kann sich dann für eine Stunde plötzlich entspannen? Das ist unmöglich. Erst verkrüppelst du den Mann oder die Frau, und dann hast du die Nase voll und langweilst dich. Dann bekommst du das Gefühl: »Er liebt mich nicht mehr!«– dabei hast du selbst dir diesen Zustand geschaffen. Und dann bekommt der andere immer mehr das Gefühl, dass du ihn nicht mehr liebst, dass du nicht mehr so glücklich bist wie früher.

Wenn sich zwei am Strand begegnen oder in einem Park, bei einem Rendezvous, dann ist noch nichts festgelegt. Alles ist noch offen, und beide sind sehr glücklich. Wieso? Weil sie frei sind. Ein Vogel im Flug ist etwas ganz anderes als derselbe Vogel im Käfig. Sie sind glücklich, weil sie frei sind.

Ohne Freiheit kann der Mensch nicht glücklich sein, doch die alte Familienstruktur macht alle Freiheit kaputt. Und weil sie die Freiheit kaputt macht, macht sie auch das Glück und die Liebe kaputt.

Die Familie war eine Art Überlebensstrategie. Natürlich hat sie in gewisser Weise den Körper beschützt, aber dafür hat sie die Seele zerstört. Heute brauchen wir sie nicht mehr. Wir müssen auch die Seele schützen, und das ist viel wesentlicher, viel wichtiger.

Die Familie hat keine Zukunft mehr, jedenfalls nicht in dem Sinne, wie wir es bisher verstanden haben. Eine Zukunft gibt es nur für die Liebe und für Beziehungen, die auf Liebe gründen. »Ehemann« und »Ehefrau« – das werden bald Schimpfwörter sein. Und jeder, der seinen Mann oder seine Frau für sich alleine beansprucht, macht es natürlich genauso mit seinen Kindern.

Ich stimme völlig mit Thomas Gordon überein, wenn er sagt: »Ich glaube, im Grunde misshandeln *alle* Eltern ihre Kinder, weil die ganze Kindererziehung auf Macht und Autorität beruht. Ich halte es für destruktiv, dass viele Eltern der Auffassung sind: ›Das ist *mein* Kind, und ich kann mit ihm machen, was ich will.‹ Ich finde das gewalttätig und destruktiv.« Ein Kind ist kein Ding, es ist kein Stuhl, kein Auto. Du kannst mit ihm nicht machen, was du willst. Es kommt zwar durch dich auf die Welt, aber es gehört dir nicht. Es gehört Gott, es gehört dem Leben. Du bist bestenfalls sein Beschützer – nimm es nicht in Besitz!

Doch das ganze Familienkonzept beruht auf Besitz. Man besitzt Grund und Boden, besitzt eine Frau, besitzt einen Mann, besitzt Kinder. Dieser Besitzwunsch ist Gift. Aus diesem Grund bin ich gegen die Familie. Aber ich sage nicht, dass diejenigen, die in ihrer Familie wirklich glücklich – offen, lebendig und liebevoll – sind, ihre Familien auflösen sollen. Nein, dafür besteht keine Notwendigkeit. Eine solche Familie ist bereits eine Kommune – eine Kommune im Kleinen.

Aber natürlich ist eine größere Kommune noch besser,

denn sie bietet viel mehr Möglichkeiten, mehr unterschiedliche Leute. Andere Menschen singen andere Lieder, andere Menschen bringen andere Lebensweisen, andere Menschen bringen ein anderes Klima, einen frischen Wind, ein anderes Licht. Und die Kinder sollten mit möglichst vielen verschiedenen Lebensweisen in Berührung kommen, damit sie die Wahl haben, damit sie frei wählen können.

Es wird sie bereichern, wenn sie viele verschiedene Frauen (oder Männer) kennen lernen, und sie werden nicht auf das Gesicht und die Art ihrer Mutter (oder ihres Vaters) fixiert sein. Das macht sie fähig, später viele Frauen und viele Männer zu lieben. Ihr Leben wird dadurch zu einem größeren Abenteuer.

Eine Mutter nimmt ihren Sohn mit in die Spielwarenabteilung eines Kaufhauses. Beim Anblick eines gigantischen Schaukelpferdes klettert der Junge darauf und hört nicht mehr auf zu schaukeln, eine ganze Stunde lang.

»Komm jetzt endlich«, drängt die Mutter. »Wir müssen nach Hause. Dein Vater wartet auf sein Abendessen.« Doch der Knirps rührt sich nicht vom Pferd, allen Bemühungen der Mutter zum Trotz. Sogar der Geschäftsführer versucht, den Jungen zu überreden, aber erfolglos. Aus lauter Verzweiflung holen sie schließlich den Kaufhauspsychologen zu Hilfe.

Dieser geht ganz ruhig auf den Jungen zu und flüstert ihm ein paar Worte ins Ohr. Der Junge springt sofort vom Pferd herunter und läuft zu seiner Mutter.

»Wie haben Sie das denn geschafft?«, fragt die Mutter fassungslos. »Was haben Sie ihm gesagt?«

Der Psychologe zögert einen Moment, dann sagt er: »Alles, was ich gesagt habe, war: ›Wenn du nicht sofort von diesem Pferd runterkommst, prügel ich dich windelweich!«

Früher oder später kapiert jeder, dass Angst funktioniert, dass Autorität funktioniert, dass Macht funktioniert. Die Kinder sind so hilflos, so abhängig von ihren Eltern, dass man ihnen leicht Angst machen kann. Es wird zu einer Methode, um sie auszubeuten und zu unterdrücken, und sie können nirgendwohin ausweichen.

In einer Kommune gibt es viele Stellen, wo sie hingehen können. Sie haben so viele Onkel und Tanten und andere Leute – sie sind nicht so ohnmächtig, sind den Eltern nicht so ausgeliefert wie jetzt. Sie sind unabhängiger, nicht so hilflos. Sie lassen sich nicht mehr so leicht zu etwas zwingen.

Aber daheim in der Familie erleben sie nur Unglück. Nur gelegentlich – ja, ich weiß schon –, gelegentlich sind Mann und Frau liebevoll zueinander, aber das spielt sich dann immer im Verborgenen ab. Die Kinder erfahren nichts davon. Sie sehen immer nur die hässlichen Seiten, das hässliche Gesicht. Wenn Mutter und Vater sich lieben, dann immer hinter verschlossenen Türen. Es wird nicht darüber geredet, und die Kinder dürfen nie miterleben, was Liebe ist. Die Kinder sehen die Eltern immer nur im Konflikt miteinander: ihr Nörgeln und Streiten, ihre Schläge und Beleidigungen, auf raue oder subtile Art, ihre gegenseitigen Erniedrigungen. Die Kinder bekommen das alles mit.

Ein Mann sitzt im Wohnzimmer und liest die Zeitung. Seine Frau kommt rein, geht auf ihn zu und scheuert ihm eine.

»Wofür war das?«, fragt der Ehemann erbost.

»Dafür, dass du ein so miserabler Liebhaber bist!«

Kurze Zeit später geht der Ehemann zu seiner Frau, die vor dem Fernseher sitzt, und gibt ihr eine schallende Ohrfeige.

»Wofür war das?«, schreit sie ihn an.

»Dafür, dass du den Unterschied kennst«, sagt er.

So läuft das ständig, und die Kinder beobachten alles, was passiert. Ist dies das Leben? Ist es das, wofür man lebt? Und soll das alles sein? Allmählich verlieren sie die Hoffnung. Bevor ihr Leben erst richtig angefangen hat, sind sie schon Verlierer, haben sie schon akzeptiert, dass sie Verlierer sind. Wenn nicht einmal ihre Eltern, die so klug und stark sind, es geschafft haben – welche Hoffnung bleibt dann für sie selbst? Es scheint aussichtslos. Aber die Tricks, die haben sie alle gelernt: wie man unglücklich ist, wie man aggressiv ist. Kinder bekommen nie Liebe zu sehen.

Eine Kommune bietet dafür mehr Möglichkeiten. Die Liebe sollte öffentlicher werden. Andere Leute sollten es ruhig mitbekommen, wenn zwei sich lieben. Schon die kleinen Kinder sollten miterleben, was Liebe ist. Sie sollten sehen, wie zwei Menschen liebevoll miteinander umgehen.

Doch da ist diese alte Idee, die uralte Vorstellung, dass man zwar öffentlich streiten, aber nicht öffentlich lieben darf. Kampf und Streit, das ist in Ordnung. Einen anderen zu töten, das ist erlaubt. Und wenn zwei miteinander kämpfen, versammelt sich eine Menge und schaut zu, und alle haben ihren Spaß daran. Deshalb lesen die Leute auch so gerne Krimis, Mordgeschichten und Horrorstorys.

Mord ist erlaubt, nur Liebe ist nicht erlaubt. In der Öffentlichkeit zu lieben hält man für obszön. Wie absurd! Liebe ist obszön – und Mord ist nicht obszön? Liebende dürfen ihre Liebe nicht öffentlich zeigen, aber die Generäle spazieren ständig in aller Öffentlichkeit herum und stellen ihre Medaillen zur Schau! Es sind Mörder, und die Medaillen gibt man ihnen für Mord und Totschlag! An ihren Medaillen lässt sich sehen, wie viele Morde sie schon auf dem Gewissen haben, wie viele Menschen sie getötet haben. Ist das nicht obszön?

Wenn irgendetwas obszön ist, dann dies. Es sollte keinem Menschen erlaubt sein, öffentlich zu kämpfen. Es ist obszön; Gewalt ist obszön. Aber Liebe – wie kann sie obszön sein? Doch Liebe gilt als obszön, sie darf nur im Dunkeln stattfinden. Wenn ihr euch liebt, darf es keiner wissen. Ihr tut es still und heimlich – natürlich könnt ihr es dann nicht richtig genießen! Auf diese Weise machen die Menschen nie die Erfahrung der Liebe. Und besonders die Kinder haben keine Chance zu erfahren, was Liebe ist.

In einer besseren, verständnisvolleren Welt wird die Liebe überall präsent sein. Die Kinder werden miterleben, wie es ist, wenn zwei Menschen sich lieben. Sie werden miterleben, welche Freude es ist, für jemanden da zu sein. Es sollte mehr Akzeptanz der Liebe und mehr Ablehnung der Gewalt geben. Liebe sollte verfügbarer sein. Zwei Menschen, die sich lieben, sollten keine Gedanken daran verschwenden, ob es jemand mitbekommt. Sie sollten lachen und singen und jauchzen vor Freude, damit die ganze Nachbarschaft weiß: Hier lieben sich zwei – hier ereignet sich Liebe!

Die Liebe könnte ein solches Geschenk sein! Liebe könnte etwas so Göttliches sein. Sie ist heilig.

Ein Buch über einen Mann zu veröffentlichen, der ermordet wird, das scheint in Ordnung zu sein, das soll keine Pornografie sein. Für mich ist das Pornografie! Aber ein Buch über einen Mann zu veröffentlichen, der eine Frau liebevoll im Arm hält, in einer tiefen, nackten Umarmung – das soll Pornografie sein!

Die Welt war bisher gegen die Liebe. Eure Familie ist gegen die Liebe, eure Gesellschaft ist gegen die Liebe, euer Staat ist gegen die Liebe. Es ist direkt ein Wunder, dass es überhaupt noch ein bisschen Liebe gibt! Kaum zu fassen, dass die Liebe überhaupt noch existiert! Wenn auch nicht so, wie sie eigentlich sein müsste, ein Ozean, sondern nur wie ein kleiner Tropfen. Aber dass sie so viele Feinde überlebt hat, ist ein Wunder. Dass man sie noch nicht völlig kaputt gemacht hat, ist ein Wunder.

In meiner Vision ist eine Kommune ein Ort, an dem liebevolle Menschen zusammenleben – ohne Feindseligkeit, ohne Konkurrenz, mit einer Liebe, die fließender und verfügbarer ist, ohne Eifersucht und Besitzansprüche. Und die Kinder gehören allen, weil sie dem Leben selbst gehören, und alle kümmern sich um sie. Sie sind so wunderbar, diese Kinder! Wer würde sich nicht um sie kümmern wollen? Und sie werden dort reichlich Gelegenheit haben, viele liebende Menschen zu erleben, und jeder von denen lebt auf seine eigene Weise. Diese Kinder werden reicher sein. Und ich sage euch: Wenn solche Kinder in dieser Welt leben, werden sie nicht den *Playboy* lesen – wozu? Und keiner wird das *Kamasutra* lesen – wozu? Die ganzen Nacktfotos und Pornos werden verschwinden, denn sie sind nur ein Symptom für den ungestillten Hunger nach Sex, für den Hunger nach Liebe. Dann wird es fast keinen Sex mehr auf der Welt geben, weil es so viel Liebe gibt.

Eure Priester und eure Moralpolizisten haben alle Arten von Obszönitäten auf dieser Welt hervorgebracht. Sie sind der Ursprung all dieser hässlichen Dinge. Und die Familie spielt darin eine wichtige Rolle. Die Familie muss verschwinden. Sie muss aufgehen in der größeren Vision der Kommune und eines Lebens, das nicht auf kleinen Identitäten aufgebaut ist und in dem alles im Fluss ist.

In einer Kommune ist einer Buddhist, ein anderer Hindu, ein Dritter Jaina oder Christ oder Jude. Sobald die Familien verschwinden, verschwinden automatisch auch die Kirchen, denn die Familien gehören immer zu einer Kirche.

In der Kommune wird es alle Arten von Menschen geben; alle Arten von Religionen, alle Arten von Philosophien werden herumschwirren, und jedes Kind hat die Möglichkeit, davon zu lernen. An einem Tag geht es mit einem Onkel in die Kirche, an einem anderen Tag mit einem anderen in den Tempel. So lernt es alles kennen, was es gibt, und es kann selbst wählen. Es hat die Wahl und kann sich selbst entscheiden, welcher Religion es angehören möchte. Nichts wird ihm aufgedrängt.

Das Leben kann hier und jetzt zu einem Paradies werden, es müssen nur die Hindernisse beiseite geräumt werden. Und eines der größten Hindernisse ist die Familie.

Fragen

- *Du hast gesagt, Liebe kann uns frei machen. Was wir aber normalerweise sehen, ist, dass Liebe zu einer Fessel wird, und statt uns zu befreien, bindet sie uns nur noch mehr. Bitte sage uns etwas über Gebundensein und Freiheit.*

Liebe wird zu Gebundensein, wenn es keine Liebe ist. Dann hast du bloß ein Spiel gespielt und dir etwas vorgemacht. Dein Gebundensein ist deine Wirklichkeit; die Liebe war nur ein Vorspiel. Darum wirst du immer, wenn du dich verliebst, früher oder später entdecken, dass du ein Mittel zum Zweck geworden bist – und damit nimmt das ganze Unglück seinen Lauf. Was ist das für ein Mechanismus? Warum läuft das so ab?

Erst vor einigen Tagen kam ein Mann zu mir, der voller Schuldgefühle war. Er sagte: »Ich liebte eine Frau, liebte sie sehr. An dem Tag, als sie starb, habe ich geweint und Tränen vergossen. Aber plötzlich wurde mir bewusst, dass ich mich irgendwie befreit fühlte, als wäre eine Last von mir abgefallen. Es war wie ein Aufatmen, als hätte ich mich von etwas befreit.«

In diesem Moment wurde ihm eine zweite Ebene seiner Gefühle bewusst. An der Oberfläche weinte er und vergoss Tränen und sagte: »Ich kann ohne sie nicht leben! Wie soll ich weiterleben? Es ist, als wäre ich selbst gestorben.« Aber auf einer tieferen Ebene, so sagte er, fühlte er sich sehr erleichtert: »Jetzt bin ich frei!«

Auf einer dritten Ebene begann er Schuldgefühle zu haben und dachte: »Was tust du da?« Die Leiche lag noch vor ihm, so erzählte er mir, und er begann sich sehr schuldig zu fühlen. »Hilf mir!«, sagte er. »Was ist mit meinem Verstand passiert? Habe ich sie so schnell verraten?«

Nichts ist passiert, keiner hat irgendjemanden verraten. Wenn die Liebe zu Gebundensein wird, ist sie eine Last, eine Fessel. Doch warum wird Liebe zu Gebundensein? Zuerst musst du eines verstehen: Wenn aus Liebe Gebundenheit wird, dann warst du nur in der Illusion gefangen, dass es Liebe sei. Dann hast du dir nur selbst etwas vorgegaukelt und es für Liebe gehalten. In Wirklichkeit hattest du das Bedürfnis nach Bindung. Und wenn du noch tiefer schaust, wirst du entdecken, dass du dich sogar danach gesehnt hast, ein Sklave zu werden.

Es herrscht eine subtile Angst vor der Freiheit, und im Grunde möchte jeder ein Sklave sein. Natürlich redet jeder von Freiheit, aber keiner hat den Mut, wirklich frei zu sein. Denn wenn du wirklich frei bist, bist du allein. Nur wer den Mut hat, ganz allein zu sein, kann wirklich frei sein. Aber keiner hat den Mut, allein zu sein. Du brauchst jemanden. Und warum brauchst du jemanden? Weil du Angst hast vor deiner Einsamkeit. Du langweilst dich mit dir selbst. Und tatsächlich, wenn du einsam bist, erscheint dir alles sinnlos. Sobald du jemanden hast, bist du beschäftigt und hast dir künstlich einen Sinn geschaffen.

Für dich allein kannst du nicht leben, also fängst du an, für jemand anderen zu leben. Und das Gleiche gilt auch für den anderen: Er oder sie kann allein nicht leben, also sucht er nach einem anderen. Zwei Menschen, die beide Angst vor der eigenen Einsamkeit haben, finden sich und beginnen ein Spiel miteinander – das Spiel der Liebe. Doch insgeheim suchen sie Bindung, Abhängigkeit, Versklavung.

Alles, was man sich wünscht, tritt früher oder später ein. das ist eines der fatalsten Dinge in dieser Welt. Was auch immer man sich wünscht, wird einmal eintreten. Früher oder später bekommt man es, und dann verschwindet das ganze Vorspiel. Wenn es seinen Zweck erfüllt hat, verschwindet es. Wenn ihr erst einmal Mann und Frau, gegenseitige Sklaven geworden seid, wenn ihr erst einmal verheiratet seid, verschwindet die Liebe, denn die Liebe war nur eine Illusion, die es zwei Menschen erlaubte, sich gegenseitig zu Sklaven zu machen.

Direkt kann man nicht darum bitten, ein Sklave zu werden; das wäre zu erniedrigend. Und direkt kann man nicht zu jemandem sagen: »Sei mein Sklave!« Er wird dagegen rebellieren. Und man kann auch nicht sagen: »Ich möchte dein Sklave sein.« Also sagt man: »Ich kann ohne dich nicht leben!« Aber es bedeutet das Gleiche. Und sobald das eigentliche Bedürfnis erfüllt wurde, verschwindet die Liebe. Dann fühlt man die Fessel, die Sklaverei, und dann beginnt man zu kämpfen, um wieder frei zu werden.

Merke dir, es ist eines der Paradoxa des Verstandes: Alles, was du bekommst, wird dich langweilen, und alles was du nicht bekommst, nach dem wirst du dich sehnen. Wenn du allein bist, wirst du dich nach Sklaverei, nach irgendeiner Bindung sehnen. Und wenn du gebunden bist, wirst du anfangen, dich nach Freiheit zu sehnen. Tatsächlich sehnen nur Sklaven sich nach Freiheit, und die Freien trachten danach, wieder zu Sklaven zu werden. Der Verstand ist wie ein Pendel, das sich ständig von einem Extrem zum anderen bewegt.

Es ist nicht so, dass Liebe zu Gebundenheit wird. Gebundenheit war das eigentliche Bedürfnis, Liebe war nur der Köder. In Wirklichkeit warst du auf der Suche nach einem Fisch namens Gebundenheit. Liebe war nur der Köder, um diesen Fisch zu fangen. Wenn der Fisch erst einmal gefangen ist, wird der Köder weggeworfen. Merke dir das, und bei allem, was dir widerfährt, schau tief in dich hinein, um den wirklichen Grund zu finden.

Aus wirklicher Liebe kann niemals Gebundenheit werden. Worin besteht der Mechanismus, durch den aus Liebe Gebundenheit wird? In dem Augenblick, in dem du zu deiner Liebsten, zu deinem Geliebten sagst: »Liebe nur mich«, hast du angefangen, ihn oder sie in Besitz zu nehmen. Und in dem Moment, da du einen Menschen in Besitz nimmst, fügst du ihm eine tiefe Beleidigung zu, weil du aus ihm ein Objekt machst.

Wenn ich von dir Besitz ergreife, bist du keine Person mehr, dann gehörst du zu meinem Mobiliar – du bist zu einem Ding geworden. Ich benutze dich wie einen Gebrauchsgegenstand, du bist mein Besitz und kein anderer darf dich benutzen. Und im Tausch dafür lasse ich mich von dir in Besitz nehmen und zu einem Gegenstand machen. Der Kuhhandel besteht darin, dass beide nicht von anderen benutzt werden dürfen. So fühlen sich beide Partner gebunden und versklavt. Ich mache dich zu meinem Sklaven, und umgekehrt machst du mich zu deinem Sklaven.

Damit beginnt der Krieg. Ich will ein freier Mensch sein, aber gleichzeitig will ich, dass du mir gehörst. Du willst deine Freiheit behalten, aber gleichzeitig willst du mich besitzen – darum geht es bei diesem Kampf. Wenn ich dich besitze, wirst auch du mich besitzen. Wenn ich nicht will, dass du mich besitzt, darf auch ich dich nicht besitzen. Ein solches Besitzdenken darf es nicht zwischen zwei Menschen geben. Beide sind Individuen und sollten sich frei und unabhängig als bewusste Wesen bewegen. Sie können zusammenkommen, sie können miteinander verschmelzen, aber keiner darf den anderen besitzen. Nur dann gibt es keine Abhängigkeit und kein Gebundensein.

Gebundensein ist etwas so Hässliches. Und wenn ich sage hässlich, dann meine ich das nicht nur im religiösen, sondern auch im ästhetischen Sinn. Sobald du gebunden bist, hast du dein Alleinsein aufgegeben, und damit gibst du alles auf. Nur um dich gut zu fühlen, damit jemand dich braucht und bei dir ist, gibst du alles auf und verlierst dich selbst.

Aber das ganze Übel besteht darin, dass du versuchst, unabhängig zu bleiben und gleichzeitig den anderen zu besitzen. Und der andere versucht es genauso.

Ergreife also von niemandem Besitz, wenn du nicht selbst in Besitz genommen werden willst. Jesus sagt: »Urteilt nicht, damit ihr nicht verurteilt werdet.« Es ist dasselbe wie: »Besitzt nicht, damit ihr nicht besessen werdet.« Mache niemanden zum Sklaven, sonst wirst du selbst zum Sklaven.

Ein so genannter »Herr«, der über Sklaven befiehlt, ist immer der Sklave seiner eigenen Sklaven. Man kann nicht Herr über jemanden sein, ohne selbst zum Sklaven zu werden, das ist unmöglich. Ein wirklicher »Herr« kann man nur sein, wenn man niemanden zum Sklaven macht.

Es erscheint vielleicht paradox, wenn ich sage: Man kann nur Herr sein, wenn man niemanden zum Sklaven macht. Dann wirst du sagen: »Worin besteht denn dann die Herrschaft? Wie kann ich Herr sein, wenn niemand mein Sklave ist?« Aber ich sage dir, nur dann bist du Herr und Meister über dich selbst. Dann ist niemand dein Sklave, und niemand wird versuchen, einen Sklaven aus dir zu machen.

Die Freiheit zu lieben und nach Freiheit zu trachten bedeutet, dass du ein tiefes Verständnis deiner selbst erlangt hast. Dann weißt du, dass du dir selbst genug bist. Jetzt kannst du mit anderen teilen, aber du wirst nicht davon abhängig werden. Ich kann mein Sein mit anderen teilen. Ich kann meine Liebe teilen, kann mein Glücklichsein teilen, kann meine Seligkeit, meine Stille mit anderen teilen. Aber es ist ein Geben, ein Verschenken und keine Abhängigkeit. Wenn niemand anders da ist, bin ich genauso glücklich, genauso selig. Und wenn jemand da ist, ist es auch gut – dann kann ich teilen.

Erst wenn du dein innerstes Zentrum, dein Bewusstsein erkannt hast, wird Liebe keine Gebundenheit mehr sein. Solange du dein inneres Zentrum nicht kennst, wird Liebe zu Gebundenheit. Sobald du dein inneres Zentrum kennst, wird Liebe zur Hingabe. Aber zuerst musst du *sein*, um lieben zu können – und du bist noch nicht.

Es gibt dich noch nicht. Wenn du sagst: »Sobald ich jemanden liebe, wird es zu Gebundenheit«, dann sagst du damit nur, dass es dich noch nicht gibt. Dann wird alles, was du tust, verkehrt sein, weil der Handelnde noch abwesend ist. Der innere Bezugspunkt des Bewusstseins ist noch nicht vorhanden, darum ist alles, was du tust, verkehrt. Zuerst musst du sein, und dann kannst du dein Sein verschenken. Und dieses Verschenken wird Liebe sein. Doch bis dahin wird alles, was du tust, zu Gebundenheit.

Und noch eines: Wenn du gegen das Gebundensein ankämpfst, gehst du in die Irre. Du kannst dagegen ankämpfen, wie es so viele Mönche, Einsiedler und Weltflüchtige getan haben. Sie fühlten sich gebunden – an Haus und Hof, ihren Besitz, an Frau und Kinder –, und sie fühlten sich wie in einem Käfig, wie im Gefängnis. Darum sind sie geflüchtet, haben Haus und Hof, Frau und Kinder und all ihre Besitztümer hinter sich gelassen und sind zu Bettlern geworden, die sich in die Wälder, in die Einsamkeit flüchteten. Aber geht mal hin und seht sie euch an! Sie binden sich an ihre neue Umgebung.

Einmal besuchte ich einen Freund, der als Eremit tief im Wald unter einem Baum lebte, doch es gab dort auch noch einige andere Asketen. Eines Tages geschah es, dass ein neuer Eremit eintraf, während mein Freund gerade nicht da war. Er war zum Fluss gegangen, um ein Bad zu nehmen. Und der neue Eremit fing an, unter seinem Baum zu meditieren.

Als mein Freund vom Fluss zurückkam, verjagte er den Neuen von dem Baum und sagte: »Das ist *mein* Baum! Geh und such dir einen anderen, irgendwo anders. Unter meinem Baum darf niemand anders sitzen!« Und dieser Mann hatte sein Haus, seine Frau, seine Kinder zurückgelassen – doch nun war der Baum zu seinem Besitz geworden: »Unter *meinem* Baum kannst du nicht meditieren!«

So leicht entkommt man nicht aus dem Gebundensein! Immer wieder nimmt es neue Formen und Gestalten an. Man wird es kaum erkennen, aber es wird da sein. Darum kämpfe nicht gegen das Gebundensein, sondern versuche einfach nur zu verstehen, warum es da ist. Und dann erkenne seinen tieferen Grund: Das Gebundensein ist da, weil *du* noch nicht da bist.

Im Inneren ist dein eigenes Selbst noch so wenig anwesend, dass du dich an alles zu klammern versuchst, nur um dich sicher zu fühlen. Du hast noch keine Wurzeln, darum versuchst du aus allem deine Wurzeln zu machen. Wenn du erst einmal in deinem Selbst verwurzelt bist und weißt, wer du bist, wenn du erst einmal dieses Sein in dir, dieses Bewusstsein in dir erkannt hast, dann wirst du dich an nichts und niemanden mehr klammern.

- *Mein Freund hat immer seltener Lust auf Sex, und das beunruhigt und frustriert mich. Manchmal ist das so stark, dass ich aggressiv gegen ihn werde. Was kann ich machen?*

Erstens: Im Leben kommt immer mal eine Zeit, wo einer der Partner keine Lust auf Sex hat. Das passiert bei jedem Paar, mehr oder weniger. Und wenn einer der Partner keine Lust auf Sex hat, fängt der andere an, sich noch mehr als vorher daran zu klammern. Er hat das Gefühl, die Beziehung hört auf, wenn es keinen Sex mehr gibt.

Und zweitens: Je mehr du darauf drängst, umso mehr Angst bekommt er. Eure Beziehung *wird* aufhören, aber nicht weil der Sex aufgehört hat, sondern weil du ihn ständig bedrängst und er sich kritisiert fühlt. Ihm ist nicht nach Sex. Jetzt könnte er sich entweder zwingen, aber dann fühlt er sich schlecht, oder er folgt seinem Gefühl, aber dann fühlt er sich auch schlecht, weil er dich unglücklich macht. Er fühlt sich schuldig.

Eines muss man verstehen: Sex hat nichts mit Liebe zu tun. Das ist höchstens ein Anfang. Liebe ist etwas viel Größeres und Höheres als Sex. Liebe kann auch ohne Sex erblühen.

(Die Fragestellerin wirft ein: »Aber er sagt mir nie, dass er mich liebt!«)

Nein, weil du ihm Angst machst. In dem Moment, wo er sagt, dass er dich liebt, bist du schon zum Sex bereit. In deinem Kopf ist Liebe fast gleichbedeutend mit Sex, das merke ich. Darum hat er Angst bekommen, dich überhaupt anzufassen oder zu umarmen. Sobald er dich umarmt und berührt, willst du was von ihm.

Du machst ihm Angst, aber du kannst das nicht sehen. Unwissentlich stößt du ihn von dir weg. Ja, er wird sogar Angst bekommen, mit dir zu reden, denn sobald er etwas sagt, kommt die ganze Situation wieder hoch, und dann gibt es Diskussionen und ein Hin und Her.

Liebe kann man nicht diskutieren. Zur Liebe kann man niemanden überreden. Wenn er keine Lust hat, dann hat er keine Lust. Er liebt dich, sonst würde er dich verlassen. Und du liebst ihn auch, aber du hast eine falsche Vorstellung von Sex.

Nach meinem Verständnis beginnt Liebe überhaupt erst dann zu wachsen, wenn diese ganze hektische, fieberhafte Sexualität nicht mehr da ist oder sich zumindest etwas gelegt hat. Dann kann allmählich Liebe entstehen; sie wird feiner und subtiler. Dann beginnt etwas ganz Zartes zu sprießen. Aber das lässt du nicht zu. Er ist bereit, dich zu lieben, aber du klammerst dich an den Sex. Damit ziehst du ihn ständig runter. Dieses Runterziehen kann eure ganze Beziehung kaputt machen.

Ich kann das verstehen. Die weibliche Psyche hält immer dann am Sex fest, wenn der Mann kein Interesse zeigt. Ist der Mann interessiert, dann zeigt sich die Frau völlig uninteressiert. Ich kann das tagtäglich beobachten. Wenn der Mann hinter dir her ist, spielst du das Spiel, kein Interesse zu haben. Wenn aber der Mann kein Interesse hat, bekommst du Angst, und dann ändert sich deine Rolle. Dann spielst du das Spiel, dass du Sex brauchst, dass du ohne Sex verrückt wirst, dass du ohne Sex nicht leben kannst. Das ist alles Quatsch. Deswegen ist noch niemand verrückt geworden.

Wenn du diesen Menschen liebst, kann deine Energie transformiert werden. Wenn du ihn nicht liebst, dann steig lieber aus! Wenn du diesen Mann liebst, besteht jetzt die Möglichkeit, die Energie auf eine höhere Seinsebene zu transformieren. Nutze diese Chance! Und Vorwürfe bringen gar nichts. Das macht alles nur hässlich und bewirkt genau das Gegenteil von dem, was du dir wünschst.

- *Mein Sexleben ist in letzter Zeit sehr ruhig geworden. Es ist nicht so, dass ich keinen Sex wollte oder nicht den Mut hätte, Frauen darauf anzusprechen, aber es passiert einfach nicht. Ich genieße es, mit einer Frau zusammen zu sein, aber wenn es zum Sex kommt, verändert sich die Energie, und es fühlt sich beinahe an, als würde ich einschlafen. Was mache ich falsch?*

Was dir da passiert, ist kein Fluch, sondern ein Segen. Es ist nur dein altes Denken, das es so interpretiert, als liefe etwas falsch. Alles läuft genau richtig, so wie es laufen sollte. Aus dem Sex sollte eine friedliche, spielerische Freude werden, eine Harmonie von zwei stillen Wesen, die sich nicht bloß im Körper vereinigen, sondern in ihrer Seele. Das passiert irgendwann jedem Meditierenden. Du solltest dich nicht zwingen, etwas dagegen zu unternehmen, wenn es spontan geschieht. Jedes Erzwingenwollen von deiner Seite kann zu einem Hindernis für dein spirituelles Wachstum werden.

Das ist etwas sehr Wichtiges, das man sich merken muss. Und es erklärt auch, warum alle Religionen den Sex so abgelehnt haben. Es war nur ein Missverständnis – aber ein ganz natürliches Missverständnis. Jeder, der in einen meditativen Zustand kommt, macht eine Transformation der Energien durch. Die Energien, die bisher nach unten geflossen sind, beginnen nach oben zu fließen, um höhere Bewusstseinszentren zu aktivieren und damit neue Seinsebenen zu erschließen. Aber ihr seid damit nicht vertraut. Es ist euch unbekannt und darum macht es euch Angst. Und wenn das nur bei einem der beiden Partner geschieht, gibt es Probleme. Nur wenn beide meditierenden Partner die Transformation gleichzeitig durchlaufen, können sie miteinander Schritt halten, sonst kommt es zur Entzweiung.

Das hat zur Idee des Zölibats geführt. In der Ehe zeigte sich ständig, wenn ein Partner zu meditieren begann, dass es die Ehe in Gefahr brachte. Es erschien besser, sich gar nicht erst darauf einzulassen, um die Gefühle eines anderen Menschen nicht zu verletzen. So beschloss man, allein zu bleiben. Aber das war ein falscher Schluss.

Die richtige Entscheidung, wenn einer der Partner in einer Ehe oder Freundschaft sich weiterentwickelt, wäre die, dem anderen zu helfen, ebenfalls auf die neue Ebene zu kommen und ihn nicht im Stich zu lassen. Das hätte zu einer ungeheuren Revolution im menschlichen Bewusstsein führen können, aber weil die Religionen sich für den Zölibat entschieden, blieb die ganze Welt ohne Meditation.

Diejenigen, die sich für den Zölibat entschieden – und das war ihre bewusste Entscheidung, es kam nicht einfach über sie –, wurden sexuell pervertiert. Sie hatten ihre Sexualität noch nicht hinter sich gelassen, darum wählten sie die Enthaltsamkeit. Sie versuchten es auf dem umgekehrten Weg und wurden zuerst enthaltsam, weil sie dachten, das würde die Transformation bringen. Es funktioniert aber nicht so herum. Zuerst muss eine Transformation des Bewusstseins kommen, dann stellt sich ganz von selbst ohne Unterdrückung, Kampf und Verurteilung die Transformation der Sexualität ein. Das passiert aber nicht durch Enthaltsamkeit, sondern durch Meditation. Und es passiert nicht durch Unterdrückung, sondern durch liebevolles Annehmen. Der Mönch lebt in einem Klima von Spannung, Unterdrückung und Perversion. Sein ganzer Kontext ist psychisch krank. Das ist der erste grundlegende Punkt, an dem alle Religionen den falschen Weg einschlugen.

Im Übrigen haben alle Meditierenden die Erfahrung gemacht, dass sich die Sexualität nach und nach in etwas völlig anderes umwandelt – von der biologischen zu einer spirituellen Energie. Statt abhängig zu machen und Besitzdenken zu erzeugen, öffnen sich die Türen in die Freiheit. Mit der Zeit verschwinden alle Beziehungen und man erlangt das Gefühl absoluten Friedens im Alleinsein – eine Erfüllung, die man sich nie erträumt hätte.

Weil aber alle erfolgreich Meditierenden ohne Ausnahme diese Erfahrung machten, zogen diejenigen, die sich für Meditation interessierten, daraus fälschlicherweise den Schluss, die Unterdrückung ihrer Sexualität könnte ihnen helfen, die Energie zu transformieren. So fingen alle organisierten Religionen an, die Sexualität zu verdammen, ein Leben der Entsagung und des Verzichts zu predigen und eine lebensfeindliche Einstellung anzunehmen. Das war ein Missverständnis.

Durch die Unterdrückung deiner Sexualität kannst du die Energie höchstens pervertieren, aber nicht umwandeln. Die Umwandlung geschieht, wenn du stiller wirst, wenn dein Herz harmonischer und dein Verstand nach und nach friedlicher wird. In dem Maße, wie du deinem Sein, deinem innersten Zentrum näher kommst, vollzieht sich eine Transformation, die nicht von deinem Tun abhängt und ganz von allein passiert. Was du bisher als sexuelle Energie kanntest, wird zur Spiritualität. Es ist die gleiche Energie, nur die Richtung hat sich geändert. Die Energie fließt nicht mehr abwärts, sondern sie fließt jetzt aufwärts.

Was gerade mit dir passiert, wird jedem Sucher ohne Ausnahme passieren. Darum wird früher oder später jeder Sucher diese Frage stellen. Und wenn es passiert, sollte der Partner, der sich zurückgelassen fühlt, nicht verletzt sein. Im Gegenteil, er sollte glücklich sein und sich freuen, dass der Mensch, den er liebt, diese wunderbare Erfahrung macht, und er sollte hoffen, sich ihm so schnell wie möglich anschließen zu können. Er sollte sich bemühen, in der Meditation tiefer zu gehen, damit er mit seinem Partner Schritt halten kann. Dann könnt ihr gemeinsam dem höchsten Ziel des Lebens entgegentanzen.

Bedenke also: In dem Maße, wie du dich spirituell entwickelst, werden deine sexuellen Bedürfnisse verschwinden. Eine neue Art von Liebe wird da sein – von einer Reinheit und tiefen Unschuld, ohne Besitzansprüche und ohne Eifersucht, aber mit allem Mitgefühl dieser Welt, um sich gegenseitig im inneren Wachstum zu unterstützen.

Du musst also nicht das Gefühl haben, bei dir sei etwas falsch gelaufen. Bei dir ist plötzlich etwas völlig richtig gelaufen, du warst nur nicht darauf gefasst. Es traf dich unerwartet.

Karlchen geht mit dem vierjährigen Tinchen auf der Straße spazieren. Als sie die Straße überqueren wollen, erinnert sich Karlchen an die Ermahnungen seiner Mutter.

»Lass mich deine Hand nehmen«, sagt er galant.

»Na gut«, antwortet Tinchen. »Aber denk daran: Du spielst mit dem Feuer!«

Jede Beziehung zwischen Mann und Frau ist ein Spiel mit dem Feuer. Und besonders dann, wenn du dabei bist, dich zu einem Meditierer zu entwickeln. Dann stehst du plötzlich mitten in einem Buschfeuer, denn es passieren so viele Veränderungen, auf die du nicht vorbereitet bist und auch gar nicht sein kannst. Du begibst dich auf unbekanntes Terrain, jeden Augenblick, jeden Tag. Und es wird Zeiten geben, wo entweder du oder dein Partner, wo einer von euch beiden zurückbleibt, und das wird für beide sehr schmerzhaft sein.

Wenn das zum ersten Mal geschieht, wird die natürliche Schlussfolgerung sein, dass eure Freundschaft zu Ende ist und dass ihr euch nicht mehr liebt. Sicher, die Liebe, wie sie vorher war, ist nicht mehr da – diese alte Liebe ist nicht mehr möglich. Es war eine animalische Liebe, und es ist gut, dass sie verschwunden ist. Jetzt kann eine höhere Qualität, etwas Göttlicheres passieren. Aber ihr müsst euch gegenseitig helfen.

Das sind die wirklich schweren Zeiten, in denen du herausfinden musst, ob du deinen Partner liebst und ob dein Partner dich liebt – wenn die Distanz zwischen euch so groß wird und ihr das Gefühl habt, euch immer weiter voneinander zu entfernen. Das sind die kritischen Augenblicke, die Feuerprobe, in denen du versuchen musst, den anderen, der zurückzubleiben droht, näher zu dir zu holen. Du musst dem anderen helfen zu meditieren.

Es wäre nahe liegend, dich zum anderen herunterzubegeben, um ihn nicht zu verletzen. Das wäre aber absolut falsch. Damit hilfst du dem anderen nicht, du verletzt nur dich selbst. Damit würdest du eine gute Gelegenheit verpassen. Statt den anderen zu dir hinaufzuziehen, würdest du selbst tiefer fallen.

Mach dir keine Gedanken, ob du den anderen verletzt. Bemühe dich, so gut du kannst, den Partner auf die gleiche Ebene zu holen, zu dem gleichen meditativen Bewusstsein – dann wird er nicht beleidigt sein, sondern sehr dankbar. Jedenfalls ist jetzt kein Zeitpunkt, sich zu trennen. Es ist eine Zeit, in der du jede Anstrengung unternehmen musst, den Kontakt mit dem anderen zu halten, mit so viel Mitgefühl wie nur möglich. Wenn deine Liebe es nicht vermag, dem anderen zu helfen und seine biologische Energie in höhere spirituelle Energie zu transformieren, dann ist deine Liebe keine Liebe – dann verdient sie nicht den Namen Liebe.

Mit den gleichen Problemen werdet ihr alle konfrontiert sein. Wenn so ein Problem auftaucht, zögert nicht und stellt ohne Angst eure Fragen, wie dumm ihr dabei auch aussehen mögt. Es wird nicht nur euch helfen, sondern auch vielen anderen, die mit der gleichen Situation kämpfen, aber nicht den Mut haben, darüber zu reden. Sie versuchen auf ihre Weise, die Situation irgendwie in den Griff zu bekommen.

Es geht aber nicht darum, die Situation in den Griff zu bekommen. Es ist gut, dass der alte, gesicherte Zustand verloren geht. Es ist gut, dass jetzt alles unsicher geworden ist und dass Probleme aufgetaucht sind. Nun hängt es von euch ab, von eurer Intelligenz, wie ihr die Gelegenheit nutzt – ob für oder gegen euer Wachstum. Es mag hilfreich sein, eine Frage zu stellen.

Zwei Dinge also: Erstens musst du wissen, dass es ein Glück für dich ist, wenn der Sex aus deinem Leben zu verschwinden scheint. Und zweitens darfst du nicht denken, dass der Partner verletzt sein wird. Öffne ihm dein Herz. Versuche nicht, auf seine Ebene zu gehen, sondern nimm ihn an der Hand und bemühe dich, so gut du kannst, ihn auf die höhere Ebene mitzunehmen, auf der du dich plötzlich befindest.

Es wird nur am Anfang schwierig sein; bald wird es viel leichter. Wenn zwei Menschen gemeinsam wachsen, entsteht oft eine Distanz, wenn sie nicht miteinander Schritt halten können. Jeder hat sein eigenes Tempo, jeder hat sein eigenes, einzigartiges Muster in diesem Wachstumsprozess. Aber wenn Liebe da ist, kannst du auch auf den anderen warten, bis er bei dir angekommen ist, und dann könnt ihr Hand in Hand weitergehen.

Ich möchte, dass insbesondere meine Anhänger niemals in Erwägung ziehen, enthaltsam zu leben. Wenn sich sexuelle Enthaltsamkeit von allein einstellt, ist es etwas anderes; dann ist es nicht eure Idee. Dann wird es nie zu Perversionen führen, sondern eine große Energietransformation bringen.

- *Wie weiß ich, ob es Gelassenheit oder Gleichgültigkeit ist, was in mir heranwächst?*

Das ist nicht schwer auseinander zu halten. Wie weißt du, wann du Kopfweh hast und wann du kein Kopfweh hast? Es ist ganz klar: Wenn Gelassenheit in dir heranwächst, dann wirst du gesünder und glücklicher und die Freude in deinem Leben nimmt zu. Das ist das Kriterium, wenn etwas gut ist.

Freude ist das Kriterium. Wenn deine Freude zunimmt, dann wächst du und bist auf dem Weg nach Hause. Wenn es Gleichgültigkeit ist, kann die Freude nicht wachsen. Im Gegenteil, alle Freude, die da war, wird verschwinden.

Glücklichsein bedeutet Gesundheit. Für mich ist Religiosität grundsätzlich hedonistisch. Hedonismus ist die Essenz von Religion. Glücklich zu sein ist alles. Darum merke dir: Wenn alles gut läuft und du dich in der richtigen Richtung bewegst, wird dir jeder Augenblick mehr Freude bringen. Es ist, als würdest du dich einem schönen Garten nähern. Je näher du kommst, desto frischer, kühler und duftender wird die Luft. Das ist der Hinweis, dass die Richtung stimmt. Wenn die

Luft weniger frisch, weniger kühl und weniger duftend wird, dann gehst du in die falsche Richtung.

Die Existenz besteht aus Freude. Das ist ihre eigentliche Substanz. Freude ist der Stoff, aus dem das Sein gemacht ist. Immer wenn du in Richtung Freude gehst, wirst du existenzieller; dann erlebst du immer mehr Freude und Entzücken, völlig grundlos. Wenn du in Richtung Gelassenheit gehst, wächst die Liebe, wächst die Freude. Nur das Anhaften nimmt ab – doch Anhaften bringt Leiden und Abhängigkeit und verhindert deine Freiheit.

Wenn du aber gleichgültig wirst ... Gleichgültigkeit ist eine falsche Münze, sie *erscheint* nur wie Gelassenheit, aber es wächst nichts heran in ihr. Man schrumpft nur immer mehr zusammen und stirbt ab. Du kannst es sehen – es gibt so viele Mönche auf dieser Welt: katholische, hinduistische, jainistische, buddhistische. Schau sie dir an: Da ist kein Strahlen, kein Duft in der Aura; sie wirken nicht lebendiger als du. Im Gegenteil, sie wirken viel unlebendiger, irgendwie verkrüppelt und gelähmt. Kontrolliert natürlich, aber nicht aus einer tiefen inneren Zentrierung. Kontrolliert, aber völlig unbewusst. Sie handeln nach dem Gewissen, das die Gesellschaft ihnen gegeben hat, aber sie sind noch nicht bewusst, noch nicht frei, noch keine Individuen. Sie leben, als wären sie schon halb im Grab und würden nur noch auf das Sterben warten. Ihr Leben ist trübsinnig, monoton und traurig – irgendwie hoffnungslos.

Gib Acht, wenn etwas falsch läuft, wird dir dein Sein Hinweise geben. Traurigkeit ist ein Hinweis, Depression ist ein Hinweis. Dagegen sind Jubel und Freude ein Zeichen, dass du in Richtung Gelassenheit gehst. Mehr Lieder werden in dir auftauchen, du wirst mehr tanzen und liebevoller sein.

Vergiss nicht: Liebe ist nicht Gebundenheit, ist nicht Anhaften. Liebe kennt kein Anhaften, und wenn Anhaften da ist, kann es nicht Liebe sein. Dann ist es Besitzergreifen, Herrschsucht, Festhalten, Angst und Gier – es können tausenderlei Dinge sein, nur nicht Liebe. Unter dem Namen »Liebe« präsentiert sich so manches andere, hinter dem Namen »Liebe« verbirgt sich so mancherlei. Auf der Verpackung klebt zwar das Etikett »Liebe«, aber innen drin findet man viele andere Dinge, nur nicht Liebe.

Beobachte dich. Wenn du an einem Menschen hängst, liebst du ihn? Oder hast du nur Angst vor der Einsamkeit und hältst dich an ihm fest, weil du nicht allein sein kannst? Benutzt du diesen Menschen, um nicht allein zu sein? Dann wirst du Angst haben, dass der andere sich abwendet oder dass er sich in jemand anders verliebt. Dann ist man sogar fähig, diesen Menschen zu töten, und sagt dann: »Ich habe so an ihm gehangen!« Oder man bringt sogar sich selbst um und sagt: »Ich hänge so an diesem Menschen, ich kann ohne ihn nicht leben.«

Das ist reine Dummheit. Das ist keine Liebe, das ist etwas anderes. Du hast Angst vor dem Alleinsein. Du kannst nicht mit dir allein sein, du brauchst jemanden, um dich abzulenken. Und du willst den anderen ganz für dich haben, willst ihn als Mittel für deine Zwecke benutzen. Doch einen anderen als Mittel zum Zweck zu benutzen ist gewalttätig.

Immanuel Kant hat daraus eine Maxime für das sittliche Leben abgeleitet, indem er sagte: Handle so, dass du einen Menschen niemals als bloßes Mittel zum Zweck gebrauchst. Das ist der unmoralischste Akt, den es gibt, denn wenn man einen anderen Menschen als Mittel zum Zweck benutzt – zur eigenen Befriedigung, für die eigenen sexuellen Bedürfnisse, für die eigene Angst oder was immer –, dann reduziert man ihn zu einem Ding. Damit zerstört man dessen Freiheit und tötet seine Seele.

Die Seele kann nur in Freiheit wachsen. Liebe gibt Freiheit. Und wenn du Freiheit gibst, bist du selber frei. Das bedeutet Gelassenheit und Nichtanhaften. Wenn du dem andern eine Bindung aufzwingst, fesselst du damit gleichzeitig dich selbst. Wenn du den anderen bindest, wird auch er dich binden. Wenn du den anderen begrenzt, wird auch er dich begrenzen. Wenn du versuchst, den anderen zu besitzen, wird auch er dich besitzen.

So streiten Paare sich ihr ganzes Leben lang darum, wer das Sagen hat – der Mann auf seine Weise, die Frau auf ihre Weise, aber beide kämpfen darum. Es ist ein fortwährendes Zanken und Streiten. Und der Mann meint, er hätte die Kontrolle über die Frau, und die Frau meint, sie hätte die Kontrolle über den Mann. Kontrolle ist aber nicht Liebe.

Behandle nie einen Menschen als Mittel zum Zweck. Behandle jeden als an sich wertvoll, dann wirst du nicht anhaften und machst dich nicht abhängig von ihm. Dann liebst du, aber deine Liebe gibt den anderen frei. Und wenn du dem anderen Freiheit gibst, bist auch du selbst frei. Nur in Freiheit kann deine Seele wachsen. Dann wirst du dich sehr, sehr glücklich fühlen.

Die Welt ist ein Ort des Unglücks geworden – nicht weil sie ein unglücklicher Ort wäre, sondern weil wir so falsch mit ihr umgegangen sind. Dieselbe Welt könnte zu einem Freudenfest werden.

Du fragst: *»Wie weiß ich, ob es Gelassenheit oder Gleichgültigkeit ist, was in mir heranwächst?«*

Wenn du dich glücklich fühlst, wenn du dich mit allem, was in dir heranwächst, glücklich fühlst, wenn du zentrierter, geerdeter, lebendiger wirst, dann mache einfach so weiter. Dann brauchst du keine Angst zu haben. Dein Glück sei der Prüfstein, das Kriterium – nichts anderes kann das Kriterium sein. Was immer die Schriften sagen mögen – es ist kein Kriterium, solange dein Herz nicht vor Glück tanzt. Was immer ich sage, sollte für dich kein Kriterium sein, solange dein Herz nicht vor Glück tanzt. Bei deiner Geburt wurde dir ein feines Sensorium mitgegeben. Es gehört zum Leben, dass du immer spüren kannst, was los ist: Du kannst immer fühlen, ob du glücklich oder unglücklich bist.

Keiner stellt je die Frage: »Wie weiß ich, ob ich glücklich oder unglücklich bin?« Das hat noch nie jemand gefragt. Wenn du unglücklich bist, weißt du es, wenn du glücklich bist, weißt du es. Es ist ein immanenter Wert. Du weißt es einfach. Du weißt es von Geburt an, darum nutze einfach dieses angeborene Sensorium – es wird dein Leben nie in falsche Bahnen lenken.

- *Siehst du als Gesellschaftsmodell für die Zukunft eine einzige große Kommune oder eine ganze Reihe von Kommunen? Und wenn es mehrere Kommunen gäbe, wie könnte sich deren Beziehung untereinander gestalten? Könntest du dir vorstellen, dass die Menschen aus verschiedenen Kommunen in einer wechselseitigen Abhängigkeit miteinander stehen und ihre Ideen und Fertigkeiten miteinander austauschen?*

Diese Frage greift etwas sehr Wichtiges auf: das Konzept der wechselseitigen Abhängigkeit, der Interdependenz. Die Menschen haben in Abhängigkeit gelebt, und sie haben die Unabhängigkeit angestrebt und auch dafür gekämpft, aber niemand untersucht die Wirklichkeit: Abhängigkeit und Unabhängigkeit sind nur die beiden extremen Pole.

Die Wirklichkeit ist genau in der Mitte: Interdependenz. Alles ist von allem abhängig. Der kleinste Grashalm und der größte Stern sind voneinander abhängig. Das ist die ganze

Grundlage der Ökologie. Die Menschen haben sich nicht so verhalten, als könnten sie die Wirklichkeit gegenseitiger Abhängigkeit begreifen. Sie haben so viel von der organischen Einheit des Lebens zerstört. Und dabei haben sie sich unwissentlich die eigenen Hände und Füße amputiert.

Ganze Wälder sind verschwunden, Millionen von Bäumen werden Tag für Tag gefällt. Die Wissenschaftler warnen uns, dass die Menschheit nicht überleben kann, wenn alle Bäume von dieser Erde verschwinden – doch keiner will es hören. Zwischen Bäumen und Menschen findet ein tiefer gegenseitiger Austausch statt: Wir atmen ständig Sauerstoff ein und Kohlendioxid aus, und die Bäume atmen ständig Kohlendioxid ein und Sauerstoff aus. Weder können wir ohne Bäume existieren, noch können die Bäume ohne uns existieren.

Und das ist nur ein einfaches Beispiel. Das Leben ist auf tausendfache Art verwoben. Weil schon so viele Bäume verschwunden sind, hat sich so viel Kohlendioxid in der Atmosphäre angesammelt, dass die Temperatur auf dem ganzen Erdball angestiegen ist. Der Anstieg erscheint vielleicht noch belanglos, aber er ist es keineswegs. Bald wird die Temperatur so ansteigen, dass das Eis schmelzen und der Wasserspiegel der Ozeane ansteigen wird. Dann werden die Städte, die an den Meeresküsten liegen – und das sind die größten Städte dieser Erde – überflutet sein.

Wenn die Temperatur weiter ansteigt – was durchaus möglich ist, weil keiner hinhört ... Sinnlos werden die Bäume gefällt, nur nutzlose Dinge. Für drittklassige Zeitungen wird Zeitungspapier gebraucht, und dafür zerstört man Leben! Es liegt im Bereich der Möglichkeit, dass sogar das ewige Eis des Himalajas zu schmelzen beginnt, was in der ganzen Vergangenheit noch nie passiert ist, und dann werden alle Meere um mehrere Meter steigen und riesige Landflächen unter sich begraben. Alle eure Städte werden zerstört werden: Bombay und Kalkutta, New York, London und San Francisco. Und überleben werden vielleicht nur ein paar Primitive, die hoch oben in den Bergen zu Hause sind.

In dieser Weise ist alles mit allem verbunden. Als die ersten Astronauten den Mond erreichten, wurde uns zum ersten Mal bewusst, dass die ganze Erde von einer dicken Schicht aus Ozon, einer Form von Sauerstoff, umgeben ist. Diese Ozonschicht umgibt die ganze Erde wie eine Hülle, und nur durch diese Ozonhülle ist überhaupt Leben auf diesem Planeten möglich, weil das Ozon die tödliche Strahlung der Sonne nicht hindurchlässt. Sie lässt nur die Leben spendenden Strahlen hindurch und hält die tödliche Strahlung ab, indem sie sie reflektiert. Doch inzwischen entstehen immer größere Löcher in der Ozonschicht, und durch diese Löcher beginnt tödliche Strahlung einzudringen. Die Wissenschaft behauptet, dass diese tödlichen Strahlen die Krebsrate um beinahe dreißig Prozent erhöhen werden – andere Krankheiten gar nicht mitgezählt.

Diese dummen Politiker hören nicht darauf. Und wenn man sie dumm nennt, wird man noch dafür bestraft und eingesperrt und muss sich falsche Anschuldigungen gefallen lassen. Aber ich sehe nicht, wie ich sie anders nennen soll. Dumm scheint mir noch die sanfteste und kultivierteste Bezeichnung für diese Leute zu sein. Sie verdienen das gar nicht; sie verdienen etwas viel Schlimmeres.

Leben ist eine grundlegende Interdependenz, eine gegenseitige Abhängigkeit.

Meine Vision von der Kommune bedeutet, dass Nationen verschwinden werden, Großstädte verschwinden werden, weil sie nicht genug Raum für jeden Einzelnen bieten – und jeder Mensch hat ein gewisses psychologisches Bedürfnis nach territorialer Souveränität, genau wie die Tiere. In den großen Städten bewegen die Menschen sich ständig in der Masse. Das erzeugt viel Stress, Spannung und Angst und lässt dem Menschen keine Zeit zur Entspannung, keine Zeit und keinen Raum, um mit sich selbst zu sein, allein zu sein, mit den Bäumen zu sein, die eine lebensspendende Quelle sind, mit dem Ozean zu sein, der eine lebensspendende Quelle ist.

Meine Vision von einer neuen Welt, der Welt aus Kommunen, bedeutet: keine Nationen, keine Großstädte, keine Familien, sondern Millionen von kleinen Kommunen, über die ganze Erde verstreut, in dichten Wäldern, üppigen, grünen Wäldern, in den Bergen, auf Inseln. Die kleinste funktionsfähige Kommune – und das haben wir ja schon ausprobiert – kann fünftausend Menschen umfassen. Und die größte Kommune kann fünfzigtausend Menschen haben. Zwischen fünf- und fünfzigtausend – mehr als das wäre nicht mehr praktikabel, denn dann tauchte wieder die Frage nach Gesetz und Ordnung auf, und die Polizei und die Gerichte hielten wieder Einzug.

Kleine Kommunen ... fünftausend scheint die ideale Zahl zu sein, denn das haben wir versucht. Jeder kennt jeden, alle sind Freunde. Es gibt keine Ehe – die Kinder gehören zur Kommune. Die Kommune betreibt Krankenhäuser, Schulen, Universitäten. Die Kommune nimmt sich der Kinder an und die Eltern können sie besuchen. Dann wird es unwichtig, ob die Eltern zusammen oder getrennt leben. Für die Kinder sind beide Elternteile erreichbar; sie können sie besuchen oder von ihnen besucht werden.

Alle Kommunen sollten zusammenhängen, aber sie werden kein Geld austauschen. Das Geld sollte abgeschafft werden; es hat der Menschheit ungeheuer geschadet. Jetzt ist es Zeit, ihm Adieu zu sagen. Die Kommunen sollten untereinander tauschen: Die einen haben mehr Milchprodukte und können sie an eine andere Kommune abgeben; dafür brauchen sie mehr Kleidung, die ihnen die andere Kommune zur Verfügung stellen kann. Ein einfaches Tauschsystem, durch das sich keine Kommune bereichern kann.

Geld ist eine sehr merkwürdige Sache. Man kann es anhäufen, darin besteht das seltsame Geheimnis des Geldes. Milchprodukte kann man nicht anhäufen, Gemüse kann man nicht anhäufen. Wer mehr Gemüse hat, muss es mit anderen teilen, die nicht genug Gemüse haben. Aber Geld lässt sich anhäufen. Und wenn eine Kommune reicher wird als die anderen, dann kommen durch die Hintertür wieder Reichtum und Armut herein und der ganze Albtraum des Kapitalismus und die Klassen der Armen und Reichen und der Wunsch zu herrschen. Wenn eine Kommune reich ist, kann sie andere Kommunen unterwerfen. Geld ist ein Feind des Menschen.

Die Kommunen sollten untereinander tauschen. Sie können über die Medien bekannt geben, welche Produkte bei ihnen zu haben sind; und wer ein Produkt hat, das sie gebrauchen können, kann Kontakt mit ihnen aufnehmen. Und so können diese Dinge auf freundschaftliche Art und Weise ausgetauscht werden. Es gibt kein Feilschen, keine Ausbeutung. Aber eine Kommune sollte nicht zu groß werden, weil Größe ebenfalls gefährlich ist. Das Kriterium, wie groß eine Kommune sein darf, sollte sein, dass jeder den anderen kennt; da sollte die Grenze liegen. Sobald diese Grenze überschritten wird, sollte die Kommune sich in zwei Teile teilen. Genauso wie sich zwei Brüder trennen, trennt sich eine Kommune, die zu groß geworden ist, in zwei Kommunen, zwei Schwesterkommunen.

Aber es wird ein reger Austausch, eine wechselseitige Abhängigkeit zwischen ihnen bestehen. Man wird Ideen und Fertigkeiten austauschen, ohne all die Verhaltensweisen, die aus Besitzansprüchen entstehen, wie Nationalismus und Fanatismus. Es wird nichts geben, was zu Fanatismus führen könnte. Es wird keinen Grund geben, sich als Nation zu verstehen.

Eine kleine Gruppe von Menschen kann viel leichter das Leben genießen, weil es schon allein eine Freude ist, so viele Freunde und Bekannte zu haben. Heute lebt man in der Großstadt im selben Haus und kennt nicht einmal den Nachbarn. In einem Haus leben vielleicht tausend Leute, und sie sind sich absolut fremd. Sie leben in der Menge und doch allein.

Meine Vorstellung von einer Kommune ist ein Leben in kleinen Gruppen, die jedem genug Raum lassen und dennoch ein Leben in einer engen, liebevollen Beziehung ermöglichen. Die Kommune nimmt sich der Kinder an, sie sorgt für alle Bedürfnisse, kümmert sich um die medizinische Versorgung. Die Kommune wird zu einer authentischen Familie – ohne all die Krankheiten, die in der Vergangenheit die Familie mit sich brachte. Die Kommune ist eine lockere Familie und in ständiger Bewegung.

Es gibt keine Ehe und es gibt keine Scheidungen. Wenn zwei Menschen zusammenleben wollen, können sie zusammen sein, und wenn sie eines Tages nicht mehr zusammen sein wollen, ist das völlig in Ordnung. Sie sind aus freien Stücken zusammengekommen – nun können sie sich andere Freunde suchen. Warum nicht in einem Leben gleich mehrere Leben leben? Warum nicht das Leben so reich wie möglich machen? Weshalb sollte ein Mann an einer einzigen Frau fest halten oder eine Frau an einem einzigen Mann – es sei denn, sie haben so viel Freude aneinander, dass sie ihr ganzes Leben lang zusammen sein wollen?

Aber wenn man sich die Welt betrachtet, ist die Situation klar: Die Erwachsenen wären gern ihre Familien los; Kinder wären gern ihre Familien los. Vor kurzem hat ein Junge in Kalifornien etwas Ungewöhnliches und Unerhörtes getan. Er wollte zum Spielen ins Freie – das ist nichts Besonderes; alle Kinder sollten im Freien spielen dürfen. Aber seine Mutter und sein Vater waren dagegen: »Nein, du gehst nicht nach draußen! Du spielst im Haus!« Da hat der Junge seinen Vater und seine Mutter erschossen. Das war sein Spielen im Haus! Für alles gibt es eine Grenze, und ständig dieses »Nein, nein, nein« zu hören ...!

In Amerika beträgt die Durchschnittsrate, mit der man seinen Ehemann oder seine Ehefrau wechselt, drei Jahre. Mit derselben Rate wechseln die Leute ihre Arbeit, mit derselben Rate wechseln sie die Stadt. Es scheint etwas Besonderes an diesen drei Jahren zu sein! Das scheint die Grenze des Erträglichen zu sein. Länger hält man es nicht aus. Also wechseln die Leute die Frau oder den Mann, sie wechseln die Stadt und den Job.

Aber in einer Kommune braucht man darum nicht viel Aufhebens zu machen. Man kann sich jederzeit Adieu sagen und trotzdem Freunde bleiben, denn wer weiß? Nach zwei Jahren verliebt man sich vielleicht wieder in denselben Mann, dieselbe Frau. In zwei Jahren hat man möglicherweise die ganzen Probleme vergessen und möchte es noch einmal probieren – oder man ist vom Regen in die Traufe gekommen und hat es bereut und will jetzt wieder zurück! Das Leben wird reicher sein. Man wird viele Männer und viele Frauen kennen lernen. Und jeder Mann, jede Frau hat etwas Einzigartiges.

Die Kommunen sollten auch untereinander Leute austauschen, wenn einer in eine andere Kommune ziehen will und die Leute dort bereit sind, ihn aufzunehmen. Die andere Kommune könnte sagen: »Falls jemand von uns in eure Kommune gehen will, können wir tauschen, ansonsten wollen wir unsere Einwohnerzahl nicht erhöhen.« Dann können die Leute entscheiden. Man kann hingehen und für sich selbst werben – vielleicht gibt es dort eine Frau, die einen mag, vielleicht schließt man dort Freundschaften. Und in der anderen Kommune gibt es vielleicht jemanden, der sich langweilt und auch gerne wechseln würde.

Die ganze Welt sollte *eine* Menschheit sein, aber auf lauter kleine Kommunen verteilt, aus rein praktischen Gründen. Kein Fanatismus, kein Rassismus, kein Nationalismus – dann können wir zum ersten Mal alle Kriege vergessen. Wir können das Leben in aller Aufrichtigkeit lebenswert und genießenswert machen, spielerisch, meditativ, kreativ – und jedem Mann und jeder Frau die gleichen Chancen geben, sich zu entfalten und ihr Potenzial zur Blüte zu bringen.

Teil IV

Alleinsein

Jedes Bemühen, das darauf abzielt, das Alleinsein zu vermeiden, schlägt fehl und muss fehlschlagen, weil es gegen die Grundgesetze des Lebens verstößt. Nötig ist nicht, dass du etwas hast, was dich dein Alleinsein vergessen lässt; nötig ist, dass du dir deines Alleinseins - deiner Wirklichkeit - bewusst wirst. Und das zu erfahren, das zu fühlen, ist so wunderbar - denn es ist dein Freisein von der Masse, vom anderen. Es ist dein Freisein von der Angst vor Einsamkeit.

14

Alleinsein ist dein wahres Wesen

Als Erstes muss dir eines klar werden: Ob du es willst oder nicht, du bist immer allein. Alleinsein ist dein wahres Wesen. Du kannst versuchen, es zu vergessen, kannst versuchen, dem Alleinsein zu entfliehen, indem du Freunde findest, indem du dir Liebhaber suchst, indem du dich unters Volk mischst ... Aber was immer du auch tust, berührt nur die Oberfläche. Dein tiefes inneres Alleinsein bleibt davon unberührt, unangetastet.

Jeder Mensch ist diesem seltsamen Zufall unterworfen, dass er in eine Familiensituation hineingeboren wird. Anders ist es gar nicht möglich, denn das Menschenkind ist das verletzlichste in der ganzen Schöpfung. Andere Tiere kommen schon vollständig zur Welt: Ein Hund bleibt sein ganzes Leben lang ein Hund; er wird sich nicht höher entwickeln, wird nicht wachsen. Gewiss, er wird zwar alt und betagt werden, aber er wird nicht intelligenter, wird nicht bewusster, wird nicht erleuchtet werden. In dieser Hinsicht bleiben alle Tiere genau auf derselben Stufe wie bei ihrer Geburt stehen; im Wesentlichen ändert sich nichts mehr für sie. Ihr Tod und ihre Geburt liegen auf einer horizontalen Achse.

Nur der Mensch hat die Möglichkeit, sich vertikal, nicht bloß horizontal weiterzuentwickeln und auf eine höhere Stufe zu kommen. Doch die Mehrzahl der Menschen verhält sich wie die Tiere: Ihr Leben besteht bloß darin, alt zu werden – sie entwickeln sich nicht höher, werden nicht erwachsen. Altwerden und Erwachsenwerden sind aber völlig verschiedene Erfahrungen.

Der Mensch wird mitten in eine Familie von Menschen geboren. Vom ersten Augenblick an ist er niemals allein. Darum gewöhnt er sich psychisch an das ständige Zusammensein mit anderen. Sobald er allein ist, beginnt er sich zu fürchten; es ergreift ihn eine unbekannte Furcht. Er weiß eigentlich nicht genau, wovor er Angst hat, aber jedes Mal, wenn er sich aus der Gruppe wegbewegt, fühlt er sich innerlich unbehaglich. Zusammen mit anderen fühlt er sich aufgehoben, entspannt, behaglich. So kommt es, dass der Mensch die Schönheit des Alleinseins nie kennen lernt. Seine Angst hindert ihn daran, Weil er in eine Gruppe hineingeboren wurde, bleibt er immer Teil einer Gruppe. Als Heranwachsender sucht er sich neue Gruppen, neue Verbindungen, neue Freunde. Und wenn die vorgefundenen Kollektive - der Staat, die Religion, die politischen Parteien - sich als unbefriedigend herausstellen, schafft er sich seine eigenen, neuen Verbindungen, Clubs und Vereine. Aber alle diese Strategien haben im Grunde nur einen Zweck: nie allein zu sein.

Die ganze Lebenserfahrung vollzieht sich im Zusammensein mit anderen. Alleinsein erscheint fast wie ein Tod. In gewisser Hinsicht ist es auch ein Tod - der Tod deiner Persönlichkeit, die du dir in der Menge zugelegt hast. Sie ist eine Mitgift der anderen an dich. Sobald du dich von der Menge wegbewegst, bewegst du dich auch von deiner Persönlichkeit weg.

In der Menge weißt du genau, wer du bist: Du kennst deinen Namen, deine Titel, deinen Beruf. Du kennst alle Daten, die für deinen Personalausweis und deinen Reisepass nötig sind. Aber wenn du dich von der Menge wegbewegst, was ist dann deine Identität? Wer bist du? Dann wird dir plötzlich bewusst, dass du nicht dein Name bist, denn der Name wurde dir von anderen gegeben. Du bist auch nicht deine Herkunft, denn welche Beziehung hätte deine Herkunft zu deinem Bewusstsein? Dein Herz ist weder christlich noch hinduistisch noch mohammedanisch. Dein Dasein ist nicht auf irgendwelche politischen Staatsgrenzen beschränkt. Dein Bewusstsein gehört keiner Organisation oder Kirche an. Wer bist du?

Dann beginnt sich auf einmal deine Persönlichkeit zu verflüchtigen. Davor hast du Angst: vor dem Tod deiner Persönlichkeit. Nun wirst du dich ganz neu entdecken müssen. Zum ersten Mal wirst du dich fragen müssen, wer du bist. Du wirst anfangen müssen, über diese Frage zu meditieren. Wer bin ich? Und da ist die Angst, dass es dich vielleicht überhaupt nicht gibt! Vielleicht warst du nur eine Ansammlung sämtlicher Meinungen der Leute. Vielleicht warst du nur deine Persönlichkeit. Niemand will ein Nichts sein, niemand will ein Niemand sein. Aber tatsächlich *ist* jeder ein Niemand.

Dazu gibt es eine sehr schöne Geschichte: ...*

Alice kam ins Wunderland. Dort traf sie den König, und der König fragte: »Alice, hast du einen Boten getroffen, der zu mir wollte?«

Sie sagte: »Ich habe niemand getroffen.«

Der König sagte: »Wenn du Niemand getroffen hast, warum ist er noch nicht da?«

Alice war sehr verwirrt. Sie sagte: »Du verstehst mich nicht richtig. Niemand ist niemand.«

Der König sagte: »Das ist klar! Niemand ist Niemand, aber wo ist er denn? Er sollte doch schon längst hier sein! Das zeigt wohl, dass Niemand langsamer läuft als du.«

* Oshos Version

Darüber war Alice natürlich sehr empört und sie vergaß, dass sie es mit einem König zu tun hatte. Sie sagte: »Niemand läuft schneller als ich!«

Und nun dreht sich das ganze Gespräch um diesen »Niemand«. Sie versteht es so, als meinte er: »Niemand läuft langsamer als du!«

»... Und dabei kann ich so schnell laufen! Ich bin aus der anderen Welt ins Wunderland gekommen, in diese kleine Welt – und er beleidigt mich!« Natürlich gibt sie ihm zur Antwort: »Niemand läuft schneller als ich!«

Worauf der König sagt: »Wenn das wahr ist, warum ist er dann noch nicht hier?« Und in dieser Art geht die Diskussion weiter.

Jeder ist ein Niemand.

Die erste Aufgabe für einen Suchenden besteht also darin, das Wesen des Alleinseins genau zu verstehen. Es bedeutet, ein Niemand zu sein. Es bedeutet, deine Persönlichkeit aufzugeben, die eine Mitgift der Menge an dich ist. Sobald du dich von der Menge wegbewegst, kannst du diese Mitgift nicht in dein Alleinsein mitnehmen. In deinem Alleinsein musst du dich völlig neu entdecken, und keiner kann garantieren, ob du in deinem Inneren jemanden finden wirst oder nicht.

Diejenigen, die in ihr Alleinsein eingetaucht sind, haben dort niemanden gefunden. Und ich meine wirklich niemanden: keinen Körper, keinen Namen, keine Form – nur reine Gegenwart, reines Leben, namenlos, formlos. Genau das ist die wirkliche Auferstehung, und dafür braucht man zweifellos Mut. Nur ganz mutige Menschen sind im Stande, ihre Nichtigkeit, ihren »Niemand« freudig zu akzeptieren. Ihre Nichtigkeit ist ihr reines Sein. Sie ist beides. Tod und Auferstehung.

> Meine Sekretärin zeigte mir heute eine schöne Karikatur: Jesus hängt am Kreuz; er schaut zum Himmel auf uns sagt: »Ach, hätte ich doch außer Gott zum Vater noch Allah als Onkel! Das wäre schon besser! Wenn Gott mich nicht erhört – vielleicht würde mir Allah helfen!«

Sein ganzes Leben lang kannte er nur Gott, und er hat überall gern verkündet: »Ich bin Gottes eingeborener Sohn!« Von einer Familie Gottes, einem Bruder, einer Ehefrau, anderen Söhnen und Töchtern, war nie die Rede. Was hat Gott denn die ganze Ewigkeit lang gemacht? Er hat kein Fernsehen, um sich die Zeit zu vertreiben, um die Zeit totzuschlagen. Er kann nicht ins Kino gehen. Womit beschäftigt sich dieser arme Kerl bloß die ganze Zeit?

Es ist eine erwiesene Tatsache, dass die Bevölkerung in armen Ländern allein schon deshalb so rasend schnell wächst, weil die Armen keinen anderen Gratiszeitvertreib haben. Ihre einzige Unterhaltung, die nichts kostet, besteht darin, Kinder zu produzieren. Das ist zwar längerfristig eine sehr teure Angelegenheit, aber im Moment braucht man dafür keine Eintrittskarte, es gibt kein Anstehen in der Schlange, keine Probleme ...

Was hat Gott denn die ganze Ewigkeit lang gemacht? Er hat nur einen einzigen Sohn produziert! Und jetzt am Kreuz dämmert es Jesus, dass es vielleicht besser wäre, wenn Gott noch ein paar Brüder, Schwestern und Onkel hätte! »Wenn er mich schon nicht erhört, könnte ich jetzt jemand anderen um Hilfe bitten!« Jesus betet und ist wütend und sagt: »Warum hast du mich vergessen? Hast du mich verlassen?« – aber es kommt keine Antwort. Er wartet auf ein Wunder. Und die ganze Menge, die gekommen ist, um ein Wunder zu sehen, beginnt sich zu zerstreuen. Es ist sehr heiß und alle warten vergeblich. Nichts wird geschehen, denn wenn etwas hätte geschehen sollen, wäre es längst geschehen.

Nach sechs Stunden waren nur drei Ladys übrig, die immer noch glaubten, dass ein Wunder geschehen würde. Die eine war die Mutter von Jesus – natürlich, Mütter glauben ja immer, dass ihr Kind ein Genie ist. Jede Mutter ohne Ausnahme glaubt, dass sie einen Helden zur Welt gebracht hat. Die zweite Frau, die Jesus liebte, war eine Prostituierte, Maria Magdalena. Obwohl sie eine Prostituierte war, muss sie Jesus sehr geliebt haben. Auch seine Jünger, die so genannten Apostel, die in der Geschichte des Christentums gleich an zweiter Stelle hinter Jesus kommen, sie liefen davon, alle zwölf, aus purer Angst, erkannt und geschnappt zu werden – denn sie waren ja ständig und überall mit Jesus unterwegs gewesen. Der Menge konnte man nicht trauen. Wenn man sie schnappte, konnte es sein, dass sie gekreuzigt würden, und wenn nicht gekreuzigt, dann zumindest verprügelt oder zu Tode gesteinigt. So waren nur die drei Frauen übrig geblieben. Und auch die dritte war eine Frau, und sie liebte Jesus. In diesen letzten Augenblicken war es die Liebe, die dablieb, in der Gestalt dieser drei Frauen.

Diese Jünger waren wohl nur mit Jesus zusammen gewesen, um ins Paradies zu kommen! Es ist immer hilfreich, gute Verbindungen zu haben, und eine bessere Verbindung als zum eingeborenen Sohn Gottes konnte es nicht geben. Sie würden gleich hinter Jesus die Tore des Paradieses durchschreiten! Ihre Jüngerschaft war eine Art, Jesus auszunutzen, darum fehlte es ihnen an Mut. Sie waren schlau und berechnend, aber nicht mutig. Nur Liebe kann mutig sein.

Liebst du dich selbst? Liebst du dieses Dasein? Liebst du dieses wunderbare Leben, das ein solches Geschenk ist? Es wurde dir geschenkt, ohne dass du überhaupt dafür bereit warst, ohne dass du es verdient hast, ohne dass du dich dessen würdig gezeigt hast. Wenn du diese Existenz liebst, die dir das Leben gab und dir jeden Augenblick Leben und Nahrung spendet, wirst du diesen Mut finden. Und dieser Mut wird dir helfen, allein dazustehen wie eine Zeder im Libanon, die hoch hinauswächst und nach den Sternen greift – ganz allein.

Im Alleinsein wirst du als Ego, als Persönlichkeit verschwinden. Und du wirst dich wieder finden als das Leben selbst – unsterblich und ewig. Solange du nicht zum Alleinsein fähig bist, muss deine Suche nach der Wahrheit scheitern. Dein Alleinsein ist deine Wahrheit. Dein Alleinsein ist deine Göttlichkeit.

Die Funktion eines Meisters besteht darin, dir zu helfen, allein dazustehen. Meditation ist nur eine Strategie, um dir deine Persönlichkeit zu nehmen, deine Gedanken, deinen Verstand, deine Identifikation mit dem Körper, bis du innerlich absolut allein dastehst, als lebendiges Feuer. Und sobald du zu deinem lebendigen Feuer gefunden hast, wirst du alle Freuden und Ekstasen erleben, deren das menschliche Bewusstsein fähig ist.

> Die alte Frau schaute ihrem Enkel zu, der seine Suppe mit dem falschen Löffel aß, das Messer am falschen Ende anfasste, die Hauptspeise mit den Fingern verzehrte, den Tee in die Untertasse goss und darauf pustete.
>
> »Hast du denn gar nichts gelernt, wenn du deinen Eltern bei Tisch zusiehst?«, fragte sie.
>
> »Doch«, sagte der Junge und kaute mit offenem Mund, »dass es besser ist, nicht zu heiraten!«

Eine großartige Lektion: Es ist besser, allein zu bleiben!

Es ist wirklich schwierig, mit anderen zusammen zu sein, aber wir sind es von Geburt an gewöhnt, immer mit anderen zu sein. Selbst wenn wir dabei unglücklich sind, selbst wenn wir leiden, selbst wenn es eine Quälerei ist – wir haben uns daran gewöhnt. Es ist uns zumindest vertraut. Wir haben Angst, uns ins Dunkel hinauszuwagen, das jenseits des bekannten Gebietes liegt. Aber solange du dich nicht über das Gebiet der kollektiven Masken hinauswagst, kannst du nicht zu dir selbst finden.

Von Groucho Marx stammt dieser großartige Satz, den man sich merken sollte: »Ich finde das Fernsehen sehr weiterbildend. Jedes Mal, wenn einer den Fernsehapparat einschaltet, gehe ich nach nebenan und lese ein Buch.«

> Die Lehrerin einer Klasse von Zehnjährigen hatte Hemmungen, ihre Schüler sexuell aufzuklären, darum machte sie es zum Thema einer Hausaufgabe.
>
> Der kleine Tommy befragt also seinen Vater, und dieser murmelt etwas von den Bienen. Die Großmutter erzählt ihm eine Geschichte vom Storch, während die Urgroßmutter errötend flüstert, die Kinder kämen von einem großen Seerosenteich.
>
> Am nächsten Morgen soll Tommy berichten, was bei seiner Hausaufgabe herausgekommen ist.
>
> Er sagt: »Ich glaube, unsere Familie ist nicht ganz normal. So wie's aussieht, hat bei uns seit drei Generationen keiner mehr gevögelt!«

So wie's aussieht, haben nur ganz wenige Menschen die Liebe wirklich kennen gelernt. Alle tun nur so. Sie täuschen etwas vor und betrügen damit nicht nur andere, sondern vor allem sich selbst. Wirklich lieben kannst du erst, wenn du *bist.* Im Moment bist du nur ein Teil der Masse, ein Rädchen im Getriebe. Wie könntest du lieben? Es gibt dich noch gar nicht. Zuerst musst du *sein,* zuerst musst du dich selbst erkennen.

Im Alleinsein wirst du entdecken, was es heißt, zu *sein.* Und aus diesem Bewusstsein deines Seins wird Liebe hervorströmen und noch viel mehr. Darum sollte dein ganzes Streben dem Alleinsein gelten.

Das bedeutet aber nicht, dass du in die Berge gehen sollst. Du kannst auch auf dem Marktplatz allein sein. Es ist einfach eine Frage der Bewusstheit, der wachen, beobachtenden Aufmerksamkeit und der Selbsterinnerung, dass du genau dieses wahrnehmende Bewusstsein bist, nichts anderes. Dann bist du überall allein – ob in der Menge oder in den Bergen, das ist ganz egal. Du bist immer das Gleiche wahrnehmende Bewusstsein. In der Menge nimmst du die Menge wahr, in den Bergen nimmst du die Berge wahr. Mit offenen Augen nimmst du die Schöpfung wahr, und mit geschlossenen Augen nimmst du dich selbst wahr. Du bist nur dieses eine: der Wahrnehmende.

Dieser wahrnehmende Beobachter ist die größte Erkenntnis. Das ist deine Buddhanatur, es ist deine Erleuchtung, dein Erwachen. Dies sollte deine einzige Übung sein. Das allein macht dich zu einem Jünger, dass du dich in der Erfahrung des Alleinseins übst.

Man hat euch in vielfacher Hinsicht über das Leben getäuscht. Man hat euch gesagt, wer an einen Meister glaubt, ist ein Jünger. Das stimmt absolut nicht, denn sonst wären alle auf dieser Welt Jünger, denn der eine glaubt an Jesus, der andere an Buddha, ein dritter an Krishna, ein vierter an Mahavira. Jeder glaubt an irgendjemanden, aber keiner ist ein Jünger – denn ein Jünger zu sein bedeutet nicht, an einen

Meister zu glauben. Ein Jünger zu sein bedeutet, sich darin zu üben, du selbst zu sein, dein wahres Selbst zu sein. Hinter dieser Erfahrung verbirgt sich der kostbarste Schatz des Lebens. Erst durch diese Erfahrung wirst du zu einem Kaiser; sonst bleibst du immer ein Bettler in der Masse. Es gibt zwei Arten von Bettlern: arme Bettler und reiche Bettler, aber alle sind Bettler. Auch eure Könige und Königinnen sind Bettler.

Nur jene Menschen, jene vereinzelten Menschen, die allein in ihrem Sein bestehen können, in ihrer Klarheit, in ihrem Licht, jene, die zu ihrem eigenen Licht gefunden haben, die zu ihrer Blüte gefunden haben, zu ihrem eigenen inneren Reich, das ihr Zuhause und ihre ewige Heimat ist – diese vereinzelten Menschen sind die Kaiser. Das ganze Universum ist ihr Reich. Und sie brauchen es nicht erst zu erobern, es ist schon erobert.

In dem Moment, in dem du dich selbst erkennst, hast du es erobert.

15

WIR SIND UNS SELBST FREMD

Wir werden allein geboren, wir leben allein und wir sterben allein. Alleinsein ist unser eigentliches Wesen, aber wir sind uns dessen nicht bewusst. Und weil wir uns dessen nicht bewusst sind, bleiben wir uns selbst fremd. Statt unser Alleinsein als etwas ungeheuer Schönes und Ekstatisches, als Stille und Frieden, als ein Geborgensein in der Existenz wahrzunehmen, halten wir es irrtümlich für Einsamkeit.

Einsamkeit ist missverstandenes Alleinsein. Sobald du dein Alleinsein missverstehst und es für Einsamkeit hältst, verändert sich deine ganze Sichtweise. Alleinsein ist eine schöne und großartige Erfahrung, etwas sehr Positives. Einsamkeit hingegen ist etwas Armseliges, Negatives, Dunkles, Düsteres.

Einsamkeit ist ein Mangel. Es fehlt etwas; man braucht etwas, um diesen Mangel zu beheben. Aber man kann ihn durch nichts beheben, weil er von Anfang an auf einem Missverständnis beruht. Und je älter man wird, desto stärker wird dieser Mangel empfunden. Die Menschen haben eine solche Angst davor, mit sich allein zu sein, dass sie die unsinnigsten Dinge tun. Ich kenne Leute, die mit sich allein, ohne Partner, Karten spielen. Sie haben Kartenspiele erfunden, bei denen ein Spieler beide Seiten übernimmt.

Diejenigen, die tief in das Alleinsein eingetaucht sind, berichten etwas völlig anderes. Sie sagen, dass es nichts Schöneres, nichts Friedlicheres, nichts Freundvolleres gibt, als allein zu sein.

Ein gewöhnlicher Mensch versucht ständig, seine Einsamkeit zu vergessen, aber ein Meditierender fängt an, sich mehr und mehr mit seinem Alleinsein anzufreunden. Früher zog man sich dafür aus der Welt zurück, ging in eine Höhle oder in die Berge, in die Wälder, nur um allein zu sein. Ein Meditierender will herausfinden, wer er ist. In der Menge ist das schwierig, weil es dort so viele Störungen gibt. Und all jene, die sich auf das Alleinsein eingelassen haben, haben darin die größte Seligkeit kennen gelernt, deren ein Mensch fähig ist – denn das bloße *Sein* ist Seligkeit.

Erst wenn du mit deinem Alleinsein in Einklang gekommen bist, kannst du wirklich in Beziehung treten. Dann werden deine Beziehungen dir große Freude bringen, weil sie nicht aus Angst eingegangen werden. Wenn du dein Alleinsein entdeckt hast, kannst du schöpferisch sein. Dann kannst du dich mit so vielen Dingen beschäftigen, wie du willst, denn dann wird diese Beschäftigung nicht mehr ein Weglaufen vor dir selbst sein. Dann wird es zu deinem schöpferischen Ausdruck, zur Manifestation all dessen, was dein Potenzial ausmacht.

Aber die erste, grundlegende Sache ist, mit deinem Alleinsein absolut vertraut zu werden.

Deshalb möchte ich dich daran erinnern: Missverstehe das Alleinsein nicht als Einsamkeit. Einsamkeit ist eine Krankheit, Alleinsein ist vollkommene Gesundheit. Der erste und grundlegende Schritt, um Sinn und Bedeutung deines Lebens zu finden, besteht darin, dein Alleinsein aufzusuchen. Es ist dein Tempel. Es ist der Ort, wo dein Gott lebt, und diesen Tempel kannst du nirgendwo anders finden.

16

Die Freiheit, für sich allein zu stehen

Jesus sagte: »Selig sind, die für sich allein stehen können und erwählt sind, denn sie werden das Königreich finden; und da sie von dort herkommen, werden sie wieder dorthin zurückkehren.«
Aus dem *Thomas-Evangelium*

Das tiefste Verlangen im Menschen ist es, völlig frei zu sein. Das Ziel ist die Freiheit, *Moksha*. Jesus nennt es das »Königreich Gottes« – wie ein König zu sein, natürlich nur symbolisch, in dessen Dasein es keine Fesseln, keine Abhängigkeiten, keine Beschränkungen gibt. Dann existierst du als Unendlichkeit und stößt nirgendwo mit anderen zusammen – so als wärest du ganz allein.

Freiheit und Alleinsein sind zwei Seiten ein und derselben Sache. Darum nannte der Jaina-Mystiker Mahyvira seinen Begriff der Freiheit *»Kaivalya«*. *Kaivalya* bedeutet, absolut allein zu sein, so als existierte niemand anderer. Von wem könnte man abhängig werden, wenn man absolut allein ist? Wer wäre der »andere«, wenn es sonst nichts gibt?

Darum müssen jene, die nach Freiheit streben, ihr Alleinsein entdecken. Sie müssen einen Weg finden, müssen Mittel und Methoden finden, um für sich allein stehen zu können.

Jeder Mensch wird als Teil dieser Welt geboren, als Mitglied einer Gesellschaft, einer Familie, irgendeiner Gruppe. Er wächst nicht als vereinzeltes, sondern als soziales Wesen auf. Und die ganze Erziehung, Bildung und Kultur besteht aus nichts anderem, als das Kind zu einem brauchbaren Bestandteil der Gesellschaft zu machen und ihm beizubringen, wie man sich einfügt. Die Psychologen sprechen von »Anpassung«. Und sobald jemand als Einzelgänger auftritt, wirkt er unangepasst.

Die Gesellschaft ist ein Netz, ein aus vielen Menschen bestehendes Gefüge, eine Masse. Ein bisschen Freiheit kann man darin haben – aber zu einem hohen Preis. Wenn du der Gesellschaft folgst und zum braven Mitspieler für die anderen wirst, gewähren sie dir einen kleinen Freiraum. Wenn du auch zu einem Sklaven wirst, wird dir doch eine gewisse Freiheit gewährt. Aber es ist eine geliehene Freiheit, die jeden Moment zurückgenommen werden kann. Und sie hat einen sehr hohen Preis. Sie bedeutet Anpassung an die anderen; darum ist sie zwangsläufig begrenzt.

Innerhalb der Gesellschaft des sozialen Umfeldes kann kein Mensch absolut frei sein. Das bloße Dasein der anderen erzeugt Probleme. Sartre sagt: »Der andere ist die Hölle«, und größtenteils hat er Recht, denn der andere erzeugt Spannung in dir, der andere beunruhigt dich. Ein Zusammenstoß ist unausweichlich, weil nicht nur du, sondern auch der andere absolute Freiheit anstrebt. Jeder braucht seine absolute Freiheit – und absolute Freiheit kann es immer nur für einen geben.

Selbst eure so genannten Könige sind nicht absolut frei, können es nicht sein. Sie mögen den Anschein erwecken, als wären sie frei, doch das ist nicht der Fall. Sie sind auf Schutz angewiesen und von anderen abhängig. Ihre Freiheit ist nur eine Fassade. Trotzdem möchte man gerne ein König, ein Herrscher sein, weil man das Verlangen nach absoluter Freiheit hat. Aber der Herrscher erweckt nur den falschen Eindruck, als wäre er frei.

Oder man möchte sehr reich werden, denn auch Reichtum erweckt den falschen Eindruck, man wäre frei. Wie kann ein Armer frei sein? Seine Bedürfnisse schaffen Abhängigkeit; er kann seine Bedürfnisse nicht befriedigen. Überall, wo er hingeht, stößt er auf unüberwindliche Hindernisse. Daher der Wunsch nach Reichtum. Tief im Innern gibt es diesen Wunsch, absolut frei zu sein, und daraus entstehen alle anderen Wünsche. Wenn man aber in der falschen Richtung sucht, kann man tun, was man will - man wird nie das Ziel erreichen, weil man von Anfang an die falsche Richtung eingeschlagen hat. Man hat schon den ersten Schritt verfehlt.

Das althebräische Wort für »Sünde« ist sehr schön. Es bedeutet »jemand, der die Markierung verfehlt hat«. Es enthält eigentlich gar keine Bedeutung von Schuld. Ein »Sünder« ist jemand, der den Weg verfehlt hat, der sich verirrt hat. Und Religion bedeutet, wieder zurück auf den richtigen Weg zu kommen, damit man das Ziel nicht verfehlt.

Das Ziel ist absolute Freiheit. Religion ist nur ein Mittel, um dorthin zu gelangen. Darum muss man verstehen, dass Religion eigentlich eine der Gesellschaft entgegengesetzte Kraft ist. Sie steht ihrem Wesen nach im Widerspruch zur Gesellschaft, denn absolute Freiheit ist innerhalb der Gesellschaft nicht möglich.

Auf der anderen Seite gibt es die Psychologie, und sie dient der Gesellschaft. Der Psychiater bemüht sich nach besten Kräften, dich wieder an die Gesellschaft anzupassen. Er steht im Dienste der Gesellschaft. Die Politik dient natürlich auch der Gesellschaft. Sie gewährt dir ein bisschen Freiheit, nur damit sie dich versklaven kann. Deine Freiheit ist nur ein Bestechungsgeld; sie kann jeden Moment wieder zurückgenommen werden. Wenn du meinst, du wärest wirklich frei, kannst du schnell im Gefängnis landen.

Politik, Psychologie, Kultur, Erziehung – sie alle stehen im Dienste der Gesellschaft. Allein die Religion ist grundsätzlich rebellisch. Doch die Gesellschaft hat euch zum Narren gehalten: sie hat ihre eigenen Religionen geschaffen – Christentum, Hinduismus, Buddhismus, Islam. Das sind alles Tricks der Gesellschaft. Jesus ist gesellschaftsfeindlich. Wenn man sich Jesus näher betrachtet, sieht man, dass er kein sehr respektabler Mann war; er konnte es nicht sein. Er gab sich mit schlechten Elementen ab, mit Asozialen. Er war ein Vagabund, ein Aussteiger. Und er musste es sein, denn er wollte nicht auf die Gesellschaft hören, er wollte sich ihr nicht anpassen. Er schuf eine alternative Gesellschaft, eine kleine Gruppe von Anhängern.

In Indien gab es Ashrams als eine der Gesellschaft entgegenwirkende Kraft – aber nicht alle Ashrams waren das, denn die Gesellschaft versucht immer, euch hinters Licht zu führen. Unter hundert Ashrams war vielleicht einer – und auch das nur vielleicht –, der ein richtiger Ashram war, der eine Alternative zur Gesellschaft bildete und sich gegen die Gesellschaft, gegen diese namenlose Masse, stellte. Es gab Schulen, zum Beispiel Buddhas Klöster in Bihar, die versuchten, eine Gesellschaft zu schaffen, die gar keine war. Man suchte immer wieder Mittel und Wege, um die Menschen wirklich total frei zu machen – frei von Anhängigkeit, frei von jeglicher Disziplin und Begrenzung. Dort durfte man grenzenlos sein, mit dem Ganzen eins sein.

Jesus ist asozial, Buddha ist asozial. Aber das Christentum ist nicht asozial, der Buddhismus ist nicht asozial. Die Gesellschaft ist so schlau, dass sie gesellschaftsfeindliche Phänomene sofort für sich vereinnahmt und ihnen einen sozialen Anstrich gibt. Sie erzeugt eine Fassade, führt euch hinters Licht. Dann seid ihr glücklich wie kleine Kinder, denen man eine falsche Brust hinhält, einen Plastikschnuller. Sie saugen daran und fühlen sich genährt, es beruhigt sie und natürlich schlafen sie ein. Wenn ein Kind unruhig ist, macht man das so. Man gibt ihm eine falsche Brust. Dann saugt es daran, in dem Glauben, Nahrung zu bekommen. Es saugt immer wieder daran, und so wird das Saugen zu einem monotonen Vorgang. Es kommt nichts dabei heraus, aber das ständige Saugen ist wie ein Mantra; es wirkt einschläfernd. Aus lauter Langeweile wird das Kind müde und fällt in den Schlaf.

Buddhismus, Christentum, Hinduismus und all die anderen »Ismen«, die sich als Religion etabliert haben, sind wie Schnuller. Sie geben euch Trost, geben euch einen guten Schlaf und bringen Linderung in diesem quälenden Sklavendasein ringsherum. Sie geben euch das Gefühl, alles sei in Ordnung und nichts laufe falsch. Sie sind wie Beruhigungsmittel. Sie sind Drogen.

Nicht nur LSD, auch das Christentum ist eine Droge. Und zwar eine viel raffiniertere und subtilere Droge, denn sie bewirkt eine Art Blindheit. Dann könnt ihr nicht mehr sehen, was wirklich ist. Ihr könnt nicht spüren, wie ihr euer ganzes Leben vergeudet. Ihr könnt nicht die Krankheit sehen, die sich seit vielen Leben in euch angesammelt hat. Ihr sitzt auf einem Vulkan – aber diese Leute sagen euch, dass alles in Ordnung sei: »Mit Gott im Himmel und der Regierung auf Erden kann uns nichts passieren!« Und die Priester erzählen euch ständig: »Keine Sorge, wir sind da! Überlasst einfach alles uns. Wir kümmern uns um euch, in dieser und auch in der anderen Welt.« Und ihr *habt* es ihnen überlassen – darum seid ihr so unglücklich!

Die Gesellschaft kann dir keine Freiheit geben. Es ist unmöglich, denn die Gesellschaft kann nicht jeden absolut frei machen. Was kann man also tun? Wie kann man über die

Gesellschaft hinausgehen? Das ist die Frage, die sich ein religiöser Mensch stellt. Doch es erscheint unmöglich, denn die Gesellschaft ist überall, wohin man kommt. Man kann höchstens von einer Gesellschaft in die andere wechseln, aber irgendeine Gesellschaft ist immer vorhanden.

Selbst wenn du dich in den Himalaja zurückziehst, wirst du dir dort eine Gesellschaft erschaffen. Du wirst anfangen, mit den Bäumen zu reden, weil es dir so schwer fällt, allein zu sein. Du wirst dich mit den Vögeln und den Tieren anfreunden – und früher oder später hast du wieder eine Familie. Dann wartest du jeden Tag auf den Vogel, der morgens kommt und singt. Und du verstehst nicht, dass dich das abhängig gemacht hat. Der andere ist wieder ins Spiel gekommen. Wenn der Vogel nicht kommt, wirst du unruhig: Was ist los? Warum kommt der Vogel nicht? Und da ist eine Spannung, und es ist nicht viel anders als damals, da du dir noch Sorgen um Frau und Kinder gemacht hast. Überhaupt nicht anders; es ist das gleiche Muster – der andere. Sogar im Himalaja erschaffst du dir eine Gesellschaft.

Dazu musst du eines verstehen: Die Gesellschaft ist nicht etwas außerhalb von dir, sie ist in dir. Solange ihre Wurzeln in deinem Inneren nicht verschwunden sind, wirst du überall, wo du hinkommst, wieder eine Gesellschaft erschaffen. Selbst wenn du in eine Hippiekommune ziehst, kommt die Gesellschaft ins Spiel und wird zu einer sozialen Kraft. Wenn du in einen Ashram ziehst, kommt die Gesellschaft ins Spiel. Es ist aber nicht so, dass die Gesellschaft dir dahin folgt; es liegt an *dir:* Du selbst erschaffst dir immer wieder deine Gesellschaft um dich herum – du bist der Schöpfer. Etwas existiert in dir als Same, das immer wieder die Gesellschaft hervorbringt. Das zeigt, dass du in Wahrheit nicht über die Gesellschaft hinausgehen kannst, solange du nicht vollkommen transformiert bist – du wirst immer deine eigene Gesellschaft erschaffen. Und alle Gesellschaften sind im Grunde gleich. Ihrer Form nach mögen sie verschieden sein, aber in der Grundstruktur sind sie gleich.

Warum kannst du nicht ohne Gesellschaft leben? Da ist der Haken! Sogar im Himalaja wirst du auf jemanden warten. Du magst unter einem Baum sitzen und wirst auf jemanden warten – einen Reisenden, einen Jäger –, irgendjemand, der auf dem Weg vorbeikommt. Und wenn jemand vorüberkommt, bist du froh. Wenn du ganz allein bist, bist du traurig, aber wenn ein Jäger kommt, wirst du ein Schwätzchen mit ihm halten. Du wirst ihn fragen: »Was passiert denn so in der Welt? Hast du eine aktuelle Zeitung?« oder: »Erzähl mir ein paar Neuigkeiten! Mich hungert und dürstet danach!«

Wie kommt das? Du musst die Wurzeln dieses Verhaltens ans Licht bringen, dann wirst du es verstehen.

Vor allem brauchst du es, gebraucht zu werden. Du hast ein tiefes Bedürfnis, gebraucht zu werden. Wenn niemand dich braucht, fühlst du dich nutzlos, bedeutungslos. Wenn jemand dich braucht, gibt er dir Bedeutung; dann fühlst du dich wichtig.

Man hört immer wieder Leute sagen: »Ich muss für meine Frau und die Kinder sorgen«, so als ob es eine Last wäre. Wenn du so redest, hast du Unrecht. Du redest, als wäre es eine große Verantwortung und du hättest diese Pflicht zu erfüllen. Aber das stimmt nicht! Stell dir vor, wie es wäre, wenn deine Frau und deine Kinder nicht mehr da wären. Was würdest du dann tun? Dann hättest du plötzlich das Gefühl, dein Leben wäre sinnlos geworden, denn sie hatten dich gebraucht. Die Kinder haben auf dich gewartet, sie haben dir Bedeutung verliehen. Du warst wichtig für sie. Nun, da dich keiner mehr braucht, wirst du schrumpfen. Denn wenn niemand dich braucht, schenkt dir auch niemand Aufmerksamkeit. Dann ist es egal, ob du da bist oder nicht.

Die ganze Psychoanalyse und ihr Geschäft beruhen nur auf dem Zuhören. Es ist nicht viel dran, es ist wirklich nicht viel dran an der Psychoanalyse, und das ganze Drumherum ist ein ziemlicher Hokuspokus. Warum gibt es sie dann immer noch? Weil da jemand ist, der dir viel Aufmerksamkeit schenkt - und kein gewöhnlicher Mensch, sondern ein berühmter und sehr bekannter Psychiater, der viele Bücher geschrieben hat! Er hat schon viele Prominente behandelt, und das gibt dir ein gutes Gefühl, denn sonst hört dir ja niemand zu, nicht einmal die eigene Frau. Keiner hört dir zu, keiner schenkt dir Aufmerksamkeit. Du gehst durch die Welt, als gäbe es dich gar nicht, als wärest du ein Niemand. Und du zahlst dem Psychiater viel dafür! Es ist ein Luxus, den sich nur sehr reiche Leute leisten können.

Aber weshalb tun sie das? Legen sich bloß auf eine Couch und reden, und der Psychoanalytiker hört zu ... Aber er hört *wirklich* zu, er schenkt dir seine Aufmerksamkeit. Natürlich musst du etwas dafür bezahlen, aber nachher fühlst du dich großartig. Einfach dadurch, dass dir jemand seine Aufmerksamkeit gibt, fühlst du dich gut. Du kommst anders aus der Praxis wieder heraus, mit einer anderen Qualität: mit tänzelndem Schritt, mit einem Summen, einem Lied auf den Lippen. Das mag nicht lange anhalten - eine Woche später musst du wieder in die Praxis kommen -, aber wenn jemand zuhört und dir seine Aufmerksamkeit schenkt, sagt er damit: »Du bist jemand! Du bist es wert, dass man dir zuhört.« Er scheint sich nicht zu langweilen. Auch wenn er vielleicht gar nichts sagt, tut es trotzdem sehr gut.

Du hast ein tiefes Bedürfnis, gebraucht zu werden. Jemand sollte dich brauchen, sonst verlierst du den Boden unter den

Füßen. Du hast ein tiefes Bedürfnis nach Gesellschaft. Selbst wenn der andere nur mit dir streitet, ist es in Ordnung – besser, als allein zu sein! Zumindest schenkt dir irgendjemand Aufmerksamkeit – auch wenn es dein Feind ist; dann hast du etwas, worüber du nachdenken kannst.

Wenn du wieder mal verliebt bist, schau dir dieses Bedürfnis an. Oder beobachte die Verliebten, schau sie dir gut an, denn wenn du selbst verliebt bist, ist es schwieriger. Dann ist es nicht so leicht, dich selbst wahrzunehmen, denn dann bist du ziemlich verrückt, bist nicht mehr Herr deiner Sinne. Beobachte mal die Verliebten, wie sie einander zuflüstern: »Ich liebe dich«, aber aus tiefstem Herzen wollen sie geliebt werden. Eigentlich geht es ihnen nicht darum, zu lieben, es geht ihnen darum, geliebt zu werden. Sie lieben nur, um geliebt zu werden. Die Hauptsache ist nicht, zu lieben, die Hauptsache ist, geliebt zu werden.

Darum beklagen Liebende sich oft beim anderen: »Du liebst mich nicht genug.« Nichts ist genug, nichts kann je genug sein, weil dieses Bedürfnis grenzenlos ist. Und auch die Abhängigkeit ist grenzenlos. Was immer der Geliebte auch tut: Du hast immer das Gefühl, noch mehr wäre möglich. Deine Hoffnung will immer mehr, deine Vorstellung will immer mehr. Und wenn es ausbleibt, bist du frustriert. Und jeder Liebende denkt: »Ich liebe, aber der andere reagiert nicht richtig darauf.« Und der andere denkt genauso. Wie kommt das?

Keiner liebt. Und solange du nicht zu einem Jesus oder Buddha wirst, kannst du nicht lieben. Man kann erst lieben, wenn das Bedürfnis, gebraucht zu werden, nicht mehr da ist.

Khalil Gibran erzählt in seinem wunderbaren Buch *Jesus, der Menschensohn* eine erdichtete, aber schöne Geschichte* –

* hier mit Oshos Worten wiedergegeben

und manchmal entspricht die Dichtung mehr der Realität als die Tatsachen selbst:

> Maria Magdalena schaut aus dem Fenster und sieht in ihrem Garten Jesus unter einem Baum sitzen. So ein schöner Mensch! Sie hatte viele Männer gekannt, denn sie war eine berühmte Prostituierte. Selbst Könige klopften an ihre Tür, denn sie war eine der liebreizendsten Blumen. Aber einen solchen Mann hatte sie noch nie gesehen! Denn ein Mensch wie Jesus ist von einer unsichtbaren Aura umgeben; sie verleiht ihm eine überirdische Schönheit. Er ist nicht von dieser Welt. Er war von einem solchen Licht umgeben, und die Art, wie er ging, wie er saß, war von einer solchen Anmut, als bewegte sich ein Kaiser im Gewand eines Bettlers. Er wirkte so überirdisch, dass Magdalena ihre Diener zu ihm schickte, um ihn einzuladen. Doch Jesus lehnte ab. Er sagte: »Es geht mir gut hier. Dieser Baum ist schön und sehr schattig.«
>
> So musste Magdalena selbst hingehen, um Jesus zu fragen, um ihn selbst zu bitten – sie konnte sich nicht vorstellen, dass irgendjemand ihr eine Bitte abschlagen könnte. Sie sagte: »Komm in mein Haus und sei mein Gast.«
>
> Jesus sagte: »Ich bin doch bereits in dein Haus gekommen, ich bin doch bereits dein Gast. Mehr brauche ich nicht.«
>
> Das konnte sie nicht begreifen. Sie sagte: »Nein, bitte komm und weise mich nicht zurück. Niemand hat mich je zurückgewiesen. Kannst du mir nicht diesen kleinen Gefallen tun? Sei mein Gast. Speise heute mit mir, bleibe heute Nacht bei mir.«
>
> Jesus sagte: »Ich habe dich schon angenommen. Ver-

giss nicht, dass diejenigen, die dir sagen, sie hätten dich angenommen, dich nicht wirklich annehmen. Und diejenigen, die dir sagen, dass sie dich lieben – keiner von ihnen hat dich je geliebt. Aber ich sage dir, ich liebe dich, und nur ich kann dich lieben.« Aber er wollte nicht in ihr Haus kommen. Als er sich ausgeruht hatte, ging er weiter.

Was hatte er gesagt? Er hatte gesagt: »Nur ich kann dich lieben. All die anderen, die dir ständig sagen, dass sie dich lieben – sie können nicht lieben, denn Liebe ist nicht etwas, das man tun kann. Sie ist eine Eigenschaft deines Wesens.«

Liebe ereignet sich, wenn du eine kristallisierte Seele, ein Selbst erlangt hast. Solange ein Ego da ist, kann das nicht geschehen. Das Ego will geliebt werden, weil es diese Nahrung braucht. Ihr liebt nur, damit man euch braucht. Ihr setzt Kinder in die Welt, nicht weil ihr Kinder liebt, sondern nur damit man euch braucht, damit ihr herumgehen und sagen könnt: »Seht, welch große Verantwortung ich übernommen habe! Was für Pflichten ich erfülle! Ich bin ein Vater, ich bin eine Mutter ...« Das dient aber nur zur Verherrlichung eures Egos.

Solange das Bedürfnis, gebraucht zu werden, nicht von dir abfällt, kannst du nicht allein sein. Dann wirst du dir selbst im Himalaja eine Gesellschaft erschaffen. Erst wenn dieses Bedürfnis, gebraucht zu werden, von dir abfällt, wirst du überall, wo du bist, allein sein – sogar mitten auf dem Marktplatz, mitten in der Stadt.

Versuch jetzt die Worte Jesu zu verstehen:

Selig sind, die für sich allein stehen können und erwählt sind, denn sie werden das Königreich finden; und da sie von dort herkommen, werden sie wieder dorthin zurückkehren.

Lass jedes einzelne Wort auf dich wirken. *»Selig sind, die für sich allein stehen können ...«* Was zeichnet einen solchen Menschen aus? Dass sein Bedürfnis, gebraucht zu werden, von ihm abgefallen ist; dass er mit sich, so wie er ist, völlig zufrieden ist; dass er niemanden mehr nötig hat, der zu ihm sagt: »Du bist wichtig!« Seine Wichtigkeit liegt in ihm selbst, er bezieht sie nicht mehr von anderen. Er bettelt nicht darum, fragt nicht danach. Seine Wichtigkeit kommt aus dem eigenen Sein. Er ist kein Bettler; er kann mit sich allein leben.

Du hältst es mit dir selbst nicht aus. Sobald du allein bist, wirst du unruhig. Sofort fühlst du dich unbehaglich, sinnlos, zutiefst beunruhigt. Was mache ich jetzt? Wohin soll ich gehen? Du gehst in den Club, in die Kirche, ins Theater – irgendwohin, wo du andere triffst. Oder du gehst einkaufen. Für reiche Leute ist Einkaufen das einzige Spiel, der einzige Sport – sie gehen einkaufen. Und wer arm ist, braucht noch nicht einmal ein Geschäft zu betreten: Er kann sich die Schaufenster von der Straße aus ansehen. Hauptsache, man geht irgendwohin!

Allein zu bleiben ist sehr wichtig, ganz ungewöhnlich, außergewöhnlich. Woher kommt diese Unrast? Sie kommt daher, dass du dir, sobald du allein bist, völlig unwichtig vorkommst. Dann gehst du in ein Geschäft und kaufst dir irgendetwas, damit wenigstens der Verkäufer dich wichtig nimmt. Es geht nicht um die Sache, denn du kaufst ständig unnötige Dinge. Du kaufst nur, um zu kaufen. Doch der Verkäufer oder der Ladenbesitzer behandeln dich, als wärest du ein König. Sie benehmen sich, als wären sie von dir abhängig. Dabei weißt du genau, dass das nur eine Maske ist. So benimmt man sich eben als Ladenbesitzer! Und dem Verkäufer bist du sowieso egal; sein Lächeln ist nur aufgesetzt. Er lächelt jeden an, nicht speziell dich. Aber diese Dinge beachtest du nie. Er lächelt und begrüßt dich und empfängt dich wie einen willkommenen Gast. Dann fühlst du dich gut: Du bist jemand. Da sind Leute, die von dir abhängen; dieser Ladenbesitzer hat auf dich gewartet.

Und überall suchst du nach Augen, die dir eine gewisse Bedeutung geben können. Wenn eine Frau dich anschaut, gibt sie dir eine Bedeutung. Die Psychologen haben etwas Interessantes herausgefunden: Wenn ein Mann einen Raum betritt – einen Warteraum im Flughafen, auf dem Bahnhof, im Hotel – und eine Frau schaut zweimal zu ihm hin, dann ist sie bereit, sich von ihm verführen zulassen. Wenn eine Frau dich nur einmal anschaut, lass sie besser in Ruhe und vergiss es! Man hat es gefilmt und beobachtet, und so ist man dahinter gekommen, denn eine Frau schaut nur dann zweimal hin, wenn sie von einem Mann gesehen und bestätigt werden möchte.

Ein Mann betritt ein Restaurant – die Frau schaut vielleicht einmal hin, aber wenn er es nicht wert ist, schaut sie kein zweites Mal. Die Casanovas wissen das genau, sie wissen das seit Jahrhunderten! Die Psychologen haben es erst kürzlich entdeckt: Man muss die Augen beobachten! Wenn die Frau ein zweites Mal hinschaut, hat sie Interesse. Dann wird einiges möglich; sie hat einen Wink gegeben. Sie ist bereit, sich auf dich einzulassen und das Spiel der Liebe mit dir zu spielen. Wenn sie dich aber kein zweites Mal anschaut, ist die Tür zu. Dann klopfst du besser woanders an, denn diese Tür ist dir verschlossen.

Wenn eine Frau dich anschaut, wirst du wichtig, sehr bedeutend. In diesem Moment bist du einzigartig. Darum verleiht die Liebe den Menschen ein solches Strahlen, verleiht die Liebe dir eine solche Lebendigkeit und Vitalität.

Das Problem ist aber, wenn dich die gleiche Frau jeden Tag

anschaut, hilft es nicht mehr viel. Darum bekommen Ehemänner mit der Zeit genug von ihren Frauen und Frauen bekommen genug von ihren Ehemännern. Wie soll man denn immer wieder aus den gleichen Augen die gleiche Bestätigung bekommen? Man gewöhnt sich daran. Sie ist deine Frau, da gibt es nichts mehr zu erobern. Daraus erklärt sich das Bedürfnis, ein Casanova, ein Don Juan zu sein, der von einer Frau zur nächsten geht. Wohlgemerkt, das ist kein sexuelles Bedürfnis. Es hat überhaupt nichts mit Sex zu tun – denn Sex in tiefer Intimität mit einer einzigen Frau geht viel tiefer. Es ist also nicht der Sex. Es ist aber auch keine Liebe, absolut nicht, denn die Liebe will mit einem einzigen Menschen immer mehr und immer tiefer zusammen sein. Liebe geht in die Tiefe. Es geht also weder um Liebe noch um Sex, sondern um etwas anderes: ein Bedürfnis des Ego. Wenn man täglich eine neue Frau erobern kann, fühlt man sich sehr, sehr wichtig. Man fühlt sich wie ein Eroberer.

Wenn es mit der einen Frau nicht mehr geht und man festgefahren ist und niemand einen mehr anschaut – keine andere Frau, kein anderer Mann einem Bestätigung gibt –, dann fühlt man sich miserabel. Darum wirken Ehefrauen und Ehemänner oft so leblos und lustlos. Ihr braucht sie nur anzuschauen und könnt schon von weitem sehen, ob ein Paar verheiratet ist oder nicht. Wenn sie nicht verheiratet sind, fühlt es sich anders an: Sie sind glücklich, lachen und reden miteinander und haben ihren Spaß. Sind sie aber Mann und Frau, dann tolerieren sie einander gerade noch.

Es war Mullah Nasruddins 25. Hochzeitstag, und er wollte gerade das Haus verlassen. Seine Frau war etwas pikiert, denn sie hatte erwartet, dass er sich etwas Besonderes einfallen lassen würde. Doch er benahm sich wie immer.

Also fragte sie ihn: »Nasruddin, hast du denn vergessen, was heute für ein Tag ist?«

Nasruddin sagte: »Ich weiß.«

Sie sagte: »Dann lass dir etwas Ungewöhnliches einfallen!«

Nasruddin überlegte und sagte: »Wie wäre es mit zwei Minuten Schweigen?«

Immer wenn es sich so anfühlt, als wäre dein Leben in einer Sackgasse, kann das ein Hinweis sein, dass du etwas für Liebe gehalten hast, was gar keine Liebe war. Es war ein Egobedürfnis – das Bedürfnis zu erobern, das Bedürfnis, jeden Tag von einem anderen Mann, einer anderen Frau, von anderen Leuten gebraucht zu werden. Solange das eintrifft, bist du für eine Weile glücklich, denn dann bist du kein gewöhnlicher Mensch. Das ist es, wonach jeder Politiker lechzt: dass das ganze Leben ihn braucht! Was wollte denn Hitler? Dass die ganze Welt ihn brauchte!

Aber dieses Bedürfnis lässt dich nie dein Alleinsein entdecken. Ein Politiker kann nicht religiös werden – das sind völlig entgegengesetzte Richtungen. Darum sagt Jesus: »Es ist sehr schwierig für einen Reichen, ins Himmelreich zu kommen. Eher geht ein Kamel durch ein Nadelöhr, als dass ein Reicher ins Himmelreich kommt.« Wieso? Weil ein Mensch, der Reichtum angehäuft hat, seinen Reichtum dazu benutzt, um sich selbst zu bestätigen. Er möchte jemand sein! Aber für all diejenigen, die jemand sein möchten, bleibt die Tür zum Himmelreich verschlossen.

Nur wer zu einem Niemand geworden ist, nur wer zu einem Nichts geworden ist, kann dort eintreten. Nur diejenigen, deren Schiffe leer sind, diejenigen, die ihre Egobedürfnisse als sinnlos und neurotisch durchschaut haben, diejenigen, die verstanden haben, wie nutzlos ihre Egobedürfnisse sind – und nicht nur nutzlos, sondern schädlich. Deine Egobedürfnisse können dich verrückt machen, aber sie bringen dir niemals die Erfüllung.

Was ist ein Für-sich-allein-Stehender? Ein Mensch, dessen Bedürfnis, gebraucht zu werden, verschwunden ist. Der von dir keine Bestätigung braucht – weder aus deinen Augen noch aus deinen Reaktionen, nein! Wenn du ihm deine Liebe schenkst, ist der dankbar, aber wenn du sie ihm nicht schenkst, beklagt er sich nicht. Wenn du ihm keine Liebe schenkst, ist er genauso freundlich wie immer. Wenn du ihn besuchen kommst, ist er glücklich, aber wenn du nicht kommst, ist er genauso glücklich wie immer. Wenn er in der Menge ist, genießt er es, aber wenn er in seiner Klause ist, genießt er es genauso.

Einen solchen Menschen kann man nicht unglücklich machen, weil er gelernt hat, mit sich allein zu leben und mit sich allein glücklich zu sein. Er ist sich selbst genug. Darum mögen es Leute, die eine Beziehung miteinander haben, nicht besonders, wenn der Partner religiös wird. Wenn der Ehemann anfängt, sich für Meditation zu interessieren, wird die Frau unruhig. Weshalb? Sie ist sich vielleicht nicht einmal bewusst, was los ist oder warum sie so unruhig wird. Und wenn die Frau anfängt, religiös zu werden, wird der Mann unruhig. Weshalb?

Eine unbewusste Angst tritt dann ins Bewusstsein. Es ist die Angst, der Partner könnte auf dem Weg sein, sich selbst zu genügen. Das macht Angst. Wenn man eine Ehefrau vor die Wahl stellt: »Was wäre dir lieber: wenn dein Mann meditiert oder wenn er zum Trinker wird?«, dann wird ihr der Trinker lieber sein als der Meditierer. Wenn man einen Ehemann vor die Wahl stellt: »Was wäre dir lieber, wenn deine

Frau *Sannyasin* wird oder wenn sie auf die schiefe Bahn gerät?«, dann wird der Mann sich für Letzteres entscheiden.

Ein *Sannyasin* ist jemand, der sich selbst genug ist. Er braucht niemanden außer sich selbst und ist in keiner Weise abhängig. Und das macht Angst. Dann wirst du ja überflüssig! Dein ganzes Dasein kreiste um das Bedürfnis des anderen, um die Tatsache, dass er dich brauchte. Ohne dich war er ein Nichts, ohne dich war sein Leben sinnlos, eine Wüste. Nur durch dich blühte er auf! Wenn du nun erfährst, dass der andere im Alleinsein aufblüht, gibt es Probleme, weil dein Ego verletzt ist.

Was ist ein Für-sich-allein-Stehender? Jesus sagt: *»Selig sind, die für sich allein stehen können ...«* Das sind jene, die mit sich allein ebenso gut leben können, als wäre die ganze Welt bei ihnen. Sie haben Spaß mit sich selbst wie die kleinen Kinder.

Die ganz kleinen Kinder haben noch Spaß mit sich selbst. Freud prägte dafür ein spezielles Wort: »polymorph«. Ein Kleinkind genießt sich selbst, es spielt mit seinem Körper, es ist autoerotisch, es lutscht am Daumen. Wenn es andere braucht, betrifft das nur seinen Körper. Man gibt ihm Milch, dreht es herum, wechselt die Windeln – das sind körperliche Bedürfnisse. Tatsächlich kennt es noch keine psychischen Bedürfnisse. Es macht sich keine Gedanken, was die anderen von ihm denken, ob sie es schön finden oder nicht. Darum ist jedes Kind schön – weil es sich um deine Meinung nicht kümmert.

Kein Kind wird jemals hässlich geboren, doch mit der Zeit werden alle Kinder hässlich. Es ist sehr schwierig, einen schönen alten Menschen zu finden, ganz selten. Und es ist sehr schwierig, ein hässliches Kind zu finden, ganz selten. Alle Kinder sind schön, aber alle alten Leute werden hässlich. Wie kommt das nur? Wenn alle Menschen schön geboren werden, sollten sie doch auch schön sterben! Aber das Leben macht etwas mit ihnen ...

Alle Kinder sind sich selbst genug, darin besteht ihre Schönheit. Sie sind sich selbst ein Licht. Alle alten Menschen sind nutzlos; sie mussten erkennen, dass sie nicht mehr gebraucht werden. Und je älter sie werden, desto stärker wird das Gefühl, dass man sie nicht mehr braucht. Jene, die sie gebraucht haben, sind nicht mehr da. Die Kinder sind erwachsen geworden und haben jetzt ihre eigene Familie. Der Ehepartner ist tot. Die Welt braucht sie jetzt nicht mehr. Keiner besucht sie, keiner erweist ihnen die Ehre. Selbst wenn sie einen Spaziergang machen, erkennt sie niemand. Sie mögen einmal wichtige Leute gewesen sein – Firmenchefs, Manager, Bankpräsidenten –, aber jetzt erkennt sie keiner mehr. Niemand vermisst sie. Und da sie nicht mehr gebraucht werden, fühlen sie sich nutzlos; sie warten nur noch auf den Tod. Aber selbst das kümmert niemanden ... Selbst wenn sie sterben, kümmert sich niemand darum. Sogar der Tod wird hässlich.

Wenn du dir vorstellst, dass bei deinem Tod Millionen von Menschen um dich weinen würden, dann würde dich das glücklich machen. Dir vorzustellen, dass Tausende und Abertausende kommen würden, um dir die letzte Ehre zu erweisen, wenn du gestorben bist ...

Einmal geschah es, dass ein Mann in Amerika das im Voraus plante ... Er war vielleicht der einzige Mensch in der ganzen Weltgeschichte, der das getan hat: Er wollte wissen, wie die Leute reagieren würden, wenn er tot war. Noch bevor er starb – nachdem die Ärzte ihm gesagt hatten, dass er innerhalb von zwölf Stunden sterben werde –, ließ er sich für tot erklären. Er hatte Zirkusse, Galerien, Werbeagenturen besessen und wusste, wie man eine Neuigkeit unters Volk bringt. Am Morgen verkündete sein Agent der Presse, dem Radio und dem Fernsehen, dass er gestorben sei. Nun wurden Artikel verfasst, Nachrufe wurden geschrieben, Telefonanrufe kamen, es war enorm viel los. Und er las das alles, und er freute sich sehr!

Wenn man gestorben ist, sind die Leute immer nett. Dann wird man sofort zu einem Engel, weil jeder denkt, es lohnt sich nicht, etwas gegen jemanden zu sagen, der tot ist. Solange man lebt, sagt keiner etwas Positives. Vergiss nicht, wenn du tot bist, werden sich alle freuen – wenigstens *eine* gute Sache hast du vollbracht: Du bist gestorben!

Dieser Mann wurde also mit Anerkennung überhäuft, und sein Bild war in allen Zeitungen. Er genoss es total. Und dann starb er – völlig beruhigt, dass alles gut war.

Nicht nur zum Leben brauchst du die anderen, sondern auch zum Sterben ... Stell dir einmal deinen Tod vor: Nur zwei bis drei Leute, dein Pfleger und ein Hund folgen dir nach, um dir den letzten Abschied zu geben. Sonst ist keiner da – keine Zeitungsreporter, keine Fotografen, nichts dergleichen, nicht einmal deine Freunde. Und alle sind erleichtert, weil eine Last von ihnen abgefallen ist. Schon die bloße Vorstellung macht einen traurig. Das Bedürfnis, gebraucht zu werden, bleibt bis in den Tod bestehen. Was ist das denn für ein Leben? Sind denn nur die Meinungen der anderen wichtig, nicht du selbst? Hat denn deine Existenz überhaupt keine Bedeutung?

Wenn Jesus sagt: *»Selig sind, die für sich allein stehen können«,* dann meint er genau das: einen Menschen, der dahin gekommen ist, absolut glücklich mit sich selbst zu sein, der ganz allein sein kann auf dieser Welt, ohne dass sich seine Stimmung, sein Befinden ändert. Was wäre, wenn die ganze Welt in einem dritten Weltkrieg unterginge – was jeden Tag passieren kann – und du bliebest allein übrig? Was würdest du dann tun? Was könntest du tun, außer dich gleich umzubringen? Ein Mensch, der für sich allein steht, könnte allein unter einem Baum sitzen und zu einem Buddha werden, auch ohne die Welt. Ein solcher Mensch wird glücklich sein, er wird singen und tanzen und seiner Wege gehen, ohne dass sich seine Stimmung ändert. Man kann seine Stimmung nicht ändern, man kann sein inneres Befinden nicht ändern.

Jesus sagt: *»Selig sind, die für sich allein stehen können und erwählt sind …«* – und solche Menschen sind tatsächlich auserwählt, denn wer die Menge braucht, wird immer wieder in die Menge zurückgeworfen, weil es sein Bedürfnis, sein Verlangen, sein Wunsch ist. Die Existenz liefert euch alles, was ihr begehrt, und alles, was ihr jetzt seid, ist die Erfüllung eurer vergangenen Wünsche. Gebt also niemand anderem dafür die Schuld! Es ist das, wofür ihr gebetet habt. Und vergesst es nicht, denn das ist eines der gefährlichsten Dinge auf der Welt: Alles was man sich wünscht, geht in Erfüllung!

Überlege es dir gut, bevor du dir etwas wünschst! Es besteht eine gute Chance, dass es in Erfüllung geht, und dann wirst du leiden. So ergeht es dem Reichen: Einst war er arm und wünschte sich, reich zu sein. Er wünschte es sich so lange, bis es Wirklichkeit wurde. Jetzt ist er unglücklich. Jetzt weint er und vergießt Tränen und sagt: »Mein ganzes Leben habe ich damit verbracht, wertloses Zeug zu sammeln, und jetzt bin ich unglücklich!« Aber es war sein Wunsch. Wenn du dir Wissen wünschst, wirst du es bekommen. Dein Kopf wird wie eine große Bibliothek sein, voller Schriften. Aber am Ende wirst du weinen und Tränen vergießen, und du wirst schreien: »Nichts als Worte über Worte über Worte! Nichts davon hat Substanz! Ich habe mein ganzes Leben vergeudet!«

Sei dir dessen, was du dir wünschst, voll bewusst, denn jeder Wunsch geht früher oder später in Erfüllung. Es kann ein bisschen länger dauern, denn du musst warten, bis du dran bist. So viele andere vor dir haben ihre Wünsche geäußert, dann kann es ein bisschen länger dauern! Manchmal geht ein Wunsch aus diesem Leben erst in einem späteren Leben in Erfüllung, aber alle Wünsche werden erfüllt. Das ist ein gefährliches Gesetz. Bevor du dir also etwas wünschst, überlege es dir gut! Bevor du etwas begehrst, überlege es dir gut! Bedenke, dass es irgendwann in Erfüllung gehen wird – und dann wirst du leiden!

Wer für sich allein stehen kann, ist erwählt. Er ist ein Auserwählter der Schöpfung. Warum? Weil er nie etwas von dieser Welt begehrt. Er braucht nichts mehr. Er hat alles gelernt, was es von dieser Welt zu lernen gab. Diese Schule ist zu Ende; er hat sie absolviert, hat sie transzendiert. Er ist zu einem hohen Gipfel geworden, der vereinzelt in den Himmel ragt. Er ist zu einem Auserwählten geworden, zum Gaurishankar, zum Mount Everest. Zu einem Buddha, einem Jesus – das sind die höchsten Gipfel, einsame Gipfel. Und ihre Schönheit ist, dass sie ganz für sich allein existieren können.

Wer für sich allein stehen kann, ist erwählt. Und was hat er selbst gewählt? Er hat nur sein eigenes Sein gewählt. Wer sein eigenes Sein wählt, der wählt das Sein des ganzen Universums – denn sein eigenes Sein und das universelle Sein sind nicht zwei verschiedene Dinge. Wer sich selbst wählt, wählt Gott, und wer Gott wählt, den erwählt Gott – und so wird man zu einem Erwählten.

Selig sind, die für sich allein stehen können
und erwählt sind, denn sie werden das Königreich
finden; und da sie von dort herkommen, werden sie
wieder dorthin zurückkehren.

Ein solcher Mensch ist ein *Sannyasin* – denn das bedeutet *Sannyasin:* ein unabhängiger Mensch, ein Wanderer, der absolut glücklich ist in seinem Alleinsein. Wenn noch jemand an seiner Seite geht, ist es gut, ist es in Ordnung. Wenn man ihn verlässt, ist es auch gut, ist auch das in Ordnung. Er wartet auf niemanden und schaut nie zurück. Allein ist er vollständig. Sein vollständiges Sein, seine Ganzheit machen ihn zu einem Kreis, in dem Anfang und Ende, Alpha und Omega sich treffen.

Ein solcher Mensch ist keine gerade Linie wie ihr: Euer Anfang und Ende treffen sich nie. Ein *Sannyasin* ist wie ein Kreis: Sein Anfang und sein Ende treffen sich. Darum sagt Jesus: *»Weil sie von dorther kommen, werden sie wieder dorthin zurückkehren.«* Man wird eins mit der Quelle, man wird zu einem Kreis.

Es gibt noch einen Ausspruch von Jesus: »Wenn Anfang und Ende eins werden, wirst du Gott.« Vielleicht kennt ihr dieses Bild ... es ist eines der ältesten Siegel der ägyptischen Geheimlehren: eine Schlange, die sich in den eigenen Schwanz beißt. Es symbolisiert das Zusammentreffen von Anfang und Ende, die Wiedergeburt. Es bedeutet, wieder zu werden wie die Kinder. In einem Kreis kommst du zurück zur Quelle: Du kehrst dorthin zurück, wo du hergekommen bist.

17

Der Löwe und das Schaf

Das Alleinsein ist die höchste Wirklichkeit. Man kommt allein, man geht allein. Und zwischen diesen beiden Polen des Alleinseins schaffen wir uns alle möglichen Beziehungen und Konflikte, durch die wir uns selbst nur täuschen – denn unser ganzes Leben lang sind wir allein. Das Alleinsein ist aber kein Grund zum Traurigsein – es ist etwas, über das man sich freuen sollte.

Es gibt diese zwei Wörter ... laut Wörterbuch sind sie fast gleichbedeutend, aber existenziell haben sie eine völlig entgegengesetzte Bedeutung. Das eine Wort ist »Einsamkeit«, das andere Wort »Alleinsein«. Sie bedeuten nicht das Gleiche.

Einsamkeit ist ein negativer Zustand, wie die Dunkelheit. Einsamkeit bedeutet, dass die anderen einem fehlen. Man fühlt sich leer und hat Angst vor diesem unendlich großen Universum. Alleinsein hat eine völlig andere Bedeutung. Es bedeutet nicht, dass die anderen einem fehlen, sondern dass man sich selbst gefunden hat. Es ist absolut positiv.

Wer sich selbst findet, findet die Bedeutung und den Sinn des Lebens, die Freude und die Herrlichkeit des Lebens. Wer sich selbst findet, macht die großartigste Entdeckung, die ein Mensch im Leben machen kann, und diese Entdeckung ist nur möglich, wenn du allein bist. Wenn dein Bewusstsein durch nichts und niemanden getrübt ist, wenn dein Bewusstsein vollkommen leer ist. In dieser Leere, in diesem Nichts ereignet sich ein Wunder, und dieses Wunder ist die Grundlage aller Religiosität.

Das Wunder besteht darin, dass das Bewusstsein in dem

Augenblick, da es nichts anderes gibt, dessen es sich bewusst sein könnte, auf sich selbst zurückgeworfen wird. Es entsteht ein Kreis. Wenn das Bewusstsein kein Hindernis, kein Objekt findet, kehrt es zu seinem Ursprung zurück. Und sobald sich dieser Kreis schließt, bist du kein gewöhnlicher Mensch mehr. Dann wirst du der Göttlichkeit teilhaftig, die diese Existenz durchdringt. Dann bist du nicht mehr, der du warst – dann bist du ein Teil des Ganzen geworden. Dann ist dein Herzschlag eins mit dem Herzschlag des Universums.

Nach dieser Erfahrung haben die Mystiker aller Zeiten ihr Leben lang gesucht. Es gibt keine Erfahrung, die ekstatischer und glückseliger wäre als diese. Diese Erfahrung transformiert deine ganze Sicht: Wo vorher Dunkelheit war, ist jetzt Licht. Wo vorher Leiden war, ist jetzt Seligkeit. Wo vorher Wut, Hass, Besitzergreifen, Eifersucht war, ist jetzt noch die wunderbare Blume der Liebe. Die ganze Energie, die vorher durch negative Emotionen vergeudet wurde, wird nicht mehr verschwendet; sie wendet sich zum Positiven, zur Kreativität. Einerseits bist du nicht mehr dein altes Selbst, andererseits bist du zum ersten Mal dein authentisches Selbst. Das Alte ist weg, das Neue ist da. Das Alte war tot; das Neue gehört zur Ewigkeit, das neue gehört zur Unsterblichkeit.

Wegen dieser Erfahrung haben die alten Seher der Upanischaden die Menschen als *Amritasya putrah* bezeichnet, als »Söhne und Töchter der Unsterblichkeit«.

Solange ihr nicht erkannt habt, dass ihr unsterbliche Wesen seid, dass ihr Teile des Ganzen seid, werdet ihr weiter Angst haben vor dem Tod. Die Angst vor dem Tod kommt nur daher, dass ihr euch der ewigen Quelle eures Lebens nicht bewusst seid. Sobald ihr die Ewigkeit eures Seins erkennt, wird der Tod zur größten Lüge, die es gibt. Der Tod hat sich noch nie ereignet, ereignet sich nie und wird sich auch nie ereignen, denn das, was ist, bleibt immer bestehen – in verschiedenen Formen, auf verschiedenen Ebenen, aber ohne jede Unterbrechung. Dann gehört euch die Ewigkeit der Vergangenheit und die Ewigkeit der Zukunft. Und der gegenwärtige Augenblick wird zum Treffpunkt dieser beiden Ewigkeiten, von denen die eine in die Vergangenheit und die andere in die Zukunft reicht.

Die Erinnerung an dein Alleinsein darf nicht nur eine Verstandessache sein. Du musst dich mit jeder Faser deines Seins, mit jeder Zelle deines Körpers daran erinnern – nicht mit Worten, sondern als tiefes Gefühl. Sich selbst zu vergessen ist die einzige Sünde, die es gibt, und sich seiner selbst zu erinnern ist die einzige Tugend.

Gautama Buddha betonte immer wieder ein einziges Wort, 42 Jahre lang, von morgens bis abends. Das Wort ist *Sammasati,* und das bedeutet »rechtes Erinnern«. Du erinnerst dich an viele Dinge; du kannst zu einem wandelnden Lexikon werden. Dein Verstand ist in der Lage, sämtliche Bibliotheken dieser Welt zu speichern – aber das ist nicht gemeint mit dem »rechten Erinnern«. Es gibt nur *ein* rechtes Erinnern: den Augenblick, in dem du dich deiner selbst erinnerst.

Gautama Buddha veranschaulichte dies oft mit einer alten Geschichte:

> Eine trächtige Löwin sprang gerade von Hügel zu Hügel – und zwischen den Hügeln war eine große Schafherde –, als sie ein Junges gebar. Das Löwenjunge fiel mitten in die Schafherde und wurde von den Schafen aufgezogen. Natürlich hielt es sich selbst auch für ein Schaf. Das war zwar etwas seltsam, weil es so groß war, so anders – aber vielleicht war das ja nur eine Laune der Natur! So wurde aus dem kleinen Löwen ein Vegetarier.

Der junge Löwe wuchs heran, und eines Tages kam ein alter Löwe auf der Suche nach etwas Essbarem in die Nähe der Schafherde. Er traute seinen Augen nicht! Mitten unter den Schafen stand ein junger Löwe in seiner ganzen Pracht, und die Schafe hatten gar keine Angst. Der Alte vergaß sein Frühstück und begann hinter der Schafherde herzulaufen. Und er wunderte sich immer mehr, denn der junge Löwe rannte mit den Schafen davon. Schließlich gelang es ihm, den jungen Löwen zu packen. Dieser weinte und schluchzte und bat den alten Löwen: »Bitte lass mich zurück zu meiner Herde!«

Doch der alte Löwe zerrte ihn an einen nahe gelegenen See – es war ein stiller See ohne Wellen, wie ein glatter Spiegel – und der alte Löwe zwang ihn, sein Spiegelbild im See anzuschauen, und auch das Spiegelbild des alten Löwen. Da geschah eine plötzliche Wandlung. In dem Moment, als der junge Löwe erkannte, wer er war, gab er ein mächtiges Brüllen von sich. Das ganze Tal hallte wider vom Gebrüll des jungen Löwen. Er hatte noch nie zuvor gebrüllt, denn er hätte es nie für möglich gehalten, dass er etwas anderes sein könnte als ein Schaf.

Der alte Löwe sagte: »Meine Arbeit ist getan. Jetzt liegt es an dir. Willst du zu deiner Herde zurück?«

Der junge Löwe lachte. Er sagte: »Verzeih mir! Ich hatte ganz vergessen, wer ich bin. Ich bin dir unendlich dankbar, dass du mir geholfen hast, mich daran zu erinnern.«

Gautama Buddha pflegte zu sagen: »Die Aufgabe des Meisters ist es, euch zu helfen, dass ihr euch erinnert, wer ihr seid.« Ihr seid nicht Teil dieser profanen Welt; eure Heimat ist die Heimat des Göttlichen. Ihr habt euch selbst vergessen. Ihr habt vergessen, dass sich Gott in eurem Inneren verbirgt. Ihr schaut nie nach innen. Weil alle nur nach außen schauen, schaut auch ihr ständig nur nach außen.

Allein zu sein ist eine große Chance und ein Segen, denn im Alleinsein wirst du zwangsläufig über dein Selbst stolpern und dich zum ersten Mal daran erinnern, wer du bist. Zu wissen, dass du ein Teil der göttlichen Existenz bist, macht dich frei vom Tod und vom Leiden, frei von Angst und von allem, was seit vielen, vielen Leben wie ein Albtraum auf dir lastete.

Werde zentrierter in der Tiefe deines Alleinseins. Das bedeutet Meditation – im Alleinsein zu seiner Mitte zu finden. Das Alleinsein muss ungetrübt sein, so rein, dass kein einziger Gedanke, kein einziges Gefühl es beeinträchtigt. Sobald dein Alleinsein absolut ist, wird diese Erfahrung zu deiner Erleuchtung. Erleuchtung ist nicht etwas, das von außen kommt; sie wächst in deinem Inneren.

Dein Selbst zu vergessen ist die einzige Sünde. Und dein Selbst zu erinnern in seiner vollkommenen Schönheit ist die einzige Tugend, die einzige Religion. Dazu musst du weder Hindu noch Mohammedaner noch Christ sein. Du selbst zu sein ist das Einzige, was nötig ist, um religiös zu sein.

Und tatsächlich sind wir nicht getrennt, auch in diesem Augenblick nicht – keiner ist getrennt. Die ganze Existenz ist eine organische Einheit. Die Vorstellung von Getrenntsein kommt nur durch dein Vergessen. Es ist beinahe so, als würde jedes einzelne Blatt eines Baumes sich als getrennt wahrnehmen, von den anderen Blättern getrennt, und dabei werden sie in der Tiefe von denselben Wurzeln gespeist. So viele Blätter er auch haben mag, ist es doch *ein* Baum. So viele Manifestationen sie auch haben mag, ist es doch *eine* Existenz.

Sobald du weißt, wer du bist, wird eines absolut klar: Niemand ist eine Insel. Wir sind ein Kontinent, ein riesiger Kontinent, eine unendliche Existenz ohne irgendwelche Grenzen. Die gleiche Lebenskraft pulsiert in allen, die gleiche Liebe erfüllt jedes Herz, die gleiche Freude tanzt in jedem Wesen. Es ist nur unser Missverständnis, dass wir uns für getrennt halten.

Die Vorstellung des Getrenntseins ist unsere Illusion. Die Vorstellung des Einseins wird zu unserer Erfahrung der höchsten Wahrheit. Es ist nur ein bisschen mehr Intelligenz nötig, um aus der Finsternis, dem Leiden, der Hölle herauszukommen, in der die ganze Menschheit lebt. Das Geheimnis, um dieser Hölle zu entrinnen, besteht darin, sich seiner selbst zu erinnern. Und die Voraussetzung für dieses Erinnern ist, zu verstehen, dass du allein bist.

Du magst mit deiner Frau, deinem Mann schon fünfzig Jahre zusammenleben – dennoch seid ihr zwei. Deine Frau ist allein, du bist allein. Ihr habt euch bemüht, eine Fassade aufzubauen: »Wir sind nicht allein«, »Wir sind eine Familie«, »Wir sind eine Gesellschaft, eine Kultur, eine Zivilisation«, »Wir sind eine Religionsgemeinschaft«, »Wir sind eine politische Partei«. Aber das sind alles Illusionen, und sie helfen gar nichts.

So schmerzvoll es am Anfang auch erscheinen mag, du musst eines erkennen: »Ich bin allein in einem fremden Land.« Diese Erkenntnis ist beim ersten Mal schmerzhaft. Sie beraubt dich aller deiner Illusionen – und die waren ein großartiger Trost. Wenn du aber einmal den Mut hast, die Realität anzunehmen, verschwindet der Schmerz. Und direkt hinter dem Schmerz verbirgt sich der größte Segen der Welt: Du erkennst dich selbst.

Der Geist, das Bewusstsein, die Seele der Existenz – das bist du. Du bist Teil dieser unermesslichen Göttlichkeit, die sich in Tausenden von Formen manifestiert: in den Bäumen, den Vögeln, den Tieren, den Menschen ... Es ist immer dasselbe

Bewusstsein, nur auf verschiedenen Stufen der Evolution. Und der Mensch, der sich selbst erkennt und erfährt, dass der Gott, den er gesucht hat und nach dem er überall auf der Welt Ausschau gehalten hat, in seinem eigenen Herzen wohnt, dieser Mensch erreicht den höchsten Gipfel der Evolution. Es gibt nichts Höheres als das.

Dadurch wird dein Leben zum ersten Mal sinnvoll und bedeutsam, es wird religiös. Aber du wirst dann weder Hindu noch Christ noch Jude sein – du wirst einfach nur religiös sein. Wenn man Hindu oder Moslem, Christ, Jaina oder Buddhist ist, trübt man die Reinheit der Religiosität – sie braucht keine Adjektive.

Liebe ist Liebe. Habt ihr je von einer hinduistischen Liebe gehört? Von einer islamischen Liebe? Bewusstsein ist Bewusstsein – habt ihr je über ein indisches Bewusstsein nachgedacht oder ein chinesisches Bewusstsein? Erleuchtung ist Erleuchtung – ob sie sich in einem weißen oder schwarzen Körper, einem jungen oder alten Menschen, einem Mann oder einer Frau ereignet, das ist egal. Es ist die gleiche Erfahrung, das gleiche Aroma, die gleiche Süße, der gleiche Duft.

Die Dummen laufen auf der ganzen Welt herum auf der Suche nach etwas, von dem sie selbst nicht genau wissen, was es ist. Manchmal denken sie, vielleicht ist es das Geld, manchmal denken sie, vielleicht ist es die Macht, manchmal denken sie, vielleicht ist es der Ruhm, manchmal denken sie, vielleicht ist es das Ansehen.

Ein kluger Mensch sucht zuerst sein eigenes Sein, bevor er sich in der äußeren Welt auf die Reise begibt. Es erscheint doch einfach und logisch, dass man erst im eigenen Haus nachsieht, bevor man in der ganzen Welt herumsucht. Und diejenigen, die in sich selbst nachgeschaut haben, haben es gefunden, ohne Ausnahme.

Gautama Buddha ist kein Buddhist. Das Wort *Buddha* bedeutet einfach »der Erwachte« – einer, der aus dem Schlaf aufgewacht ist. Auch Mahavira, der Begründer des Jainismus, ist eigentlich kein Jaina. Das Wort *Jaina* bedeutet einfach »der Eroberer« – einer, der sich selbst erobert hat. Die Welt braucht eine große Revolution, in der jeder Einzelne seine eigene Religion in sich selbst findet. In dem Moment, da eine Religion sich organisiert, wird sie gefährlich: In Wirklichkeit wird daraus Politik, die sich als Religion maskiert. So versuchen sämtliche Religionen dieser Welt, immer mehr Menschen zu ihrem Glauben zu bekehren. Es ist eine Politik der Zahlen: Wer die höchsten Zahlen hat, ist am mächtigsten. Es scheint aber keiner Interesse zu haben, Millionen von Individuen zu sich selbst zu bringen.

Meine Arbeit hier besteht darin, euch aus allen organisierten Gruppierungen herauszuholen – denn die Wahrheit lässt sich nicht organisieren, niemals. Diese Pilgerreise müsst ihr allein antreten, denn sie geht nach innen. Dorthin könnt ihr niemanden mitnehmen. Und ihr müsst alles aufgeben, was ihr von anderen gelernt habt, weil alle diese Vorurteile sonst euren Blick vernebeln, und dann könnt ihr die nackte Wirklichkeit eures Seins nicht erkennen. Die nackte Wirklichkeit eures Seins ist die einzige Hoffnung, die ihr habt, um Gott zu finden.

Gott ist deine nackte Wirklichkeit – schmucklos, ohne jedes Adjektiv. Sie ist nicht beschränkt auf deinen Körper, nicht auf deine Geburt, nicht auf deine Hautfarbe, nicht auf dein Geschlecht, nicht auf dein Land. Sie hat einfach keine Beschränkungen. Und sie ist verfügbar, sie ist ganz nah: Nur ein Schritt nach innen, und du bist angekommen.

Seit Jahrtausenden erzählt man euch, die Reise zu Gott wäre sehr lang. Die Reise ist nicht lang, Gott ist nicht weit weg. Gott ist in deinem Atem, Gott ist in deinem Herzschlag, Gott ist in deinem Blut, in deinen Knochen, in deinem Mark – nur ein einziger Schritt: Du schließt die Augen und gehst nach innen.

Es kann doch ein bisschen dauern, weil alte Gewohnheiten nur langsam sterben. Selbst wenn du die Augen schließt, werden die Gedanken dich weiterhin bedrängen. Die Gedanken kommen von außen, und die einfache Methode, die von allen großen Sehern dieser Welt befolgt wurde, besteht darin, die Gedanken einfach zu beobachten. Sei einfach der Beobachter. Verurteile sie nicht, rechtfertige sie nicht, rationalisiere sie nicht. Bleibe distanziert und unbeteiligt und lass sie vorüberziehen – dann werden sie verschwinden.

An dem Tag, an dem dein Denken absolut stillsteht, ohne die geringste Störung, hast du den ersten Schritt gemacht, der dich dem Tempel Gottes näher bringt.

Der Tempel Gottes besteht aus deinem Bewusstsein. Dort kannst du nicht mit deinen Freunden, deinen Kindern, deiner Ehefrau, deinen Eltern hinkommen.

Dort muss jeder allein hingehen.

FRAGEN

- *Ich habe nie irgendwo dazugehört, bin nie ein Insider gewesen, habe mich nie eins mit jemandem gefühlt. Warum bin ich mein Leben lang so eine Einzelgängerin?*

Das Leben ist ein Mysterium, aber du kannst es auch zu einem Problem reduzieren. Sobald du aus einem Mysterium ein Problem machst, hast du Schwierigkeiten, weil es keine Lösung gibt. Ein Mysterium ist und bleibt ein Mysterium. Es ist unlösbar – darum heißt es auch Mysterium.

Das Leben ist kein Problem. Aber wir begehen alle ständig einen grundlegenden Fehler: Wir versehen immer alles gleich mit einem Fragezeichen. Wenn du das Mysterium mit einem Fragezeichen versiehst, wirst du dein Leben lang nach einer Lösung suchen und wirst sie nicht finden. Und das bringt natürlich viel Frustration.

Wie ich die Fragestellerin kenne, ist sie eine geborene Meditiererin. Statt ein Problem daraus zu machen, solltest du dich freuen! Nirgendwo hinzugehören ist eine der großartigsten Erfahrungen im Leben. Ein völliger Außenseiter zu sein und sich nirgendwo zugehörig zu fühlen, ist eine großartige transzendente Erfahrung.

> Ein amerikanischer Tourist kam zu einem Sufimeister. Er hatte schon viele Jahre lang von ihm gehört und hegte eine tiefe Liebe für seine Worte, seine Botschaft. Endlich beschloss er, den Meister aufzusuchen. Als er bei ihm ankam, war er überrascht: Der Raum war ganz leer! Der Meister saß drinnen, aber es gab überhaupt keine Möbel. Der Amerikaner konnte sich ein Wohnzimmer ohne Möbel nicht vorstellen und fragte sofort: »Wo sind deine Möbel, Meister?«
>
> Der alte Sufi lachte und sagte: »Und wo sind deine?«
>
> Der Amerikaner sagte: »Ich bin ja nur Tourist. Natürlich habe ich keine Möbel dabei!«
>
> Und der alte Mann sagte: »Ich bin auch nur Tourist, und in ein paar Tagen bin ich wieder fort, genau wie du.«

Diese Welt ist nur eine Pilgerreise – sie ist sehr bedeutsam, aber kein Ort, wo man hingehört, kein Ort, wo man sich zugehörig fühlen kann. Man sollte wie ein Lotosblatt sein.

Das ist einer der verhängnisvollen Fehler des menschlichen

Denkens: Wir machen aus allem ein Problem. Eigentlich solltest du dich sehr darüber freuen! Sag nicht »Einzelgängerin« zu dir. Du verwendest das falsche Wort, denn dieses Wort beinhaltet eine Verurteilung. Du bist einfach allein. Das Wort »allein« besitzt eine große Schönheit. Du bist noch nicht mal einsam. Einsam zu sein bedeutet, andere zu brauchen. Allein zu sein bedeutet, vollkommen in dir selbst verwurzelt zu sein, in deiner Mitte zu sein. Dann bist du dir selbst genug.

Du hast dieses Geschenk, das dir die Existenz gemacht hat, noch nicht angenommen; deshalb leidest du unnötig. Aber ich sehe, dass Millionen von Menschen unnötig leiden.

Betrachte es doch einmal aus einem anderen Blickwinkel. Ich gebe dir keine Lösung, weil ich nie Lösungen gebe. Ich gebe dir einfach nur eine neue Betrachtungsweise, einen neuen Blickwinkel.

Sieh dich als geborene Meditiererin: Du bist im Stande, allein zu sein, du bist stark genug, um allein zu sein, bist so zentriert und in dir selbst verwurzelt, dass jemand anders überhaupt nicht gebraucht wird. Natürlich kannst du mit anderen kommunizieren, aber es wird nie eine Beziehung daraus. Mit anderen zu kommunizieren ist völlig ausreichend. Zwei Menschen, die jeder für sich sein können, können auch miteinander kommunizieren, aber wenn zwei Menschen jeder für sich sein können, wollen sie gar keine Beziehung haben.

Eine Beziehung zu haben ist das Bedürfnis von Leuten, die nicht allein sein können. Zwei einsame Leute werden sich in eine Beziehung stürzen. Aber zwei, die allein sein können, können auch miteinander sein, sie können in Kommunikation, vielleicht sogar in Kommunion miteinander stehen, und doch bleibt jeder für sich. Ihr Alleinsein bleibt davon unberührt, ihr Alleinsein bleibt jungfräulich und rein. Sie sind wie zwei Berggipfel im Himalaja, die hoch in den Himmel ragen, über die Wolken hinaus. Zwei Berggipfel treffen sich nie, aber dennoch haben sie eine Art Kommunion miteinander – durch Wind und Regen und Flüsse und Sonne und Sterne. Ja, es ist wie eine Kommunion: Sie haben sich viel zu sagen. Sie flüstern miteinander, aber ihr Alleinsein bleibt absolut; darin machen sie keine Kompromisse.

Sei einfach wie ein allein stehender Gipfel, der hoch in den Himmel ragt. Warum solltest du dich danach sehnen, jemandem anzugehören? Du bist doch kein Ding! Dinge gehören jemandem.

Du sagst: *»Ich habe nie irgendwo dazugehört, bin nie ein Insider gewesen ...«*

Dazu besteht gar keine Notwendigkeit! In dieser Welt ein Insider zu sein bedeutet, sich selbst zu verlieren. Ein weltlicher Mensch ist ein Insider. Ein Buddha kann nur ein Außenseiter sein, alle Buddhas sind Außenseiter. Selbst in der Menge sind sie allein. Selbst auf dem Marktplatz gehören sie nicht dazu. Selbst in Beziehung bleiben sie für sich. Da ist eine subtile Distanz, die immer erhalten bleibt.

Und diese Distanz ist deine Freiheit, diese Distanz ist eine große Freude, diese Distanz ist dein innerer Freiraum. Und du bezeichnest dich als Einzelgängerin? Dann musst du dich mit anderen verglichen haben: »Die anderen haben so viele Beziehungen, haben Liebesgeschichten. Sie gehören einander, sie sind Insider. Und ich bin eine solche Einzelgängerin! Warum?« Auf diese Weise quälst du dich unnötig.

Ich meine, dass alles, was das Leben dir gibt, ein subtiles Bedürfnis deiner Seele ist, sonst hättest du es überhaupt nicht bekommen.

Lerne dein Alleinsein schätzen. Feiere dein Alleinsein, feiere diesen freien Raum in dir, dann wird in deinem Herzen ein Lied entstehen – und es wird ein Lied des Bewusstseins, ein Lied der Meditation sein. So wie das Lied eines vereinzelten Vogels, der in der Ferne singt – für niemand Bestimmten, sondern weil sein Herz so übervoll ist, dass es singen will. So wie die Wolke, die so übervoll ist, dass sie regnen will. Wie die Blume, die so übervoll ist, dass ihre Blütenblätter sich öffnen wollen, um wahllos ihren Duft zu verströmen. Lass dein Alleinsein zu einem Tanz werden.

Ich bin sehr zufrieden mit dir. Wenn du noch aufhören kannst, dir selber Probleme zu machen ... Ich sehe da keine echten Probleme. Das einzige Problem ist, dass sich die Leute ständig Probleme machen. Probleme werden nie gelöst, sondern sie lösen sich auf. Ich gebe dir eine neue Perspektive, eine neue Sichtweise. Löse dein Problem auf! Nimm es als Geschenk Gottes mit großer Dankbarkeit an und lebe es. Du wirst dich wundern, was für ein wertvolles Geschenk das ist! Und du hast es noch gar nicht schätzen gelernt! Was für ein wertvolles Geschenk! Und es ruht in deinem Herzen, und du hast es noch gar nicht gewürdigt.

Tanze dein Alleinsein, singe dein Alleinsein, lebe dein Alleinsein!

Und ich sage damit nicht, dass du nicht lieben sollst. Im Gegenteil, nur ein Mensch, der allein sein kann, ist zur Liebe fähig. Einsame Menschen können nicht lieben. Ihr Bedürfnis ist so groß, dass sie sich anklammern – wie können sie da lieben? Einsame Menschen können nicht lieben, sie können nur andere ausnutzen. Einsame Menschen täuschen Liebe vor, aber tief drinnen wollen sie nur Liebe bekommen. Sie haben keine Liebe zu geben, sie haben nichts zu geben. Nur ein Mensch, der freudig allein sein kann, hat so viel Liebe, dass er sie mit anderen teilen kann. Er kann sie mit Fremden teilen.

Und alle sind Fremde, vergesst das nicht! Euer Mann, eure Frau, eure Kinder – alle sind Fremde. Vergesst das niemals!

Ihr kennt euren Ehemann nicht, ihr kennt eure Ehefrau nicht. Ihr kennt nicht einmal euer eigenes Kind; sogar das Kind, das ihr neun Monate lang im Bauch getragen habt, ist ein Fremder.

Dieses ganze Leben ist ein fremdes Land, und wir kommen von einem unbekannten Ursprung her. Plötzlich sind wir hier, und eines Tages sind wir plötzlich wieder fort, zurück beim Ursprung. Diese Reise dauert nur wenige Tage –macht sie so freudvoll wie nur möglich! Wir aber machen genau das Gegenteil: Wir machen sie so leidvoll wie nur möglich. Wir wenden unsere ganze Kraft an, um sie möglichst leidvoll zu machen.

- *Warum fühlt es sich wirklicher an, wenn ich traurig bin, als wenn ich glücklich bin? Ich wünsche mir so sehr, echt und authentisch zu sein und keine Masken zu tragen, aber das scheint sehr viel Ablehnung durch andere zu bringen. Kann man denn so allein sein?*

Es ist wichtig, das zu verstehen. Es trifft auf die meisten Menschen zu. Deine Traurigkeit ist mit Sicherheit wirklicher, weil sie dir gehört; sie ist authentisch. Dein Glücklichsein ist oberflächlicher, es ist nicht deins; es hängt von anderen Dingen und anderen Menschen ab. Und mit allem, was dich abhängig macht, magst du für ein paar Augenblicke glücklich sein, aber die Flitterwochen gehen schnell vorbei, viel früher als erwartet.

Du bist glücklich wegen deiner Freundin, deines Freundes. Aber der andere ist ein Individuum. Er wird nicht in allem mit dir übereinstimmen. Im Gegenteil, zumeist ist es so, dass die Frau nichts von dem, was der Mann gerne mag, leiden kann, und der Mann kann nichts von dem leiden, was die

Frau gerne hat. Sonderbar! Das scheint eine globale Regel zu sein. Aber es hat einen Grund: Insgeheim hassen sie sich, weil ihr Glücklichsein vom anderen abhängt, und wer möchte schon abhängig sein! Es gibt kein natürliches Bedürfnis nach Sklaverei im Menschen. Wenn eine Frau oder ein Mann euch Freude schenkt und ihr davon abhängig seid, werdet ihr gleichzeitig in der Tiefe Hass verspüren, wegen dieser Abhängigkeit. Ihr könnt die Frau nicht verlassen, weil sie euch glücklich macht, aber den Hass gegen sie könnt ihr auch nicht loslassen, weil ihr euch von ihr abhängig fühlt.

Darum sind alle so genannten Liebesbeziehungen eine äußerst komplexe, seltsame Sache. Es ist Hassliebe, und dieser Hass wird sich irgendwie ausdrücken. Daher kommt es, dass der Mann alles, was seine Frau gerne mag, nicht leiden kann. Und alles, was der Mann gerne mag, kann die Frau nicht leiden. Über jede winzige Kleinigkeit gibt es zwischen ihnen Streit. Welchen Film sollen sie sich ansehen? – Und schon gibt es einen Riesenkrach. In welches Lokal sollen sie gehen? – Und schon ist ein Streit im Gang. Es liegt an diesem Hass, der unterhalb der Fassade des Glücks lauert. Das Glück ist oberflächlich, nur eine ganz dünne Schicht. Man braucht nur ein bisschen daran zu kratzen, und schon findet man das Gegenteil.

Traurigkeit ist authentischer, denn sie ist von niemandem abhängig. Sie gehört dir, absolut dir allein. Das kann für dich eine wichtige Erkenntnis sein: Deine Traurigkeit kann dir mehr helfen als dein Glück. Du hast dir die Traurigkeit nur noch nie genauer angesehen. Du versuchst um jeden Preis zu vermeiden, dass du sie dir ansehen musst. Wenn du traurig bist, gehst du ins Kino; wenn du traurig bist, schaltest du den Fernseher ein. Wenn du traurig bist, gehst du zu Freunden, um zu spielen, oder du gehst in den Club. Du fängst irgendetwas an, nur damit du dir deine Traurigkeit nicht ansehen musst. Das ist nicht die richtige Methode.

Wenn du traurig bist, ist das ein wichtiges Ereignis, etwas Heiliges, etwas, das ganz allein dir gehört. Mache dich damit vertraut, lass dich tiefer darauf ein, dann wirst du dich wundern! Setz dich still hin und sei einfach traurig. Die Traurigkeit hat ihre eigene Schönheit.

Traurigkeit ist etwas Stilles, und sie gehört dir. Sie kommt, wenn du mit dir allein bist. Sie gibt dir die Gelegenheit, tiefer in dein Alleinsein hineinzugehen. Statt von einer oberflächlichen Unterhaltung in die nächste zu springen und damit dein ganzes Leben zu vergeuden, ist es besser, die Traurigkeit als Einstieg in die Meditation zu benutzen. Beobachte sie. Sie ist dein Freund! Sie öffnet dir die Tür zur Ewigkeit deines Alleinseins.

Dem Alleinsein kannst du nicht entgehen. Du kannst dich zwar selbst täuschen, aber damit wirst du keinen Erfolg haben. Und wir täuschen uns auf jede mögliche Weise selbst – durch Beziehungen, Ehrgeiz, Streben nach Berühmtheit, dies und jenes. Auf diese Weise versuchen wir uns selbst zu überzeugen, dass wir nicht allein sind, dass wir nicht traurig sind. Aber früher oder später bröckelt die Maske ab, denn sie war falsch; sie ist nicht von Dauer – und dann setzt du dir eine neue Maske auf. Wie viele Masken hast du in diesem kurzen Leben schon getragen? Und wie viele haben sich verändert, sind abgefallen? Und trotzdem bleibst du bei dieser alten Gewohnheit.

Wenn du authentisch sein willst, ein Individuum, dann nutze die Traurigkeit. Laufe nicht vor ihr weg, denn sie ist ein großer Segen. Sitze schweigend mit ihr und freue dich, dass sie da ist. Es ist nichts falsch daran, traurig zu sein. Je mehr du dich mit ihr anfreundest und ihre subtilen Nuancen kennen lernst, umso mehr wirst du dich wundern: Sie ist eine große Entspannung, eine tiefe Ruhepause, aus der du verjüngt und erfrischt, jünger und lebendiger wieder hervorkommst. Sobald du erst einmal davon geschmeckt hast, wirst du diese wunderbaren Augenblicke der Traurigkeit immer wieder suchen. Du wirst sie ersehnen, wirst sie willkommen heißen, und sie werden dir neue Türen zum Alleinsein öffnen ...

Allein bist du geboren und allein stirbst du. Zwischen diesen beiden Polen des Alleinseins magst du versuchen, dich darüber hinwegzutäuschen: Du bist ja nicht allein! Du hast ja eine Frau, einen Mann, Kinder, Geld, Macht! Aber tatsächlich *bist* du zwischen diesen beiden Polen des Alleinseins immer allein. Und alles andere dient nur dazu, dich so beschäftigt zu halten, dass du dir möglichst nie des Alleinseins bewusst wirst.

Von frühester Kindheit an habe ich mich nie mit anderen zusammengetan. Darüber war meine ganze Familie sehr besorgt. Ich spielte nie mit anderen Kindern und auch nicht mit meiner Familie. Meine Lehrer machten sich Gedanken: »Was machst du eigentlich, wenn alle anderen Kinder spielen? Du sitzt immer allein unter einem Baum.« Sie dachten, mit mir stimmt etwas nicht.

Aber ich sagte ihnen: »Macht euch keine Gedanken. In Wirklichkeit stimmt mit euch etwas nicht und mit allen euren Kindern. Ich bin allein ganz glücklich.«

Sie brauchten lange, bis sie akzeptierten, dass ich eben so war und dass sich daran nichts ändern ließ. Sie probierten auf jede mögliche Art, mich mit anderen Kindern meines Alters zusammenzubringen. Aber ich genoss es so sehr, allein zu sein, dass es mir fast neurotisch vorkam, Fußball zu spielen.

Ich sagte zu meinem Lehrer: »Ich sehe keinen Sinn darin. Wozu soll ich unnötig diesen Ball von da nach dort treten?

Das ist doch sinnlos! Und selbst wenn einer ein Tor schießt, na und? Was erreicht er damit? Was hat er davon? Und wenn all diese Leute so gerne Tore schießen, dann sollen sie doch so viel Bälle nehmen, wie es Spieler gibt. Gebt doch jedem einen Ball, dann kann er so viele Tore schießen, wie er will, und keiner hindert ihn daran. Jeder kann nach Herzenslust seine Tore schießen. Aber so ist das viel zu kompliziert. Warum soll ich es mir unnötig schwer machen?«

Und mein Lehrer sagte: »Du hast ja keine Ahnung! Dann wäre das doch kein Spiel, wenn jeder einen Ball hat und so viele Tore schießen kann, wie er will. Das bringt doch nichts.«

Ich sagte: »Ich verstehe nicht, wozu diese Hindernisse und die ganze Abwehr gut sein sollen, nur um die Leute zu stoppen. Sie fallen hin und brechen sich die Knochen und all dieser Quatsch. Und nicht nur das: Zu jedem Spiel kommen Tausende, um zuzuschauen. Die Leute scheinen sich nicht im Klaren zu sein, wie kurz das Leben ist – und sie vergeuden ihre Zeit damit, sich ein Fußballmatch anzuschauen! Und dabei sind sie so aufgeregt, dass sie brüllen und herumspringen. Für mich ist das absolut neurotisch. Ich sitze lieber unter meinem Baum.«

Ich hatte meinen Baum, einen wunderschönen Baum hinter dem Schulhaus. Es hatte sich herumgesprochen, dass es mein Baum war, also ging niemand sonst dorthin. Dort saß ich immer, wenn es Zeit zum Spielen war oder Zeit für alle möglichen anderen neurotischen Aktivitäten – diese so genannten »Freizeit«-Aktivitäten. Und dieser Baum hat mir so viel gegeben! Jedes Mal, wenn ich später wieder in meine Stadt zurückkehrte, besuchte ich nicht den Direktor, dessen Büro direkt vor dem Baum war, sondern ging immer gleich zu dem Baum, um ihm zu danken und meine Verbundenheit zu zeigen. Der Direktor kam dann heraus und sagte: »Seltsam, Sie sind zu Besuch in der Stadt, aber Sie kommen nie zu mir. Sie kommen nie in die Schule, aber diesen Baum besuchen Sie jedes Mal.«

Ich sagte: »Unter diesem Baum habe ich mehr gelernt als im Unterricht bei Ihnen oder einem Ihrer verrückten Lehrer. Die haben mir überhaupt nichts gegeben. Im Gegenteil, alles, was sie mir gegeben haben, musste ich erst wieder loswerden. Aber alles, was mir dieser Baum gegeben hat, ist immer noch in mir.«

Und das Folgende wird euch überraschen, denn es passierte zweimal, es kann also nicht bloß Zufall gewesen sein ... Ich fuhr 1970 nicht mehr in diese Stadt, weil ich meiner Großmutter versprochen hatte: »Ich komme, solange du noch lebst. Wenn du nicht mehr da bist, zieht mich nichts mehr in diese Stadt.« Ich hatte also aufgehört, in die Stadt zu kommen, und dann teilte man mir eines Tages mit, dass dieser Baum gestorben sei. Ich dachte, das sei ein Zufall, eine bloße Koinzidenz. Das konnte doch nichts mit mir zu tun haben! Aber es passierte noch ein zweites Mal ...

Es gab da in der Zeit, als ich Professor an der Universität war, eine wundervolle Reihe von Bäumen, und unter einem der Bäume parkte ich immer mein Auto. Es war mein Privileg. Es war immer so – und ich weiß nicht warum –, aber wenn ich im Lehrerzimmer irgendwo einen Platz hatte, dann setzte sich keiner auf den Stuhl, den ich benutzt hatte. Und sogar daneben setzte sich keiner.

Man hielt mich für etwas gefährlich – ein Mann, der keine Freunde hatte, ein Mann, der sonderbare Gedanken hatte, ein Mann, der gegen sämtliche Religionen, sämtliche Traditionen war, ein Mann, der es als Einziger wagte, sich gegen Leute wie Mahatma Gandhi zu äußern, der ja schließlich vom ganzen Land verehrt wurde ... Sie haben wohl alle gedacht:

»Von diesem Typen hält man sich besser fern! Er könnte einem irgendetwas in den Kopf setzen, und dann hat man nur Probleme!«

Ich parkte also mein Auto immer unter demselben Baum. Niemand sonst parkte sein Auto an dieser Stelle. Und selbst wenn ich nicht da war, blieb dieser Platz leer. All die anderen Bäume starben mit der Zeit, nur mein Baum – er galt als »mein« Baum – blieb als Einziger in seiner Pracht erhalten.

Nachdem ich meine Stelle an der Universität gekündigt hatte, sagte mir der Rektor ein Jahr später: »Es ist eigenartig, aber jetzt ist auch dieser Baum gestorben. Seit Sie nicht mehr an der Universität sind, ging es mit ihm bergab.«

Ich glaube, dass es da eine Synchronizität gibt. Wenn man ganz still unter einem Baum sitzt – der Baum ist still, du bist still ... Zwei stille Pole können nicht getrennt bleiben; es ist unmöglich, sie getrennt zu halten.

Ihr sitzt alle hier mit mir zusammen. Wenn jeder von euch seinen Gedanken nachgeht, seid ihr getrennt. Wenn ihr aber alle still werdet, entsteht plötzlich eine Art von kollektiver Seele.

Vielleicht haben diese beiden Bäume mich vermisst. Kein Mensch ist ihnen je wieder so nahe gekommen; da war niemand, mit dem sie hätten kommunizieren können. Sie starben, weil sie von niemandem Wärme bekamen. Ich fühlte eine große Liebe und Wertschätzung für diese Bäume.

Immer wenn du dich traurig fühlst, setze dich unter einen Baum, an einen Fluss, einen Stein. Und dann entspanne dich einfach in deine Traurigkeit hinein, ohne Angst. Je mehr du dich entspannst, desto mehr wirst du die schönen Seiten der Traurigkeit kennen lernen. Dann wird die Traurigkeit allmählich ihre Form verändern. Sie wird zu einer stillen Freude, deren Ursache nirgendwo anders als in dir liegt. Es wird kein oberflächliches Glücksgefühl sein, das man dir leicht wieder nehmen kann.

Und wenn du noch tiefer in dein Alleinsein hineingehst, wirst du eines Tages nicht nur Freude finden – denn Freude ist erst der halbe Weg. Glück ist ziemlich oberflächlich und von anderen abhängig, Freude liegt in der Mitte und hängt von niemandem ab. Aber wenn du noch tiefer gehst, erreichst du den Zustand der Seligkeit – das, was ich Erleuchtung nenne.

Du kannst alles benutzen, um zur Erleuchtung zu gelangen – aber nimm etwas Echtes, etwas, das dir gehört. Dann wirst du eine Seligkeit erfahren, die 24 Stunden am Tag bei dir bleibt. Sie strahlt einfach aus dir heraus. Dann kannst du sie teilen, kannst du sie jedem geben, den du liebst. Doch dieses Geschenk ist bedingungslos. Und kein Mensch kann dich mehr unglücklich machen.

Ich möchte dich selig machen, ohne dass du abhängig wirst. Das bedeutet nicht, dass du der Welt entsagen musst. Das bedeutet nicht, dass du deine Ehefrau, deine Freundin verlassen musst oder dass du deine Liebe zum Essen aufgeben musst – nicht mal die Liebe zu Eiscreme. Das hat überhaupt nichts damit zu tun. Deine Seligkeit wird dich begleiten, in allem was du tust. Sie wird alle deine Aktivitäten vergolden, jede deiner Handlungen bereichern. Und deine Liebe wird einen völlig neuen Geschmack bekommen. Dann wird sich kein Hass mehr dahinter verbergen; es wird einfach nur Liebe sein. Und es wird keine Erwartung geben, etwas dafür zurückzubekommen. Du brauchst gar nichts. Zu geben ist ein solcher Segen, dass du keine anderen Bedürfnisse mehr hast. Du bist innerlich so reich, dass dich nichts reicher machen könnte.

Dann kannst du deine Seligkeit mit anderen teilen. Und je

mehr du davon gibst, umso mehr hast du. Nichts kann dich ärmer machen. Das ist das einzige Wunder, das ich kenne.

- *Je tiefer ich in Meditation komme und in der Betrachtung dessen verweile, was ich wirklich bin, umso mehr Schwierigkeiten habe ich, eine Beziehung aufrechtzuerhalten. Ist das etwas, womit man rechnen muss, oder habe ich irgendetwas falsch gemacht?*

Wenn du dich auf die innere Pilgerreise begibst, dann fließen alle Energien, die vorher nach außen gingen, nach innen, und plötzlich fühlst du dich allein wie auf einer Insel. die Schwierigkeit rührt daher, dass du noch nicht genug in deinem Selbst verankert bist, und dann erscheinen dir alle Beziehungen als Abhängigkeit, Sklaverei. Diese Phase geht aber vorüber, und du solltest nicht bei dieser Einstellung bleiben. Früher oder später, wenn du innerlich gefestigt bist, wirst du überfließen vor Energie, und dann suchst du wieder die Beziehung.

Wenn das Bewusstsein anfängt, meditativ zu werden, erscheint Liebe wie Abhängigkeit. Und in gewisser Weise stimmt das, denn ein nichtmeditatives Bewusstsein kann nicht wirklich lieben. Diese Art von Liebe ist unecht, eine Illusion; sie ist eher Verblendung als Liebe. Aber solange du die wirkliche Liebe nicht erlebt hast, kennst du den Unterschied nicht. Wenn die Meditation beginnt, hört die illusionäre Liebe auf, sie versickert im Sande. Lass dich also nicht entmutigen, das ist das Erste. Und als Zweites musst du darauf achten, dass du aus dieser Haltung keine Gewohnheit machst. Das sind die beiden Gefahren.

Wenn du entmutigt bist, weil dein Liebesleben abnimmt, und du dich daran festklammerst, kann das zu einem Hindernis auf deiner Reise nach innen werden. Nimm die Tatsache hin, dass deine Energie sich eine neue Bahn sucht und deshalb eine Zeit lang nicht nach außen fließt und du keine Lust hast, etwas zu unternehmen.

Wenn jemand, der schöpferisch arbeitet, zu meditieren anfängt, verschwindet erst einmal die ganze Kreativität. Bist du ein Maler, dann stellst du fest, dass du plötzlich nicht mehr gut in Form bist. Du kannst zwar noch malen, aber die rechte Energie und Begeisterung fehlen. Bist du ein Dichter, dann hörst du zu dichten auf. Bist du verliebt gewesen, dann verschwindet auch diese Energie. Und wenn du dich dann zu einer Beziehung zwingst, um genauso wie früher zu sein, ist das sehr gefährlich. Damit versuchst du etwas Widersprüchliches zu tun: Auf der einen Seite versuchst du nach innen zu gehen, auf der anderen Seite willst du nach außen gehen. Es ist, als würdest du beim Autofahren gleichzeitig bremsen und Vollgas geben. Das kann nur ein Unglück geben, weil du zwei gegensätzliche Dinge gleichzeitig tust.

Meditation schadet aber nur der falschen Liebe. Und alles Falsche muss verschwinden, denn das ist die Grundvoraussetzung dafür, dass das Wirkliche erscheinen kann. Das Unechte muss gehen, das Unechte muss Platz machen, nur dann bist du für das Echte offen. Schlag dir also für ein paar Tage sämtliche Beziehungen aus dem Kopf.

Die zweite große Gefahr dabei ist, dass du aus dieser Phase eine Lebenshaltung machst. Das haben viele Leute getan. Sie bevölkern die Klöster – die alten Mönche, die orthodoxen Gläubigen, die eine Lebenshaltung daraus gemacht haben, keine Liebesbeziehungen einzugehen. Sie glauben, dass Liebe der Meditation schadet und Meditation der Liebe – aber das stimmt nicht. Meditation schadet nur falscher Liebe, aber sie unterstützt die echte Liebe.

Wenn du erst einmal in dir gefestigt bist und nicht mehr weiter nach innen gehen kannst, weil du den innersten Kern deines Wesens, deinen Urgrund erreicht hast, bist du in deiner Mitte. Plötzlich bist du voller Energie, aber nun willst du nirgends mehr hingehen. Die Reise nach draußen hat aufgehört, als du zu meditieren anfingst, und nun ist die Reise nach innen ebenfalls beendet. Du bist in dir gefestigt, du bist nach Hause gekommen. Deine Energie fließt über, aber das ist ein ganz anderes Fließen als zuvor, es hat eine andere Qualität, denn es ist absichtslos. Wenn du vorher auf andere zugegangen bist, hattest du immer eine Absicht – jetzt nicht mehr. Jetzt gehst du zu anderen, weil du so viel zu geben hast.

Früher hast du dich wie ein Bettler benommen, jetzt kommst du daher wie ein Kaiser. Nun suchst du nicht mehr dein Glück bei anderen – du hast es schon. Es ist fast zu viel. Die Wolke ist so voll, dass sie abregnen möchte. Die Blume ist so übervoll, dass sie als Duft von den Winden in den hintersten Winkel der Welt getragen werden kann.

Du willst nur noch geben, dich verschwenden. Eine ganze neue Art von Beziehung ist ins Leben gekommen – aber eigentlich ist es falsch, von Beziehung zu sprechen, weil es ein Seinszustand ist. Du liebst nicht mehr, sondern bist die Liebe selbst.

Sei also nicht entmutigt und mache die Abkehr nicht zu deinem Lebensstil – es ist nur eine Phase, die vorübergeht. Diese Abkehr ist nur vorübergehend – das Ziel des Lebens ist Fülle. Abkehr ist nur ein Mittel, um dieses Ziel zu erreichen. Es gibt Zeiten, wo du dich von allem zurückziehen musst. Das ist genauso, wie wenn du krank bist und der Arzt Fasten verordnet. Das Fasten wird nicht zu deinem Lebensstil. Du isst nichts, weil du krank bist, aber wenn du gesund bist, kannst du das Essen wieder genießen – und zwar mehr denn je. Mach aus deinem Leben keine Fastenkur. Es war nur eine Phase, die du gebraucht hast.

Faste also ein bisschen, was Liebe und Beziehungen angeht. Dann kannst du bald wieder aus dir herausgehen, wieder überschäumen und zwar ohne jedes Motiv. Dann ist Liebe wunderbar. Und nur dann ist sie schön; vorher ist sie immer hässlich. Du kannst es anstellen, wie du willst, Liebe wird immer bitter. Die beiden Liebenden können sich noch so anstrengen, etwas Schönes daraus zu machen – es geht nicht, es geht von Haus aus nicht, es läuft immer etwas schief. Jede Liebesbeziehung geht in die Brüche. Deshalb warte noch ...

18

Vorsicht – ein Mönch und zwei Frauen!

Eine Zengeschichte:

Es war einmal eine alte Frau in China, die hatte einen Mönch über zwanzig Jahre lang unterstützt. Sie baute ihm eine Hütte und brachte ihm Essen, während er meditierte. Eines Tages beschloss sie zu prüfen, welche Fortschritte er in all dieser Zeit gemacht habe. Sie holte sich ein Mädchen zu Hilfe, das voller Begierde war, und sagte zu ihr: »Gehe hin und umarme ihn, und dann frage ihn plötzlich: ›Was nun?‹«

Das Mädchen machte dem Mönch einen Besuch und fing sogleich an, ihn zu liebkosen. Und dann fragte sie ihn, was er nun vorhabe.

»Ein alter Baum wächst auf einem Fels im Winter«, gab der Mönch etwas poetisch zur Antwort, »da lässt sich nirgends Wärme finden.«

Als das Mädchen zurückkam und berichtete, was er gesagt hatte, rief die alte Frau voller Empörung: »Wenn ich bedenke, dass ich diesen Kerl zwanzig Jahre lang durchgefüttert habe! Er zeigte kein Verständnis für dein Bedürfnis, keinerlei Neigung, die Situation zu klären. Er hätte ja nicht auf deine Leidenschaft eingehen müssen, aber ein bisschen Mitgefühl hätte er wenigstens zeigen können!«

Sie ging unverzüglich zur Hütte des Mönchs und brannte sie nieder.

Ein altes Sprichwort lautet: »Wer einen Gedanken sät, erntet eine Tat. Wer eine Tat sät, erntet eine Gewohnheit. Wer eine Gewohnheit sät, erntet einen Charakter. Wer einen Charakter sät, erntet ein Schicksal.«

Und ich sage euch: Wer gar nichts sät, erntet Meditation und Liebe.

Nichts zu säen – darum geht es beim Meditieren. Und die natürliche Folge ist Liebe. Wenn am Ende der Reise in die Meditation nicht die Liebe erblüht ist, dann war die ganze Reise umsonst. Dann ist irgendwo etwas falsch gelaufen. Man hat sich auf den Weg gemacht, aber man ist nie angekommen.

Liebe ist der Test. Für den Weg der Meditation ist Liebe der Test. Es sind die zwei Seiten einer Medaille, zwei Aspekte derselben Energie. Wenn eine von beiden da ist, muss auch die andere da sein. Wenn eine fehlt, ist auch die andere nicht da.

Meditation ist nicht Konzentration. Durch Konzentration wird man nicht zur Liebe gelangen, mit Sicherheit nicht. Durch Konzentration wird man höchstens gewaltsamer, denn Konzentration bedeutet, Anspannung zu trainieren. Konzentration bedeutet Anstrengung, eine Verengung des Bewusstseins, eine tief gehende Vergewaltigung des Bewusstseins. Und wer mit seinem eigenen Bewusstsein gewaltsam umgeht, kann auch nicht gewaltlos mit anderen umgehen. Alles, was man sich selbst antut, wird man genauso auch anderen antun.

Mache dies zu einer Grundregel deines Lebens, zu einer der grundlegendsten Regeln: Genauso wie du mit dir selbst umgehst, wirst du auch mit anderen umgehen. Wenn du dich selbst liebst, wirst du auch andere lieben. Wenn du in deinem Inneren im Fluss bist, wirst du auch in deinen Beziehungen im Fluss sein. Wenn du innerlich erstarrt bist, wirst du auch äußerlich starr sein. Das Innere tendiert dazu, zum Äußeren zu werden; das Innere manifestiert sich immer im Äußeren.

Konzentration ist nicht Meditation. Konzentration ist die Methode der Wissenschaft, es ist der wissenschaftliche Weg. Ein Wissenschaftler ist auf tief gehende Disziplinierung durch Konzentration angewiesen – aber von einem Wissenschaftler erwartet man auch nicht, dass er mitfühlend ist. Dafür besteht keine Notwendigkeit. Im Gegenteil, der Wissenschaftler wird sogar immer gewaltsamer mit der Natur umgehen, ja, der ganze wissenschaftliche Fortschritt beruht auf einem gewaltsamen Umgang mit der Natur. Er ist destruktiv, schon allein deshalb, weil der Wissenschaftler destruktiv mit dem Wachstum seines eigenen Bewusstseins umgeht. Statt sein Bewusstsein zu erweitern, engt er es ein und macht es zu einer ausschließlichen, einspitzigen Sache. Das bedeutet Zwang, Gewalttätigkeit.

Merke dir also: Meditation ist nicht Konzentration. Meditation ist aber auch nicht Kontemplation – sie ist kein Denkvorgang. Wenn du über Gott nachsinnst, ist das Denken. Solange es ein »über« gibt, ist es Denken. Ob du über Geld nachdenkst oder über Gott, macht im Grunde keinen Unterschied. Das Denken bleibt, nur das Objekt ändert sich. Wenn du über die Welt oder über Sex nachdenkst, wird niemand es Kontemplation nennen. Wenn du aber über Gott nachdenkst, über die Tugend, über Jesus, Krishna, Buddha, dann sagen die Leute dazu Kontemplation. Aber Zen äußert sich dazu ganz klar: Das ist nicht Meditation, das ist immer noch Denken. Es geht immer noch um das andere, das Objekt.

In der Kontemplation gibt es ein Objekt – natürlich nicht so ausschließlich wie in der Konzentration. Kontemplation ist offener als Konzentration. In der Konzentration geht es darum, den Verstand auf einen einzigen Punkt zu richten, während man ihn in der Kontemplation auf ein Thema und nicht auf einen einzigen Punkt richtet. Man kann immer wieder darüber nachdenken, kann das Thema variieren und flexibel mit ihm umgehen, aber im Großen und Ganzen bleibt man beim selben Thema.

Was ist denn dann Meditation? Meditation bedeutet einfach, seine Gegenwärtigkeit zu genießen. Meditation ist die Freude, in seinem eigenen Sein zu ruhen. Es ist ganz einfach – ein völlig entspannter Bewusstseinszustand, in dem man nichts tut. Sobald irgendein Tun hinzukommt, verspannt man sich. Sofort wird es Stress: Wie macht man das? Was muss man dafür tun? Wie kann es gelingen? Wie vermeidet man Misserfolg? Dann ist man schon wieder in der Zukunft.

Wenn du Kontemplation üben willst, worüber könntest du kontemplieren? Wie könntest du über das Unbekannte kontemplieren? Wie könntest du über das Unerkennbare kontemplieren? Kontemplieren kann man nur über etwas, das man kennt. Man kann es immer und immer wiederkäuen, aber es bleibt das Bekannte. Über alles, was du von Jesus weißt, kannst du immer wieder nachsinnen, über alles, was du von Krishna weißt, kannst du immer wieder nachsinnen. Du kannst es abwandeln, verändern, ausschmücken, doch es wird dich nie zum Unbekannten führen. Aber Gott ist das Unbekannte.

Meditation bedeutet, gar nichts zu tun und einfach nur da zu sein – ohne Handlung, ohne Gedanken, ohne Gefühl. Du bist einfach nur da, und es ist die reinste Freude. Woher kommt diese Freude, wenn du doch gar nichts tust? Sie kommt von nirgendwo – oder von überall. Sie hat keine Ursache – denn die Existenz besteht aus dem Stoff namens Freude. Sie braucht keine Ursache, keinen Grund. Wenn du unglücklich bist, gibt es einen Grund, warum du unglücklich bist. Bist du glücklich, dann bist du einfach glücklich – es hat keinen Grund. Dein Verstand versucht immer, einen Grund zu finden, weil er nicht glauben kann, dass es etwas gibt, das keine Ursache hat. Denn über das, was keine Ursache hat, hat der Verstand keine Kontrolle; bei dem, was keine Ursache hat, ist der Verstand ohnmächtig. Darum versucht er für alles immer einen Grund zu finden.

Aber ich sage euch: Immer wenn ihr glücklich seid, dann seid ihr grundlos glücklich; und immer wenn ihr unglücklich seid, habt ihr einen Grund dafür. Glück ist der Stoff, aus dem ihr gemacht seid. Es ist euer wahres Sein, euer innerster Kern. Freude ist euer innerster Kern.

Seht euch die Bäume an, seht euch die Vögel an, die Wolken, die Sterne ... Und wenn ihr Augen habt, könnt ihr sehen, dass die ganze Schöpfung voller Freude ist. Alle sind einfach glücklich. Die Bäume sind grundlos glücklich; sie wollen weder Premierminister noch Präsident werden, sie wollen weder reich werden noch ein Bankkonto besitzen. Seht euch die Blumen an – sie sind grundlos glücklich. Es ist unfassbar, wie glücklich die Blumen sind.

Die ganze Schöpfung ist aus dem Stoff, den man Freude nennt. Die Hindus nennen es *Satchitananda,* und *Ananda* bedeutet Freude. Dafür braucht es keinen Grund, keine Ursache. Wenn du einfach bei dir selbst sein kannst, ohne etwas zu tun, wenn du einfach Freude hast, bei dir zu sein, wenn du einfach glücklich bist, dass es dich gibt, einfach glücklich zu atmen, einfach glücklich, die Vögel zu hören – aus keinem anderen Grund –, dann bist du in Meditation.

Meditation heißt, hier und jetzt zu sein. Und wenn du grundlos glücklich bist, kannst du dieses Glück nicht für dich behalten. Es breitet sich immer mehr auch auf andere aus, es will geteilt sein. Du kannst es nicht zurückhalten; es ist so groß, so unendlich groß. Du kannst es nicht in deinen Händen festhalten, du musst ihm erlauben, sich auszubreiten.

Das bedeutet Mitgefühl. Meditation heißt, mit sich allein

zu sein, und Mitgefühl heißt, aus dem Sein heraus überzufließen. Dieselbe Energie, die sich vorher als Leidenschaft ausdrückte, wird nun zu Mitgefühl. Es ist die gleiche Energie, die vorher auf Körper und Geist beschränkt war. Es ist die gleiche Energie, die vorher durch kleine Öffnungen entwich.

Was ist Sex? Nur ein Energieverlust aus einer kleinen Köperöffnung. Die Hindus sprechen buchstäblich von »Löchern«. Wenn du im Fluss bist und überfließt, aber keine Energie durch diese Löcher abgibst, dann verschwinden alle Trennwände. Dann wirst du zum Ganzen und breitest dich aus. Du kannst gar nicht anders.

Es ist nicht so, dass du zuerst mitfühlend werden musst, durchaus nicht. Im Zustand der Meditation *bist* du Mitgefühl. Mitgefühl besitzt die Wärme der Leidenschaft, aber ohne Verlangen. Es ist sehr leidenschaftlich, aber diese Leidenschaft ist nicht an jemanden adressiert, diese Leidenschaft sucht keine Befriedigung. Der ganze Prozess hat sich ins Gegenteil verkehrt. Zuerst hat man sein Glück irgendwo außen gesucht – jetzt hat man es gefunden und gibt ihm bloß Ausdruck. Leidenschaft ist ein Streben nach Glück, Mitgefühl ein Ausdruck von Glück, aber Mitgefühl ist leidenschaftlich und warm. Das musst du verstehen, weil es ein Paradox enthält.

Je höher eine Sache ist, umso paradoxer ist sie, und Meditation und Mitgefühl sind der höchste Gipfel, der absolut höchste Gipfel. Darum muss ein Paradox darin enthalten sein.

Das Paradox besteht darin, dass ein Meditierender sehr kühl ist, aber nicht kalt. Kühl und warm zugleich, aber nicht heiß. Leidenschaft ist heiß, fast fiebrig, sie ist wie ein Fieber. Mitgefühl ist kühl und gleichzeitig warm. Einfühlsam, herzlich, freigebig, bereit zum Teilen, glücklich zu teilen. Wenn ein Meditierender kalt wird, hat er etwas falsch gemacht, etwas unterdrückt. Wenn man seine Leidenschaft unterdrückt, wird man kalt. Auf diese Weise wurde die ganze Menschheit kalt – in jedem ist die Leidenschaft unterdrückt worden.

Von frühester Kindheit an hat man deine Leidenschaft verkrüppelt und unterdrückt. Jedes Mal, wenn du anfingst, Leidenschaft zu zeigen, war jemand da – deine Mutter, dein Vater, deine Lehrer, die Polizei – immer war gleich jemand da, der Verdacht schöpfte. Man hat deine Leidenschaft gezügelt, unterdrückt: »Lass das sein!« Sofort hast du dich in dich selbst zurückgezogen. Nach und nach hast du gelernt: Wenn du überleben willst, ist es besser, auf die Leute zu hören, die um dich herum sind. Es ist sicherer.

Was konntest du machen? Was kann ein Kind machen, wenn es leidenschaftlich ist? Wenn es voller Energie ist und herumlaufen, springen und tanzen will – und der Vater liest die Zeitung? Es steht nur Unsinn darin, aber wenn er seine Zeitung lesen will – und er ist ein sehr wichtiger Mann, er ist der Herr im Haus –, was kannst du machen? Das Kind macht eigentlich etwas Großartiges – der Gott in ihm will tanzen –, aber der Vater will seine Zeitung lesen, also muss Ruhe sein. Das Kind darf nicht tanzen, nicht laufen, nicht schreien. Es muss die Energie unterdrücken. es muss versuchen, kalt und gesammelt und kontrolliert zu sein. Auf diese Weise hat Kontrolle einen so hohen Stellenwert erlangt, dabei hat sie überhaupt keinen Wert.

Ein kontrollierter Mensch ist tot. Ein kontrollierter Mensch ist nicht unbedingt auch ein disziplinierter Mensch; Diszipliniertheit ist etwas völlig anderes. Diszipliniertheit kommt aus der Bewusstheit, Kontrolle kommt aus der Angst. Die Leute um dich herum sind mächtiger als du, sie können dich bestrafen, können dich vernichten. Sie haben alle Macht, um dich zu kontrollieren, zu korrumpieren und Druck auf dich auszuüben. Das Kind muss einfach diplomatisch werden. Wenn sich sexuelle Energie regt, hat das Kind Schwierigkeiten. Die Gesellschaft ist dagegen, sie sagt, man müsse das kanalisieren. Aber das Kind wird von dieser Energie total durchströmt – und nun muss es sie abstellen.

Was machen sie denn in den Schulen? Im Grunde ist die Schule gar nicht so sehr ein Instrument der Wissensvermittlung als ein Instrument der Kontrolle. Sechs, sieben Stunden lang müssen die Kinder dort stillsitzen. Das heißt, sie müssen das Tanzen abstellen, müssen das Singen abstellen, müssen ihre Freude abstellen. So hält man die Kinder unter Kontrolle. Wenn ein Kind täglich sechs, sieben Stunden lang in diesem gefängnisähnlichen Klima sitzen muss, wird seine Energie nach und nach abgetötet. Das Kind wird leblos, steif und verklemmt. Es strömt nichts mehr, die Energie fließt nicht mehr, das Kind lebt auf Sparflamme – das nennen wir dann: »sich unter Kontrolle haben«. Dann geht man nie bis zum Maximum.

Psychologen haben das untersucht und erkannt, dass ein wesentlicher Faktor für das menschliche Unglück darin besteht, dass die Leute normalerweise nur zu zehn Prozent leben. Sie leben nur zu zehn Prozent, atmen nur zu zehn Prozent, lieben nur zu zehn Prozent, freuen sich nur zu zehn Prozent. Neunzig Prozent ihrer Lebendigkeit lassen sie einfach nicht zu. Das ist reine Verschwendung! Man sollte mit seiner ganzen Kapazität von hundert Prozent leben, nur dann kann man zur Blüte kommen.

Meditation ist also nicht Kontrolle, ist nicht Unterdrückung. Wenn du dir etwas anderes darunter vorgestellt hast und dich selbst unterdrückst, wirst du dich sehr kontrollieren – aber dann bist du innerlich kalt. Dann wirst du nicht gelassen, sondern immer gleichgültiger werden. Gleichgültig, uninteressiert, lieblos – es kommt beinahe einem Selbstmord gleich. Dann lebst du nur noch auf Sparflamme, bist nur noch halb lebendig. Dann brennt deine Lebensfackel nicht mehr an beiden Enden, deine Flamme wird ganz schwach leuchten. Viel Rauch wird da sein, aber fast kein Licht.

So passiert es vielen, die auf eine Weg der Meditation sind – Katholiken, Buddhisten, Jainas: Sie werden kalt, weil es ihnen dann leichter fällt, sich zu kontrollieren. Bewusstheit ist viel schwieriger. Kontrolle ist ganz einfach, denn dafür braucht man nur bestimmte Gewohnheiten zu kultivieren. Wenn man bestimmte Gewohnheiten kultiviert hat, wird man von diesen gesteuert und braucht sich um nichts mehr zu kümmern. Dann folgt man einfach seinen Gewohnheiten, wird mechanisch und lebt sein Leben wie ein Roboter. Man kann dabei wie ein Buddha aussehen, aber man ist es nicht. Man ist tot wie eine Steinstatue.

Wenn kein Mitgefühl entsteht, dann entsteht Apathie. Apathie bedeutet die Abwesenheit von Leidenschaft, während Mitgefühl die Transformation von Leidenschaft bedeutet. Beobachtet einmal katholische Mönche oder Jaina-Mönche oder buddhistische Mönche: Ihr werdet apathische Gestalten sehen, die stumpf und dumm, glanzlos und verschlossen, ängstlich und ständig auf der Hut sind.

Leute, die sich ständig selbst kontrollieren, sind immer nervös, weil in ihrer Tiefe das Chaos lauert. Wenn man unkontrolliert, fließend und lebendig ist, braucht man nicht nervös zu sein. Dann ist Nervosität überhaupt kein Problem – was passiert, passiert eben. Man hat keinerlei Erwartungen an die Zukunft, man versucht nichts darzustellen. Warum sollte man nervös sein? Mönche sind oft sehr nervös. Vielleicht nicht so sehr, wenn sie in ihrem Kloster sind, aber wenn sie in die Welt hinausgehen, könnt ihr sehen, dass sie ganz nervös werden, denn bei jedem Schritt lauert die Versuchung.

Ein Meditierer kommt schließlich an den Punkt, wo keine Versuchung mehr übrig ist. Bemüht euch, das zu verstehen. Die Versuchung kommt nie von außen. Es sind die unterdrückten Wünsche – all die unterdrückten Energien: unterdrückte Wut, Sexualität, Habgier –, die Versuchungen erzeugen. Versuchung kommt immer von innen, sie hat nichts mit dem Außen zu tun. Es ist nicht der Teufel, der kommt, um dich in Versuchung zu führen – es ist dein eigener unterdrückter Geist, der teuflisch wird und Rache nehmen will. Um diesen Geist unter Kontrolle zu halten, muss man innerlich kalt werden und erstarren, damit nur ja keine Lebensenergie in die Glieder und in den ganzen Körper kommt. Wenn die Energie sich bewegen dürfte, käme alles Unterdrückte an die Oberfläche.

So haben es sich die Menschen angewöhnt, innerlich kalt zu sein – andere zu berühren, ohne sie wirklich zu berühren, andere Leute zu sehen, ohne sie wirklich zu sehen. Man lebt in Klischees: »Hallo, wie geht's?«, und keiner meint es wirklich. Die Worte sind nur dazu da, eine wirkliche Begegnung zwischen zwei Menschen zu verhindern. Man schaut sich nicht in die Augen, nimmt sich nicht bei der Hand und versucht erst gar nicht, die Energie des anderen zu spüren. Die Leute lassen das Fließen der Energie nicht zu. Sie haben Angst davor und kommen kaum damit zurecht. Sie sind kalt und tot. In einer Zwangsjacke.

Ein Meditierer hat gelernt, voller Energie zu sein, auf dem Maximum, im Optimum zu sein. Er lebt auf dem Höhepunkt, er hat sich auf dem Gipfel häuslich eingerichtet. Er hat eine Wärme, die aber nicht fieberhaft ist; sie zeigt nur seine Lebendigkeit. Er ist nicht heiß, sondern kühl, weil er nicht von seinen Begierden mitgerissen wird. Er ist so glücklich, dass er nicht mehr nach dem Glück sucht. Er ist so entspannt, so in sich selbst ruhend, nicht mehr unterwegs, rennt und jagt nicht hinter irgendetwas her – das macht ihn kühl.

Es gibt einen lateinischen Ausspruch: *Agere sequitur esse* – das Handeln folgt dem Sein. Das ist wunderbar! Versuche nicht, dein Handeln zu verändern – versuche, zu deinem Sein zu finden, dann folgt das Handeln nach. Handeln ist sekundär; Sein ist primär. Deine Handlungen sind etwas, das du tust; dein Sein ist etwas, das du bist. Deine Taten kommen aus dir, aber sie sind nur fragmentarisch. Selbst all deine Taten zusammengenommen reichen nicht an dein Sein heran, denn all deine Taten sind nur deine Vergangenheit. Und was ist mit deiner Zukunft? Dein Sein umfasst deine Vergangenheit, deine Zukunft, deine Gegenwart; dein Sein umfasst deine Ewigkeit. Deine Taten, selbst wenn man sie alle zusammennimmt, sind nur Vergangenheit. Die Vergangenheit ist begrenzt, doch die Zukunft ist unbegrenzt. Alles, was geschehen ist, ist begrenzt und lässt sich definieren; es hat sich bereits ereignet. Alles, was noch nicht geschehen ist, ist unbegrenzt und undefinierbar. Dein Sein enthält die Ewigkeit, doch deine Taten enthalten immer nur deine Vergangenheit.

Es ist durchaus möglich, dass ein Mensch, der bis zu diesem Augenblick ein Sünder war, im nächsten Augenblick ein Heiliger wird. Man sollte einen Menschen nie nach seinen Taten beurteilen, nur nach seinem Sein. Aus Sündern werden Heilige, und Heilige können fallen und zu Sündern werden. Jeder Heilige hat eine Vergangenheit, und jeder Sünder hat eine Zukunft.

Beurteile einen Menschen nie nach seinen Taten. Aber du hast gar keine andere Wahl, du hast ja nicht einmal dein eigenes Sein erkannt. Wie kannst du da das Sein eines anderen erkennen? Sobald du dein eigenes Sein erkennst, lernst du diese Sprache und erhältst den Schlüssel, mit dem du in das Sein anderer hineinschauen kannst. Du kannst in andere nur in dem Maße hineinschauen, in dem du in dich selbst hineinschauen kannst. Wenn du dich selbst total durchschaut hast, wirst du auch andere total durchschauen lernen.

Ein paar Bemerkungen noch, bevor ich mit dieser schönen Geschichte anfange:

Wenn du durch das Meditieren innerlich kalt wirst, dann sei auf der Hut! Wenn deine Meditation dich wärmer, liebender, fließender macht, ist es gut; dann bist du auf dem richtigen Weg. Wenn du aber weniger liebevoll wirst, wenn dein Mitgefühl verschwindet und Apathie sich breit macht, dann solltest du besser so schnell wie möglich die Richtung ändern, sonst wirst du zu einer Mauer.

Werde nicht wie eine Mauer – bleib lebendig und pulsierend, strömend, fließend, schmelzend!

Natürlich gibt es da Probleme. Warum wird jemand wie eine Mauer? Weil sich eine Mauer definieren lässt. Sie gibt dir eine Begrenzung, eine klar definierte Form und Gestalt – was die Hindus *Namarupa* nennen, Name und Form. Wenn du schmelzend und fließend bist, hast du keine Begrenzungen. Dann weißt du nicht, wo du bist – wo du aufhörst und wo der andere anfängt. Wenn du viel mit anderen zusammen bist, werden dir mit der Zeit alle Begrenzungen wie ein Traum vorkommen, und eines Tages sind sie verschwunden.

So ist die Wirklichkeit. Die Wirklichkeit ist grenzenlos. Wo meinst du, dass du aufhörst? Bei deiner Haut? Normalerweise glauben wir das: »Wir stecken natürlich in unserer Haut, und darum ist die Haut unsere Begrenzung, unsere äußere Hülle.« Aber deine Haut könnte nicht leben, wenn sie nicht von Luft umgeben wäre. Würde deine Haut nicht ununterbrochen Sauerstoff aufnehmen, den ihr die Umgebung liefert, könnte sie nicht am Leben bleiben. Würde man die Atmosphäre wegnehmen, dann würdest du sofort sterben. Deine Haut würde zwar nicht einmal dabei verletzt, aber dennoch würdest du sterben. Das kann also nicht deine äußere Grenze sein.

Die Atmosphäre erstreckt sich bis in viele Kilometer Höhe rund um die Erde – ist das deine Grenze? Auch das kann nicht deine Grenze sein. Sauerstoff und Atmosphäre und Wärme und Leben können nicht ohne Sonne existieren. Würde die Sonne aufhören zu existieren und absterben ... Das wird eines Tages passieren. Die Wissenschaftler sagen, eines Tages wird die Sonne erkalten und sterben. Dann wird mit einem Schlag die Atmosphäre nicht mehr lebendig sein. Dann wärest du sofort tot. Heißt das, dass die Sonne deine Grenze ist? Die Physiker sagen heute, dass die Sonne mit einer zentralen Energiequelle in Verbindung steht, die wir noch nicht entdeckt haben, die wir nur vermuten können – denn nichts existiert für sich allein.

Wie sollen wir also entscheiden, wo unsere Grenze ist? Ein Apfel auf dem Baum ist nicht du. Aber wenn du ihn gegessen hast, ist er du. Er wartet also darauf, du zu werden. Potenziell ist er du, dein zukünftiges Du. Und dann entleerst du deinen Darm und scheidest alles Unbrauchbare aus deinem Körper aus. Einen Augenblick vorher warst das noch du. Wie willst du also entscheiden, wo du aufhörst? Ich atme – der Atem, der in mir ist, bin ich, aber einen Augenblick vorher war es vielleicht dein Atem. Er muss es gewesen sein, weil wir die gleiche Luft atmen. Wir atmen uns alle ständig gegenseitig ein; wir sind jeder ein Bestandteil vom anderen. Du atmest in mir, ich atme in dir.

Und dasselbe gilt nicht nur für das Atmen, sondern für das

Leben insgesamt. Vielleicht hast du es schon einmal beobachtet: Mit bestimmten Menschen fühlst du dich sehr lebendig. Sie sprudeln vor Energie und das macht etwas mit dir; du reagierst darauf und fängst ebenfalls zu sprudeln an. Doch dann gibt es Leute ... schon bei ihre bloßen Anblick hat man das Gefühl, alle Kraft zu verlieren. Allein ihre Gegenwart ist wie ein Gift; sie scheinen etwas Giftiges zu verströmen. Wenn du aber jemanden triffst, bei dem du dich strahlend und glücklich fühlst und bei dem plötzlich etwas in deinem Herzen pulsiert und das Herz schneller zu klopfen beginnt, dann muss dieser Mensch etwas in dich verströmt haben.

Wir verströmen uns gegenseitig ineinander. Das ist auch der Grund, warum der Osten *Satsang* so wichtig nimmt: Das Zusammensein mit einem Menschen, der die Wahrheit erkannt hat, einfach in seiner Gegenwart zu sein, ist genug – denn er verströmt ständig sein Sein in dich, ob du es merkst oder nicht. Ob es dir jetzt bewusst wird oder nicht – eines Tages geht die Saat auf und trägt Blüten.

Wir verströmen uns ineinander. Wir sind keine getrennten Inseln. Jemand, der kalt ist, wird wie eine Insel, und das ist ein Unglück, ein großes Unglück, denn er könnte zu einem riesigen Kontinent werden, hat sich aber entschieden, eine Insel zu werden. Er hat sich entschieden, arm zu bleiben, während er so reich hätte werden können, wie er nur wollte.

Sei keine Mauer und versuche nie etwas zu unterdrücken, sonst wirst du tatsächlich wie eine Mauer. Menschen, die etwas unterdrücken, tragen eine Maske, ein unechtes Gesicht. Sie tun so, als wären sie jemand anders. Ein Mensch, der sich selbst unterdrückt, trägt die gleiche Innenwelt in sich wie jeder andere. Es bedarf nur einer Gelegenheit, einer Provokation – und sofort tritt das wahre Gesicht zu Tage. Deswegen ziehen sich die Mönche aus der Welt zurück – weil es dort zu viele Provokationen, zu viele Versuchungen gibt. Es fällt ihnen schwer, bei sich zu bleiben und sich zurückzuhalten. Deshalb gehen sie in den Himalaja oder in eine Höhle; sie ziehen sich aus der Welt zurück, um gar keine Möglichkeit zuhaben, die Gedanken, Versuchungen und Begierden, die auftauchen könnten, zu befriedigen.

Aber das ist nicht der Weg der Transformation.

Leute, die innerlich kalt werden, sind genau die Leute, die vorher innerlich sehr heiß waren. Leute, die ein Keuschheitsgelübde ablegen, sind genau die Leute, die vorher extrem sexuell waren. Der Geist pendelt leicht von einem Extrem ins andere. Ich habe beobachtet, dass viele Menschen, die süchtig nach Essen sind, früher oder später süchtig nach Fasten werden. Das muss so sein, weil man nicht lange in einem Extrem verharren kann. Wenn man von einer Sache zu viel bekommt, hat man bald genug davon und ist es leid. Dann ist die einzige Alternative, ins andere Extrem zu gehen.

Die Leute, die Mönche werden, sind oft sehr weltliche Leute. Der Marktplatz ist ihnen zu viel geworden; sie haben sich zu viel auf dem Marktplatz getummelt, und dann ist das Pendel ins andere Extrem umgeschlagen. Leute, die habgierig sind, entsagen der Welt. Ihre Entsagung kommt nicht aus Verständnis – es ist nur ihre Habgier, die auf dem Kopf steht. Zuerst haben sie festgehalten und festgehalten ... und dann erkennen sie plötzlich die Sinnlosigkeit und Vergeblichkeit des Ganzen und fangen an, alles wegzuwerfen. Zuerst haben sie aus Angst jeden einzelnen Pfennig umgedreht, und jetzt haben sie Angst, auch nur einen Pfennig zu behalten – aber die Angst bleibt. Zuerst waren sie gierig nach dieser Welt, jetzt sind sie gierig nach der anderen Welt – aber die Gier ist immer noch da. Solche Leute gehen eines Tages zwangsläufig ins Kloster – und dort sind sie dann groß in der Enthaltsamkeit, im Entsagen. Aber ihr Wesen verändert sich dadurch nicht.

Nur Bewusstheit kann einen Menschen verändern, sonst gar nichts. Versucht also nicht, irgendetwas vorzutäuschen. Was nicht ist, ist nicht. Versteht das und versucht nicht, etwas vorzuspielen und andere glauben zumachen, dass es anders sei, denn bei dieser Täuschung wird niemand außer euch selbst der Verlierer sein.

Leute, die versuchen, sich selbst unter Kontrolle zu halten, wählen einen sehr törichten Weg. Kontrolle lässt sich nicht erreichen; man wird höchstens alt dabei. Die einzige Möglichkeit, sich selbst unter Kontrolle zuhalten besteht darin, zu erstarren, sodass sich keine Energie mehr in einem regt. Leute, die Keuschheitsgelübde ablegen, essen nicht mehr viel; sie versuchen den Körper auszuhungern. Wenn im Körper mehr Energie erzeugt wird, entsteht auch mehr sexuelle Energie, und dann wissen diese Leute nicht, wie sie damit umgehen sollen. Deshalb essen die buddhistischen Mönche nur einmal am Tag – und auch dann nicht genug. Sie essen nur so viel, dass die Bedürfnisse des Körpers erfüllt werden, minimale Bedürfnisse, und keine überschüssige Energie da ist. Aber diese Art von Keuschheit ist keine wirkliche Keuschheit. Nur wenn die Energie ungehemmt fließen kann und sich allmählich in Liebe transformiert, stellt sich eine Form der Keuschheit – *Brahmacharya* – ein, die schön ist.

Eine reizende alte Dame kam in ein Geschäft und erstand ein Päckchen Mottenkugeln. Am nächsten Tag war sie wieder da und kaufte noch einmal fünf Packungen. Noch ein Tag verging, und sie kam und holte sich wieder ein Dutzend.

»Sie müssen aber viele Motten haben!«, sagte der Verkäufer.

»Ja, das stimmt«, antwortete die alte Oma, »und seit drei Tagen werfe ich mit diesen Kugeln nach ihnen und habe noch keine getroffen!«

Durch Kontrolle wird man nicht im Stande sein, auch nur eine zu erwischen! Es ist nicht der richtige Weg. Dann bekämpft man nur die Blätter, die Äste, indem man sie hier und dort stutzt, aber man kann den Baum des Verlangens auf diesem Weg nicht zerstören. Der richtige Weg ist, die Wurzeln zu kappen. Und die Wurzeln kann man nur kappen, wenn man bis zu den Wurzeln des Verlangens vordringt. An der Oberfläche gibt es nur Äste: Eifersucht, Wut, Neid, Hass, Wollust. Das ist nur die Oberfläche. Je tiefer man geht, umso mehr versteht man: Sie alle kommen von derselben Wurzel – und die Wurzel ist Unbewusstheit.

Meditation bedeutet Bewusstheit. Sie schneidet die Wurzel ab. Dann verschwindet der ganze Baum von allein. Dann wird Leidenschaft zu Mitgefühl.

Folgendes wurde mir berichtet:

Ein Zenmeister war schon sehr alt und fast blind, und mit seinen 96 Jahren konnte er im Kloster nicht mehr lehren oder arbeiten. So beschloss er, dass es Zeit war zu sterben, denn er war niemandem mehr nützlich, er war zu nichts mehr zu gebrauchen. Also hörte er auf zu essen.

Seine Mönche fragten ihn, warum er die Nahrung verweigere, und er erwiderte, dass er zu nichts mehr tauge und für alle nur noch eine Belastung sei.

Da sagten sie zu ihm: »Wenn du jetzt stirbst« – und es war Januar – »jetzt, wo es so kalt ist, dann wird deine Beerdigung für uns alle sehr ungemütlich und du wirst eine noch größere Belastung sein. Also iss bitte dein Essen.«

So etwas kann nur in einem Zenkloster passieren, denn die Schüler lieben den Meister so sehr, sie hegen eine so tiefe Achtung vor ihm, dass es keiner Förmlichkeiten bedarf. Seht nur, was sie sagten – sie sagten: »Wenn du jetzt stirbst – und es ist Januar, weißt du – ist es so kalt, dass deine Beerdigung für uns alle sehr ungemütlich wird, und dann bist du eine noch größere Belastung. Also iss bitte dein Essen.«

Daraufhin begann er wieder zu essen. Doch als es wieder wärmer wurde, hörte er damit auf, und nicht lange danach sank er still vornüber und starb.

Solch ein Mitgefühl! Dann lebt man aus Mitgefühl und man stirbt aus Mitgefühl. Dann ist man sogar bereit, den richtigen Zeitpunkt abzuwarten, damit keiner behindert wird und man niemandem zur Last fällt.

Ich habe noch eine ähnliche Geschichte gehört:

Ein Zenmeister fühlte seinen Tod nahen. Er sagte: »Wo sind meine Schuhe? Bringt sie her.«

Jemand fragte: »Wo gehst du hin? Die Ärzte sagen, dass du bald sterben wirst.«

Er sagte: »Ich gehe zum Friedhof.«

»Aber warum?«

Er sagte: »Ich will niemandem Unannehmlichkeiten bereiten. Sonst müsst ihr mich auf euren Schultern tragen.«

Er ging zum Friedhof und starb dort.

Welch ungeheures Mitgefühl! Was für ein Mensch, der anderen nicht einmal so viel an Unannehmlichkeiten bereiten will!

Menschen wie er haben Tausenden geholfen. Tausende waren ihnen dankbar, Tausende wurden durch sie von Licht und Liebe erfüllt. Dennoch wollen sie niemandem zur Last fallen. Solange sie noch von Nutzen sind, wollen sie leben und helfen, aber wenn sie nicht mehr nützlich sein können, ist es Zeit, sich zu verabschieden und zu gehen.

Und nun zur Geschichte vom Mönch und den zwei Frauen:

Es war einmal eine alte Frau in China,
die hatte einen Mönch über zwanzig Jahre lang
unterstützt. Sie baute ihm eine Hütte und brachte
ihm Essen, während er meditierte.

Es ist ein Wunder, das im Osten geschah – der Westen kann es immer noch nicht verstehen: Im Osten war es jahrhundertelang Brauch, dass die Gesellschaft den Meditierenden mit Essen versorgte. Es genügte, dass er meditierte. Niemand kam auf die Idee, er falle der Gesellschaft zur Last. Niemand dachte: »Warum sollen wir für ihn arbeiten?« Allein die Tatsache, dass er meditierte, genügte. Der Osten hatte diese Erfahrung gemacht, dass die Energie eines einzigen Menschen, der erleuchtet wird, allen zugute kommt. Wenn auch nur ein einziger Mensch in der Meditation zum Erblühen kommt, wird sein Aroma für die ganze Gesellschaft spürbar. Und der Segen, der daraus erwächst, ist so unermesslich, dass es dem Osten nie eingefallen wäre zu sagen: »Sitz nicht bloß herum und meditiere. Wer soll dich ernähren, wer soll dir Kleidung und Obdach geben?« Da waren Tausende und Abertausende – Buddha hatte zehntausend *Sannyasins,* die mit ihm herumzogen –, und die Menschen freuten sich, ihnen Essen, Obdach und Kleidung zu geben und sich um sie zu kümmern, während sie meditierten.

Im Westen kann man sich das heute unmöglich vorstellen, und selbst im Osten ist es schwierig geworden. In China hat man Klöster geschlossen, Meditationshallen in Krankenhäuser und Schulzimmer umgewandelt. Die großen Meister sind verschwunden. Man hat sie gezwungen, auf den Feldern und in den Fabriken zu arbeiten. Niemand darf mehr meditieren. Dieses großzügige Verständnis ist verloren gegangen. Das ganze Denken ist vom Materialismus durchsetzt, als ob die Materie das Einzige wäre, was existiert.

Wenn in einer Stadt jemand erleuchtet wird, profitiert die ganze Stadt davon. Wenn man ihn unterstützt, ist nichts vergeudet, denn man bekommt einen solchen Schatz dafür zurück – gratis! Darum war es für die Leute eine Freude zu helfen.

Zwanzig Jahre lang hatte diese Frau einem Mönch geholfen, der meditierte und meditierte und meditierte – und sonst tat er gar nichts. Er saß nur in Zazen. Sie baute ihm eine Hütte, schaute nach ihm und kümmerte sich in jeder Hinsicht um ihn. Eines Tages, als sie schon sehr alt war und bald sterben würde, wollte sie wissen, ob die Meditation denn nun Frucht getragen hätte oder ob dieser Mann einfach nur gesessen und gesessen und gesessen hatte. Zwanzig Jahre sind eine ziemlich lange Zeit, die Frau war alt geworden und würde bald sterben, darum wollte sie wissen, ob sie einem wahrhaft meditativen Menschen gedient hatte oder einem Scheinheiligen.

Eines Tages beschloss sie zu prüfen …

Diese Frau muss selbst sehr viel verstanden haben, denn die Prüfung, die sie sich ausdachte, zeugt von großem Verständnis.

Eines Tages beschloss sie zu prüfen, welche Fortschritte er in all dieser Zeit gemacht habe.

Wenn die Meditation Fortschritte macht, ist Liebe das einzige Kriterium für den Fortschritt, ist Mitgefühl das einzige Kriterium für den Fortschritt.

Sie holte sich ein Mädchen zu Hilfe, das voller Begierde war, und sagte zu ihr: »Gehe hin und umarme ihn, und dann frage ihn plötzlich: ›Was nun?‹«

Es gab drei Möglichkeiten: Da er wohl seit zwanzig Jahren keine schöne Frau mehr berührt hatte, war die erste Möglichkeit, dass er der Versuchung zum Opfer fallen, die ganze Meditation vergessen und das Mädchen lieben würde. Die zweite Möglichkeit war, dass er kalt und kontrolliert sein würde und kein Mitgefühl für das Mädchen zeigen, sondern sich einfach zurückhalten und verhärten würde, um dieser Versuchung zu widerstehen. Und die dritte Möglichkeit, falls seine Meditation Früchte getragen hatte, war die, dass er voller Liebe, Verständnis und Mitgefühl sein würde, dass er Verständnis für das Mädchen zeigen und versuchen würde ihr zu helfen. Das Mädchen diente nur als Prüfstein für diese drei Möglichkeiten.

Falls die erste Möglichkeit zutraf, dann war sein ganzes Meditieren reine Zeitverschwendung gewesen. Falls die zweite Möglichkeit zutraf, dann hatte er zwar die üblichen Kriterien eines Mönchs erfüllt, aber nicht das eigentliche Kriterium eines meditativen Menschen. Wenn die zweite Möglichkeit zutraf, dann war klar, dass er nur ein »Behaviorist« war – also jemand, der sein Verhalten geändert und es sich zur Gewohnheit gemacht hatte, sich unter Kontrolle zu halten.

Sicher habt ihr von Pawlow, dem russischen Verhaltensforscher und Behavioristen, gehört. Er sagte, es gäbe weder beim Menschen noch bei den Tieren oder sonst irgendwo ein Bewusstsein – das Ganze sei nur ein Mechanismus des Gehirns, den man trainieren könne, damit er auf eine bestimmte Weise funktioniere. Alles sei nur eine Frage der Konditionierung. Das Denken funktioniere wie ein konditionierter Reflex.

Wenn man einem Hund sein Futter hinstellt, kommt er sogleich mit hängender, triefender Zunge herbeigerannt. Der Speichel beginnt zu fließen. Pawlow entwickelte einen Versuch: Jedes Mal, wenn er dem Hund sein Futter gab, läutete er eine Glocke. Mit der Zeit wurden Glocke und Futter miteinander assoziiert. Schließlich konnte er eines Tages nur noch die Glocke läuten, und der Hund kam mit hängender, triefender Zunge herbeigelaufen. Es war eigentlich absurd, denn bekanntlich hatte kein Hund je auf eine läutende Glocke in dieser Weise reagiert. Die Glocke ist ja kein Futter. Aber durch diese Assoziation wurde das Gehirn des Hundes konditioniert. Pawlow sagte, man könne einen Menschen genauso beeinflussen.

Wenn sich nun sexuelle Gefühle regen und man sich selber dafür bestraft, indem man sieben Tage fastet, seinen Körper geißelt, eine ganze Nacht draußen in der Kälte steht oder sich selbst schlägt, dann wird der Körper nach und nach diesen Trick erlernen. Und jedes Mal, wenn sexuelle Gefühle auftauchen, wird er sie automatisch unterdrücken, weil er Angst vor der Strafe hat. Belohnung und Strafe – das ist die Methode, das Denken zu konditionieren, wenn man Pawlow Glauben schenkt.

Genauso muss es dieser Mönch gemacht haben, wie viele andere auch. Fast 99 Prozent der Leute in den Klöstern machen es so: Sie konditionieren einfach ihren Verstand und ihren Körper um. Mit Bewusstsein hat das gar nichts zu tun.

Bewusstsein ist keine neue Gewohnheit, Bewusstsein heißt, sein Leben mit Bewusstheit zu leben, nicht aus irgendeiner Gewohnheit heraus, nicht auf irgendeinen Mechanismus fixiert, sondern jenseits aller Mechanismen.

Und sie sagte zur ihr: »Gehe hin und umarme ihn,
und dann frage ihn plötzlich: ›Was nun?‹«

Der Schlüssel ist dieses *»Plötzlich«*. Wenn man dem Verstand auch nur ein bisschen Zeit lässt, kann er in der konditionierten Art und Weise funktionieren, auf die er vorbereitet ist. Man darf ihm keine Zeit lassen: »Gehe mitten in der Nacht zu ihm, wenn er allein ist und meditiert. Geh einfach in seine Hütte« – er muss allein außerhalb der Stadt gelebt haben – »geh in die Hütte und fang an, ihn zu liebkosen, ihn zu küssen und zu umarmen. Und dann frage ihn plötzlich: ›Was nun?‹ und beobachte seine Reaktion – was mit ihm passiert, was er sagt, wie sich sein Gesicht verfärbt, was seine Augen sagen, wie er reagiert und dir antwortet.«

Das Mädchen machte dem Mönch einen Besuch
und fing sogleich an, ihn zu liebkosen. Und dann
fragte sie ihn, was er nun vorhabe.
»Ein alter Baum wächst auf einem Fels im Winter«,
gab der Mönch etwas poetisch zur Antwort,
»da lässt sich nirgends Wärme finden.«

Er hatte seinen Hund gut dressiert, hatte Körper und Verstand konditioniert. Zwanzig Jahre sind eine reichlich lange Zeit für eine solche Konditionierung. Selbst dieser Überraschungsangriff konnte das gewohnheitsmäßige Muster nicht durchbrechen. Er behielt die Kontrolle. Er muss ein sehr kontrollierter

Mann gewesen sein! Er blieb kalt, ohne einen Funken von Energie, und sagte: *»Ein alter Baum wächst auf einem Fels im Winter.«* Nicht nur kontrolliert und kalt war er, sondern so kalt und kontrolliert, dass er in dieser gefährlichen, provokanten, verführerischen Situation sogar noch poetische Worte der Erwiderung fand! Die Konditionierung muss sehr, sehr tief gegangen sein, bis an die Wurzeln.

»Ein alter Baum wächst auf einem Fels im Winter«,
gab der Mönch etwas poetisch zur Antwort,
»da lässt sich nirgends Wärme finden.«

Das ist alles, was er sagte.

Als das Mädchen zurückkam und berichtete, was er
gesagt hatte, rief die alte Frau voller Empörung:
»Wenn ich bedenke, dass ich diesen Kerl zwanzig
Jahre lang durchgefüttert habe!«

Seine Meditation war nicht zum Blühen gekommen. Er war nur kalt und tot geworden, wie eine Leiche. Er war nicht erleuchtet, war nicht zu einem Buddha geworden.

»Er zeigte kein Verständnis für dein Bedürfnis ...«

Ein mitfühlender Mensch denkt immer an andere und deren Bedürfnisse. Er aber blieb kalt und ichbezogen. Er redete nur von sich selbst: *»Ein alter Baum wächst auf einem Fels im Winter, da lässt sich nirgends Wärme finden.«* Kein Wort von dem Mädchen! Er fragte nicht einmal: »Weshalb bist du gekommen? Warum? Was brauchst du denn? Und warum hast du dir ausgerechnet mich ausgesucht? Komm setz dich!« Er hätte ihr zuhören müssen. Sie musste in großer Not sein! Kein Mensch würde sonst mitten in der Nacht zu einem verschrumpelten alten Mönch kommen, der seit zwanzig Jahren in Meditation sitzt. Weshalb war sie gekommen? Er schenkte ihr überhaupt keine Aufmerksamkeit.

Liebe denkt immer an den anderen, das Ego denkt nur an sich selbst. Liebe ist immer rücksichtsvoll, das Ego ist absolut rücksichtslos. Das Ego kennt nur *eine* Sprache, und die dreht sich um das Selbst. Das Ego benutzt immer den anderen. Liebe ist bereit, sich benutzen zu lassen, Liebe ist bereit zu dienen.

»Er zeigte kein Verständnis für dein Bedürfnis,
keinerlei Neigung, die Situation zu klären.«

Wenn du zu einem mitfühlenden Menschen kommst, wird er dich anschauen und dir tief ins Herz hineinschauen. Er wird versuchen herauszufinden, was für ein Problem du hast, warum du in dieser Situation bist und warum du das tust, was du tust. Er vergisst sich selbst und stellt sich ganz auf die Person ein, die zu ihm kommt. Sein ganzes Interesse gilt dem Bedürfnis, dem Problem, der Angst dieses Menschen und er versucht ihm zu helfen. Er wird tun, was er kann.

»Er hätte ja nicht auf deine Leidenschaft
eingehen müssen ...«

Das ist richtig. Ein Mensch des Mitgefühls kann nicht mit Leidenschaft reagieren. Er ist nicht kalt, aber kühl. Er kann dir seine Wärme geben, seine nährende Wärme, aber mit Fieber kann er nicht aufwarten, weil er keines hat. Denke an den Unterschied zwischen einem fiebernden und einem warmen

Körper. Ein fiebernder Körper ist nicht gesund, ein warmer Körper ist einfach gesund. Leidenschaft macht die Menschen fieberhaft. Hast du dich schon mal beobachtet, wenn du zutiefst leidenschaftlich bist? Dann bist du wie von Sinnen, wie ein Wilder, und tust Dinge ohne zu wissen, warum. Du bist wie im Fieber, dein ganzer Körper zittert wie ein Orkan ohne Zentrum.

Ein Mensch, der Wärme in sich hat, ist einfach gesund. Genauso wie ein Kind, das von der Mutter an die Brust genommen wird, ihre Wärme spürt, sich von ihrer Wärme eingehüllt, genährt und angenommen fühlt. Wenn du in den Dunstkreis eines mitfühlenden Menschen kommst, trittst du ein in seine mütterliche Wärme, in sein nährendes Energiefeld. In der Tat ist es so, dass deine Leidenschaft in der Nähe eines mitfühlenden Menschen sich einfach auflöst. Sein Mitgefühl ist so stark, seine Wärme so groß, seine Liebe so überfließend, dass du kühl wirst und in deine Mitte kommst.

»Er hätte ja nicht auf deine Leidenschaft eingehen müssen, aber ein bisschen Mitgefühl hätte er wenigstens zeigen können.«
Sie ging unverzüglich zur Hütte des Mönchs und brannte sie nieder.

Das war eine symbolische Geschichte dafür, dass die zwanzig Jahre, in denen er dort meditiert hatte, während sie gehofft hatte, er würde Fortschritte machen, reine Zeitverschwendung gewesen waren.

Es genügt nicht, nur an der Oberfläche ein Mönch zu sein, ein beherrschter und kalter Mensch. Kälte ist ein Zeichen von Unterdrückung, von sehr tief gehender Unterdrückung.

Darum sage ich euch immer wieder: Wenn ihr in die Meditation eintretet, stellen sich Mitgefühl und Liebe ganz von selbst ein. Sie folgen der Meditation wie ein Schatten. Ihr braucht euch also keine Gedanken über die Synthese zu machen, die Synthese wird kommen. Sie kommt von allein, man braucht sie nicht herbeizuführen.

Wähle dir einen Weg: Folge entweder dem Pfad der Liebe, der Hingabe, des Tanzes und geh völlig in deiner Liebe zum Göttlichen auf – das ist der Pfad der Auflösung, dafür brauchst du keine Bewusstheit. Du musst nur trunken sein, völlig trunken von Gott. Du musst ein Trunkener werden. Oder du wählst den Pfad der Meditation, und dabei geht es überhaupt nicht darum, dich aufzulösen, sondern vollkommen kristallisiert, vollkommen integriert zu werden, völlig wach und bewusst.

Wenn du dem Pfad der Liebe folgst, wirst du eines Tages plötzlich sehen, dass Meditation in dir erblüht – in Tausenden von weißen Lotosblüten. Du hast nichts dazugetan, hast eigentlich etwas ganz anderes getan, und dennoch ist sie aufgeblüht. Wenn Liebe und Hingabe zum Höhepunkt kommen, erblüht die Meditation. Und genauso ist es mit dem Pfad der Meditation: Vergiss alles über Liebe und Hingabe und werde einfach bewusst. Sitze still da und genieße es, einfach zu *sein*, das ist alles. Sei mit dir selbst, das ist alles. Lerne das Alleinsein, das ist alles. Und vergiss nicht: Wer gelernt hat, allein zu sein, ist nie einsam. Nur diejenigen, die nicht wissen, wie man allein ist, sind einsam.

Auf dem Pfad der Meditation sucht man das Alleinsein. Man sehnt sich danach, hofft darauf, betet darum. Sei allein. So sehr, dass sich in deinem Bewusstsein nicht einmal ein Schatten des anderen regt. Auf dem Pfad der Liebe löst du dich selbst so weit auf, dass nur noch der andere wirklich ist und du selbst zu einem Schatten wirst, der nach und nach verschwindet. Auf dem Pfad der Liebe verschwindest du, und übrig bleibt Gott. Auf dem Pfad der Meditation verschwindet Gott, und du tauchst auf. Letztendlich ist aber das Gesamtergebnis das Gleiche. Es kommt zu einer großen Synthese.

Versuche nicht, die beiden Pfade schon am Anfang zu einer Synthese zu vereinigen. Sie treffen sich erst am Ende, auf dem Gipfel, sie treffen sich im Tempel.

> Einer der Schüler des Rabbi Mosche war sehr arm. Er beklagte sich beim Zaddik darüber, dass seine armseligen Verhältnisse ihn am Studieren und Beten hinderten.
>
> »In dieser Zeit, in diesem Zeitalter«, sagte Rabbi Mosche, »besteht die höchste Hingabe, die alles Studieren und Beten übertrifft, darin, die Welt so zu akzeptieren, wie sie ist.«

Für alle, die den Weg der Meditation gehen, ebenso wie für alle, die den Weg der Liebe gehen, ist es hilfreich, die Welt so zu akzeptieren, wie sie ist. Weltliche Menschen akzeptieren die Welt nie so, wie sie ist; sie versuchen ständig, sie zu ändern. Sie wollen die Dinge anders haben, als sie sind, sie versuchen ständig, außen etwas zu tun. Ein religiöser Mensch akzeptiert alles, was außen ist, so wie es ist. Er lässt sich von dem, was außen ist, nicht durcheinander bringen und ablenken. Seine ganze Arbeit besteht darin, nach innen zu gehen. Der eine nimmt den Weg über die Liebe, der andere über die Meditation, aber beide gehen nach innen. Die religiöse Welt ist die Welt des Inneren. Und die innere Welt ist das Jenseitige.

Ursprünglich einmal hatte das Wort für »Sünde« zwei Bedeutungen, die eine ist »das Ziel verfehlen«, und die andere ist noch schöner und bedeutet »außerhalb sein«. Sünde bedeutet, außen zu sein, außerhalb von dir selbst. Tugend bedeutet, innen zu sein, innerhalb von dir selbst.

> Bald nach dem Tod von Rabbi Mosche fragte Rabbi Mendel von Kotyk einen seiner Schüler: »Was war für deinen Lehrer das Wichtigste?«
>
> Der Schüler überlegte und gab zur Antwort: »Immer das, was er gerade im Augenblick tat.«

Dieser Augenblick ist das Wichtigste.

Nachwort
Lebe das Paradox

Es ist schön, allein zu sein, und schön ist es auch, von Liebe erfüllt zu sein, mit Menschen zu sein. Es ergänzt sich, es widerspricht sich nicht. Wenn du es genießt, mit anderen zu sein, dann genieße es, genieße es total; dann mache dir keine Gedanken über das Alleinsein. Und wenn du wieder genug hast von den anderen, dann geh ins Alleinsein und genieße auch das total.

Versuche nicht zu wählen. Sobald du wählst, hast du Probleme. Jeder Versuch zu wählen erzeugt eine Art Spaltung, einen Zwiespalt in dir. Wozu wählen, wenn du beides haben kannst? Warum sich für eines entscheiden?

Meine ganze Lehre besteht nur aus zwei Worten: »Meditation« und »Liebe«. Durch Meditieren bekommst du ein Gefühl für die immense Stille, und durch Lieben wird dein Leben zu einem Lied, einem Tanz, einer Freudenfeier. Zwischen diesen beiden Polen solltest du dich bewegen. Und wenn du dich ganz leicht, ohne Anstrengung, vom einen zum anderen bewegen kannst, hast du die großartigste Sache im Leben gelernt.

Eines der größten Probleme war zu allen Zeiten immer die Frage: Meditation oder Liebe, Alleinsein oder In-Beziehung-Sein, Sexualität oder Stille? Das sind alles nur verschiedene Bezeichnungen für ein und dasselbe Problem. Von alters her haben die Menschen viel gelitten, weil dieses Problem nie richtig verstanden wurde. Die Menschen dachten immer, sie müssten sich entscheiden.

Wer sich für Beziehungen entschied, galt als »weltlich«,

und wer sich für das Alleinsein entschied, galt als »Mönch«, als Heiliger. Aber beide haben gelitten, denn sie konnten nur halb sein, und wenn man nur halb ist, ist man unglücklich. Nur wer ganz ist, ist gesund und glücklich; nur wer ganz ist, ist vollständig. Nur halb zu sein bedeutet Leiden, weil die andere Hälfte ständig rebelliert; die andere Hälfte ist ständig bereit, sich zu rächen. Die andere Hälfte lässt sich nicht ausradieren, denn es ist *deine* andere Hälfte! Sie ist ein wesentlicher Teil von dir, nicht etwas Zufälliges, das du einfach loswerden kannst.

Es ist, als würde der Berg beschließen: »Ich will keine Täler mehr um mich haben!« Aber ohne Täler kann es den Berg nicht geben. Die Täler gehören zum Wesen des Berges, der Berg kann ohne die Täler nicht existieren; sie ergänzen sich gegenseitig. Wenn der Berg sich entscheidet, auf die Täler zu verzichten, wird es auch kein Tal mehr geben. Oder sie werden zu Heuchlern – dann wird der Berg so tun, als gäbe es das Tal gar nicht, aber das Tal ist vorhanden. Mann kann es verbergen, man kann es tief ins Unterbewusstsein verdrängen, aber es bleibt bestehen und wird sich behaupten, denn es existiert, und es gibt keinen Weg, es zu beseitigen. Und überhaupt sind Berg und Tal eine Einheit, ebenso wie Liebe und Meditation, Beziehung und Alleinsein. Der Berg des Alleinseins erhebt sich nur aus den Tälern des In-Beziehung-Seins.

Tatsache ist, dass du das Alleinsein nur genießen kannst, wenn du auch eine Beziehung genießen kannst. Durch die Beziehung entsteht das Bedürfnis nach Alleinsein – es entsteht ein Rhythmus. Wenn du dich mit einem anderen tief einlässt, entsteht ein großes Bedürfnis, auch wieder allein zu sein. Du beginnst dich verausgabt, erschöpft und müde zu fühlen – eine freudige Müdigkeit, eine glückliche Müdigkeit, aber Erregung ist immer anstrengend. Es war wunderbar, in Beziehung zu sein, aber nun möchtest du dich wieder in dein Alleinsein zurückziehen, um dich zu sammeln, um wieder überfließend zu werden und dich wieder in deinem Wesen zu verankern.

In der Liebe bist du im Wesen des anderen aufgegangen und hast den Kontakt zu dir selbst verloren. Du warst wie betrunken, warst darin untergegangen. Nun musst du dich erst selbst wieder finden. Und sobald du allein bist, entsteht wieder das Bedürfnis nach Liebe. Bald bist du wieder so voll, dass du es gerne teilen möchtest. Du fließt so über, dass du gerne jemanden hättest, an den du dich verströmen kannst, dem du dich schenken kannst.

Liebe entsteht aus dem Alleinsein. Das Alleinsein macht dich übervoll, und die Liebe empfängt deine Gaben. Die Liebe macht dich leer, sodass du wieder voll werden kannst. Und jedes Mal, wenn die Liebe dich leer gemacht hat, ist das Alleinsein da, um dich zu nähren und zu integrieren. So entsteht ein Rhythmus.

Diese beiden Bereiche zu trennen ist die gefährlichste Dummheit, unter der die Menschen zu leiden hatten. Ein Teil der Menschen wird weltlich – und sie erschöpfen sich nur; sie sind ausgebrannt und leer. Sie haben keinen inneren Raum, der ihnen gehört. Sie wissen nicht, wer sie sind, begegnen sich nie selbst. Sie leben mit anderen, leben für andere. Sie sind ein Teil der Masse, keine Individuen. Und denkt daran: Das Liebesleben bringt ihnen keine Erfüllung, denn es ist nur die eine Hälfte – und etwas Halbes kann nie Erfüllung bringen. Nur das Ganze ist erfüllend.

Und dann gibt es die Mönche, und sie haben die andere Hälfte gewählt: Sie leben im Kloster. Das Wort »Mönch« bezeichnet ursprünglich jemanden, der allein lebt. Dieses Wort

»Mönch« stammt aus derselben Wurzel wie die Vorsilbe »mono« in Worten wie Monogamie, Monotonie und Monopol. Sie bedeutet »einzeln«, »allein«. Ein Mönch ist jemand, der sich entschieden hat, allein zu sein. Doch schon bald ist er so voll, so überreif, und er weiß nicht, wohin er sich verströmen könnte. Wo kann er seine Fülle loswerden? Er kann sich keine Liebe erlauben, kann sich keine Beziehung erlauben. Er kann nicht hinausgehen und andere Menschen treffen und sich mit ihnen austauschen. Dann beginnt seine Energie schal zu werden. Jede Energie, die ins Stocken gerät, wird schal. Sogar Nektar wird, wen er stagniert, zu Gift, und umgekehrt: Sogar Gift wird, wenn es in Fluss kommt, zu Nektar.

Im Fluss zu sein bedeutet zu erfahren, was Nektar ist, und zu stagnieren bedeutet zu erfahren, was Gift ist. Gift und Nektar sind nicht zwei verschiedene Dinge, sondern verschiedene Zustände ein und derselben Energie. Im Fluss wird sie zu Nektar, in der Erstarrung wird sie zu Gift. Und sobald eine Energie kein Ventil hat, wird sie schal. Sie wird bitter, sie wird traurig, sie wird hässlich. Statt Ganzheit und Gesundheit zu bringen, macht sie krank. Alle Mönche sind krank. Mönche können nur pathologisch sein.

Die weltlichen Leute sind leer, gelangweilt, erschöpft und sie schleppen sich irgendwie so dahin – im Namen der Pflicht, im Namen der Familie, im Namen der Nation. Im Namen all dieser heiligen Kühe schleppen sie sich immer weiter bis zum Tod; im Grunde warten sie nur auf den Tod – dass er kommt und sie erlöst. Erst im Grab werden sie zur Ruhe kommen. Im Leben kennen sie keine Ruhe – doch ein Leben, das keine Ruhe kennt, ist eigentlich gar kein Leben. Es ist wie Musik ohne Stille – bloßer Lärm, der einem Übelkeit verursacht; es wird einem ganz schlecht davon.

Große Musik ist eine Synthese von Klang und Stille. Je

vollkommener diese Synthese, desto tiefer wirkt die Musik. Der Klang erzeugt die Stille, und die Stille erzeugt die Bereitschaft, den Klang zu hören, und so fort. Der Klang erzeugt noch mehr Liebe zur Musik und mehr Fähigkeit, still zu werden. Wenn man großartige Musik hört, fühlt man sich immer andächtig, innerlich heil und ganz. Im Innern integriert sich etwas; man wird zentriert, verwurzelt. Erde und Himmel treffen sich und sind nicht mehr getrennt. Körper und Seele treffen sich und verschmelzen miteinander; sie verlieren ihre Begrenztheit.

Und das ist der große Moment – der Moment der mystischen Einswerdung.

Es gibt einen uralten Zwiespalt, und er ist töricht, völlig töricht, darum hütet euch davor: der Zwiespalt zwischen Sexualität und Stille. Wenn ihr diesen Zwiespalt erzeugt, wird eure Sexualität hässlich und krank, und eure Stille wird dumpf und tot. Lasst eine Verbindung, eine Verschmelzung von Sexualität und Stille zu. Tatsächlich sind die großartigsten Augenblicke der Stille jene, denen Liebe folgt, große Liebe, Höhepunkt der Liebe. Und auf die Höhepunkte der Liebe folgen immer die großartigsten Augenblicke der Stille und des Alleinseins.

Meditation führt zur Liebe, und Liebe führt zur Meditation. Sie sind Partner, man kann sie unmöglich trennen. Es geht nicht darum, eine Synthese zwischen ihnen zu schaffen, denn man kann sie gar nicht trennen. Es geht darum, zu verstehen und zu erkennen, dass sie bereits untrennbar miteinander verbunden sind. Die Synthese ist bereits vorhanden, sie ist bereits da. Sie sind eins! Die zwei Seiten einer Medaille. Man braucht sie zu keiner Synthese zu bringen, denn sie haben nie getrennt existiert. Aber das haben die Menschen versucht, mit großer Mühe versucht, und sind immer gescheitert.

Die Religiosität gehört noch nicht zur *Noosphäre,* zur Bewusstseinssphäre der Erde, die Religiosität ist noch nicht zu einer vitalen Kraft auf dieser Welt geworden, zu einer Flutwelle. Und woran liegt das? An genau dieser Spaltung. Man kann nur entweder weltlich oder überweltlich sein, man muss wählen. Und in dem Moment, wo man sich für eines entscheidet, verpasst man das andere. Egal, wie man sich entscheidet – man ist immer ein Verlierer.

Ich sage euch: Wählt nicht! Ich sage euch, lebt beides zusammen. Natürlich ist es eine Kunst, mit beidem zu leben. Es ist einfacher, eines zu wählen und sich daran fest zu halten. Jeder Dummkopf kann das. Und tatsächlich tun das auch nur die Dummköpfe. Ein paar Idioten haben sich dafür entschieden, weltlich zu sein, und ein paar andere Idioten haben sich dafür entschieden, überweltlich zu sein. Ein intelligenter Mensch möchte aber beides sein. Und darum geht es bei *Sannyas.* Ihr könnt beides haben – das ist wahre Intelligenz.

Seid aufmerksam, bewusst, intelligent. Erkennt den Rhythmus und geht mit ihm mit, ohne zu wählen. Verweilt in wahlfreier Bewusstheit. Seht die beiden Extreme: An der Oberfläche erscheinen sie wie Gegensätze und Widersprüche, aber der Eindruck täuscht. In der Tiefe ergänzen sie sich gegenseitig. Es ist ein und dasselbe Pendel, das einmal nach links und einmal nach rechts schwingt. Versucht nicht, es auf der linken oder rechten Seite festzuhalten. Wenn ihr das Pendel auf eine Seite fixieren wollt, macht ihr die Uhr kaputt. Und so hat man es bisher gemacht.

Akzeptiert das Leben in allen seinen Dimensionen.

Und ich verstehe das Problem. Das Problem ist simpel und hinlänglich bekannt. Das Problem besteht darin, dass du, sobald du dich auf eine Beziehung einlässt, nicht weißt, wie du dabei allein sein kannst. Das ist aber nichts als ein Zeichen von mangelnder Intelligenz. An der Beziehung selbst ist nichts verkehrt, es zeigt nur, dass du noch nicht intelligent genug damit umgehst. Die Beziehung wird dir zu viel, weil du keinen Freiraum zum Alleinsein hast. Du fühlst dich erschöpft und müde. Und eines Tages kommst du zu dem Schluss, dass Beziehungen nichts für dich sind und dass sie sinnlos sind: »Ich werde lieber Mönch. Ich gehe in den Himalaja in eine Höhle und lebe dort allein.« Und du träumst großartige Träume vom Alleinsein – wie schön es wäre! Keiner, der deine Freiheit einschränkt, keiner, der dich manipuliert! Dann brauchst du dir über den anderen keine Gedanken mehr zu machen.

Jean-Paul Sartre sagt: »Der andere ist die Hölle.« Dieser Satz zeigt, dass er die komplementäre Beziehung von Liebe und Meditation nicht verstanden hat. »Der andere ist die Hölle« – gewiss, der andere wird zur Hölle, wenn man es nicht versteht, gelegentlich allein zu sein. Wenn man eingezwängt ist zwischen allen möglichen Beziehungen, dann wird der andere zur Hölle. Dann wird es anstrengend, ermüdend und langweilig. Die ganze Schönheit des anderen geht verloren, wenn er dir zu sehr vertraut ist. Wenn ihr euch zu gut kennt, gibt es keine Überraschungen mehr. Man hat das ganze Territorium erforscht, man kennt es in- und auswendig und es bietet nichts Neues mehr. Man findet alles langweilig.

Du hast dich an den anderen gewöhnt, und er hat sich an dich gewöhnt. Aber der andere ist ebenfalls unglücklich, denn für ihn bist du die Hölle, so wie er für dich. Ihr macht euch gegenseitig das Leben zur Hölle und klammert euch doch aneinander fest, weil ihr Angst habt, den anderen zu verlieren. Besser das als gar nichts. Wenigstens gibt es etwas, an dem man sich fest halten kann, und schließlich besteht immer noch Hoffnung, dass morgen alles besser wird. Heute ist es schrecklich, aber morgen wird alles besser! Da ist noch Hoffnung und man klammert sich an diese Hoffnung. Man lebt im Unglück, aber man kann weiter hoffen.

Früher oder später stellt sich das Gefühl ein, es wäre besser, allein zu sein. Ist man dann allein, wird es ein paar Tage lang sehr schön sein – so schön wie früher mit dem Partner –, aber nur ein paar Tage lang. Nicht nur in einer Beziehung gibt es Flitterwochen, sondern auch in der Meditation. Ein paar Tage fühlst du dich völlig frei, du kannst einfach du selbst sein. Da ist niemand, der Forderungen stellt, niemand, der etwas von dir will. Wenn du früh aufstehen willst, kannst du es tun, und wenn du nicht früh aufstehen willst, kannst du weiterschlafen. Wenn du irgendetwas tun willst, ist es in Ordnung, und wenn du nichts tun willst, ist keiner da, der dich dazu zwingt, etwas zu tun. Ein paar Tage bist du total glücklich – aber nur ein paar Tage. Bald reicht es dir wieder. Du fängst an überzufließen, aber es ist keiner da, der deine Liebe annimmt. Du strotzt vor Energie und willst sie weitergeben. Du wirst ganz schwer, ganz beladen von der eigenen Energie und hättest gern jemanden, der sie aufnimmt und willkommen heißt. Du möchtest die Energie loswerden. Nun kommt dir das Alleinsein nicht mehr wie Alleinsein, sondern wie Einsamkeit vor. Es verändert sich, die Flitterwochen sind vorbei. Das Alleinsein wird zur Einsamkeit. Eine große Sehnsucht nach einem Gegenüber stellt sich ein. In den Träumen taucht der andere auf.

Geht und fragt die Mönche nach ihren Träumen: Sie träumen nur von Frauen, von nichts anderem. Sie träumen davon, dass sie ihre Last abladen können. Fragt die Nonnen: Sie träumen nur von Männern. Und das kann pathologische Ausmaße annehmen, wie ihr ja aus der christlichen Geschichte wisst. Da gab es Nonnen und Mönche, die mit offenen Augen träumten. Der Traum kann zu einer fast greifbaren Realität werden, dass man nicht mehr auf die Nächte warten muss. Bei helllichtem Tag sieht die Nonne den Teufel kommen, und er versucht sich ihr sexuell zu nähern. Es ist erstaunlich, wie oft es im Mittelalter vorkam, dass Nonnen auf dem Scheiterhaufen verbrannt wurden, nachdem sie gebeichtet hatten, mit dem Teufel Verkehr gehabt zu haben. Sie haben es selbst gebeichtet - nicht nur, dass sie mit dem Teufel Verkehr hatten. Einige wurden sogar von ihm schwanger - eine Scheinschwangerschaft, es war nur heiße Luft im Bauch, aber der Bauch wurde immer dicker und dicker, eine psychische Schwangerschaft. Und sie haben den Teufel bis ins letzte Detail beschrieben - aber das war alles ihre eigene Schöpfung. Der Teufel verfolgte sie Tag und Nacht. Und den Mönchen erging es ähnlich.

Diese Entscheidung für das enthaltsame Leben hat die Menschheit in einen sehr kranken Zustand gebracht. Weder die weltlichen Menschen noch die Mönche waren glücklich. Keiner hat das Glück gefunden. Die ganze Welt lebte ständig im Unglück; und man konnte wählen, welche Art von Unglück man haben wollte: Das weltliche oder das überweltliche. Unglück war es auf jeden Fall. Das Glück währte immer nur ein paar Tage.

Ich bringe euch eine neue Botschaft. Die Botschaft ist, nicht mehr das eine oder das andere zu wählen. Lebt stattdessen mit wahlfreier Bewusstheit und seid klug, statt die Umstände zu verändern. Ändert eure psychische Verfassung, werdet intelligenter! Um glücklich zu sein, braucht man eine höhere Intelligenz! Dann könnt ihr beides haben: Alleinsein *und* Beziehung.

Achtet gemeinsam mit eurer Frau oder eurem Mann auf diesen Rhythmus. Man muss die Menschen darüber aufklären, dass niemand 24 Stunden am Tag liebevoll sein kann. Man braucht auch mal eine Ruhepause. Und niemand kann auf Befehl lieben. Liebe ist ein spontanes Phänomen: Wenn es passiert, passiert es, und wenn es nicht passiert, passiert es nicht. Man kann es nicht ändern. Und wenn man es doch ändert, entsteht etwas Unechtes, ein Theaterspiel.

Wirkliche Liebende, intelligente Liebende werden sich gegenseitig darauf aufmerksam machen: »Wenn ich allein sein möchte, bedeutet es nicht, dass ich dich zurückweise. Im Gegenteil, nur durch deine Liebe ermöglichst du mir das Alleinsein.« Wenn deine Frau dann mal eine Nacht oder ein paar Tage allein sein möchte, wirst du nicht verletzt sein. Du wirst dich nicht abgelehnt fühlen und sagen, sie hätte deine Liebe zurückgewiesen. Du wirst die Entscheidung respektieren, dass sie ein paar Tage allein sein will. Ja, du wirst sogar glücklich darüber sein! Die Liebe mit dir war so intensiv, dass sie sich ganz leer fühlt. Nun muss sie sich ein bisschen erholen und sich wieder auffüllen.

Das ist wahre Intelligenz.

Normalerweise fühlt man sich dann abgelehnt. Wenn du zu deiner Frau kommst und sie will nicht mit dir sein oder ist nicht liebevoll dir gegenüber, dann fühlst du dich total zurückgestoßen. Dein Ego ist verletzt. Aber dieses Ego ist kein sehr intelligentes Ding. Alle Egos sind idiotisch. Intelligenz ist egolos, Intelligenz sieht einfach die Situation und versucht zu verstehen, warum die Frau nicht mit dir sein will. Es ist nicht, weil sie dich ablehnt – du weißt, wie sehr sie dich geliebt hat und immer noch liebt, aber jetzt will sie eben allein sein. Und wenn du sie liebst, wirst du sie in Ruhe lassen. Du wirst sie nicht quälen und sie nötigen, dich zu lieben. Und wenn der Mann allein sein will, sollte die Frau nicht denken: »Er hat kein Interesse mehr an mir. Vielleicht interessiert ihn jetzt eine andere Frau.« Eine intelligente Frau wird ihren Mann in Ruhe lassen, damit er sich wieder finden kann und neue Energie schöpft, die er verschenken kann. Dieser Rhythmus ist wie Tag und Nacht, wie Sommer und Winter; er wechselt ständig.

Wenn zwei Menschen wirklich respektvoll miteinander umgehen – und Liebe ist immer respektvoll, sie verehrt den anderen, sie ist andächtig, fast wie ein Gebet –, dann werden sie sich mit der Zeit immer besser verstehen und auf den Rhythmus des Partners und auf den eigenen Rhythmus achten. Dann werden sie sehen, wie sich durch die Liebe und den Respekt die Rhythmen immer mehr angleichen. Wenn der eine liebevoll ist, wird auch der andere liebevoll sein; dann ergibt es sich so. Es stellt sich ganz von selbst ein, als Synchronizität.

Habt ihr das schon mal bemerkt: Wenn man zwei Menschen sieht, die sich wirklich lieben, entdeckt man an ihnen viele Ähnlichkeiten. Echte Liebende werden wie Bruder und Schwester. Erstaunlich, nicht einmal Bruder und Schwester sind sich so ähnlich! Ihre Art, sich auszudrücken, ihre Art zu gehen, ihre Art zu sprechen, ihre Gesten ... Trotz aller Verschiedenheiten werden zwei Liebende sich immer ähnlicher. Es geschieht auf ganz natürliche Weise. Durch ihr Zusammensein stimmen sie sich allmählich aufeinander ein. Wahre Liebende brauchen einander nichts zu sagen – der andere versteht sofort, er versteht es intuitiv.

Wenn die Frau traurig ist, versteht es der Mann, ohne dass sie etwas sagen muss, und er lässt sie in Ruhe. Wenn der Mann traurig ist, versteht es die Frau und lässt ihn in Ruhe – sie findet irgendeinen Vorwand, um ihn allein zu lassen. Weniger intelligente Leute machen genau das Gegenteil. Sie lassen sich nie in Ruhe und kleben ständig aufeinander, sie ermüden und langweilen sich gegenseitig und lassen dem anderen keinen Raum, einfach zu *sein.*

Liebe gibt Freiheit, sie hilft dem anderen, er selbst oder sie selbst zu sein. Liebe ist ein sehr paradoxes Phänomen. Einerseits macht sie euch zu einer Seele in zwei Körpern, andererseits verleiht sie euch Individualität und Einzigartigkeit. Sie hilft euch, euer kleines Selbst aufzugeben, und gleichzeitig hilft sie euch, zum höchsten Selbst zu gelangen. Dann gibt es kein Problem mehr. Liebe und Meditation sind wie zwei Flügel, die sich gegenseitig ergänzen. Nur mit den beiden zusammen könnt ihr wachsen und ganz werden.

Über den Autor

Oshos Lehren entziehen sich jeder Kategorisierung. Sie reichen von der individuellen Suche nach Sinn bis hin zu den dringendsten sozialen und politischen Fragen, denen sich unsere heutige Gesellschaft gegenübersieht. Oshos Bücher sind Transkripte von Audio- und Videoaufnahmen der Vorträge, die er über einen Zeitraum von 35 Jahren gehalten hat und in denen er Fragen seiner Zuhörer beantwortet. Die Londoner *Sunday Times* zählte Osho zu den »1000 Gestaltern des 20. Jahrhunderts«, und der indische *Sunday Mid-Day* reihte ihn ein unter die zehn Menschen, die das Schicksal Indiens in neue Bahnen gelenkt haben – zusammen mit Gandhi, Nehru und Buddha. Osho hat über sich und sein Wirken gesagt, dass er mithelfe, die Voraussetzungen für die Geburt eines neuen Menschen zu schaffen. Er hat ihn oft als »Zorba the Buddha« charakterisiert – ein Mensch, der die irdischen Freuden eines Alexis Sorbas ebenso wie die stille Gelassenheit eines Gautama Buddha genießen kann. Durch alle Aspekte seiner Werke zieht sich wie ein roter Faden eine Vision, die die zeitlose Weisheit des Ostens und die höchsten Errungenschaften westlicher Wissenschaft und Technologie vereint.

Bekannt ist Osho auch für seinen revolutionären Beitrag zur Wissenschaft der inneren Transformation. Seine Sicht von Meditation bezieht das beschleunigte Tempo unseres modernen Lebens mit ein. Daher sind seine einzigartigen »Aktiven Meditationen« so gestaltet, dass zuerst der angesammelte Stress im Körper und im Geist freigesetzt wird, was es dann viel leichter macht, einen gedankenfreien und entspannten Zustand von Meditation zu erfahren.

Der Meditation Resort

Osho hat die *Internationale Osho-Kommune* in Indien als einen »Meditation Resort« geschaffen – einen Ort, wo man unmittelbare persönliche Erfahrungen mit einer neuen Lebensweise machen kann, die von Bewusstheit, Entspannung und Freude geprägt ist. In Pune (früher Poona), etwa 150 km südöstlich von Bombay, bietet der *Meditation Resort* das ganze Jahr hindurch eine Vielzahl von Programmen für Tausende von Besuchern, die alljährlich aus mehr als hundert Ländern der ganzen Welt herbeiströmen.

Pune, einst Zufluchtsort vor der Sommerhitze, ist heute eine aufstrebende, moderne Großstadt mit vielen Universitäten und High-Tech-Industrien. Die Osho-Kommune liegt auf einem etwa 13 Hektar großen Areal im baumbestandenen Vorort Koregaon Park. Unterkunftsmöglichkeiten gibt es in zahlreichen nahe gelegenen Hotels und Privatquartieren sowie in einem neu erstellten luxuriösen Gästehaus im *Resort* selbst.

Alle Programme des *Meditation Resort* beruhen auf Oshos Vision einer völlig neuen Qualität des Menschen – eines Menschen, der freudig und kreativ mitten im Leben steht und gleichzeitig die Fähigkeit besitzt, sich in Stille und Meditation zu entspannen.

Die angebotenen Programme – Einzelsitzungen, Meditationsgruppen, Seminare, Workshops u. a. – finden überwiegend in klimatisierten Räumen statt und umfassen ein breites Spektrum: von bildenden Künsten bis zu ganzheitlicher Gesundheit, von persönlichem Wachstum und Therapie bis zu esoterischen Wissenschaften, von »Zen«-Methoden für Sport und

Erholung bis zu Kursen über Beziehungen und wichtigen Übergangsphasen im Leben von Mann und Frau. Neben dem Einzel- und Gruppenangebot läuft ständig ein volles Tagesprogramm mit Oshos aktiven Meditationen, Audio- und Videovorführungen seiner Vorträge sowie Meditationstechniken der verschiedensten spirituellen Traditionen.

Mehrere Freiluftcafés und Restaurants innerhalb der Kommune bieten schmackhafte Gerichte der traditionellen indischen ebenso wie der internationalen Küche, die mit biologisch angebautem Gemüse aus der eigenen Farm zubereitet werden. Außerdem verfügt die Kommune über ihre eigene, sichere Trinkwasserversorgung mit gefiltertem, hygienisch geprüftem Wasser.

WEITERE INFORMATIONEN

Osho und sein Werk werden im Internet ausführlich vorgestellt unter

www.osho.com

Diese umfassende Webseite in verschiedenen Sprachen bietet eine Onlinetour durch das Resort in Pune und das Programm der laufenden Kurse und Veranstaltungen, einen Katalog mit Büchern sowie Audio- und Videomedien, eine Liste der Osho-Informationszentren weltweit sowie Auszüge aus den Reden Oshos.

Osho International, New York
Internet: *www.osho.com/de/visit/about/osho-international-ny*
E-Mail: oshointernational@oshointernational.com

Im deutschen Sprachraum ist das größte Institut für das Leben und die Arbeit nach Oshos Lehren das
OSHO UTA INSTITUT FÜR SPIRITUELLE THERAPIE UND MEDITATION
Venloer Str. 5-7, 50672 Köln
Tel.: 02 21/ 5 74 07 30/31, Fax: 02 21/5 74 07 36
Internet: *www.oshouta.de*
E-Mail: kontakt@oshouta.de